高校实验室科学技术

（第二辑）

主 编

董治宝

副主编

（按姓氏笔画排列）

朱 臻　纪克功　李保新　李剑利　赵 煜　韩 卿

编委会委员

（按姓氏笔画排列）

王晓玲　尹洪峰　曲 范　吕 磊　朱 臻　纪克功　李保新
李剑利　时保宏　张海宁　张 辉　陈永当　罗红伟　赵 婕
赵 煜　袁 磊　唐俐玲　董治宝　韩 卿　韩 曼　霍 燕

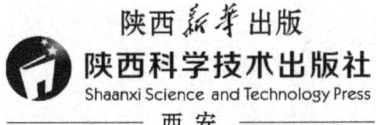

图书在版编目(CIP)数据

高校实验室科学技术/董治宝主编.—西安:陕西科学技术出版社,2023.6

ISBN 978-7-5369-8698-5

Ⅰ.①高… Ⅱ.①董… Ⅲ.①高等学校-实验室-工作 Ⅳ.①G647.62

中国版本图书馆 CIP 数据核字(2023)第 073717 号

高校实验室科学技术

董治宝　主编

责任编辑	黄　鹤　李雨桐
封面设计	曾　珂

出 版 者	陕西科学技术出版社 西安市曲江新区登高路1388号陕西新华出版传媒产业大厦B座 电话(029)81205187　传真(029)81205155　邮编710061 http://www.snstp.com
发 行 者	陕西科学技术出版社 电话(029)81205180　81205190
印　　刷	广东虎彩云印刷有限公司
规　　格	880mm×1230mm　16开本
印　　张	9
字　　数	250千字
版　　次	2023年6月第1版
印　　次	2023年6月第1次印刷
书　　号	ISBN 978-7-5369-8698-5
定　　价	58.00元

版权所有　翻印必究

目 录

实验室教学与改革

浅谈学科竞赛对金属材料专业实验教学改革的促进作用 …………… 李 聪,王鑫铭,刘 艳,等(3)

电工测量实验课外实践教学初探 ……………………………………………………… 李 莹,卢学英(7)

重质油减黏裂化实验教学模式的改革实践 ……………………………………………… 李庶峰,李 传(11)

基于创新思维导向的实验教学内容体系的探索

——以动物生物化学实验教学为例 ………………………………… 焦显芹,钟 凯,耿 娟,等(16)

基于学科竞赛的创新型人才培养模式研究 …………………… 王 敏,王银玲,阎世梁,等(22)

大学英语课程思政教学中师生互动研究:基于第三空间理论 ……………………………… 张 帆(26)

新形势下嵌入式技术课程建设实践教学思考 ………………… 王明伟,黄宝娟,杨 荣,等(33)

实验技术与方法

基于文丘里管的实训教学改革 ……………………………………………………… 韩雅妮,刘 哲(41)

地震检波器检测实验教学设计 …………………………………… 沈鸿雁,严月英,段瑞峰,等(49)

绿色氧化环己酮合成己二酸的实验教学改革探讨 ………………………………… 蒋卫华,滕巧巧(55)

计算机技术与应用

RISC-V 模型机汇编语言程序开发环境设计及教学应用 …………… 张伟涛,黄 力,袁晓光,等(61)

实验室建设与管理

基于目标控制措施的实验室气瓶安全管理 ……………………… 赵文霞,刘长宏,宋典达,等(69)

创新创业教育背景下专业实验室创新建设 ……………………………………………………… 范文学(74)

新冠肺炎疫情防控时期医学生对实验室安全知识的知晓度情况 ………… 叶　群,柏丽莉,魏凤江(79)

高校大型科研仪器开放若干问题对策 ……………………………………………… 卢　斌,杨紫伊(85)

"双一流"建设高校基于稳定实验技术队伍规模的建设路径 …………… 周秋菊,张国娜,曾巧玲,等(92)

探索高校多能型实验技术管理人员轮岗巡查制度的必要性 …………………… 侯　豹,蔡维维,邱丽颖(98)

创新安全文化建设,提升高校实验室安全管理水平 ………………………… 滕巧巧,蒋卫华,孟　启(103)

高校化学类实验室建设和安全管理的具体实践 ………………………………………… 李贵飞(107)

前 沿 探 索

"智能+"时代电子专业创新创业教育模式研究与探索 …………………………………… 朱　娟(113)

基于OBE理念的3D打印实验课程设计与实践 …………………………… 刘双科,李宇杰,郑春满,等(121)

"三融合"育人模式在管式炉轻烃裂解探究型实验中的具体实践 ………………… 李庶峰,李　传(128)

新时期高校实验室管理信息化探索与实践 ………………………………………………… 曹莹方(134)

CONTENTS

Laboratory Teaching and Reform

The Promoting Effect of Subject Competition on the Experimental Teaching Reform of Metal Materials Major
.... Li Cong, Wang Xinming, Liu Yan, et al. (3)

Extracurricular Practical Teaching of Electrical Measurement Experiment .... Li Ying, Lu Xueying(7)

Practical Application of Hydrogen Donor and Simulated Distillation in Heavy Oil Visbreaking Teaching Experiment
.... Li Shufeng, Li Chuan(11)

Exploration of Experimental Teaching Content System Based on Innovative Thinking Orientation
——Taking the Experimental Teaching of Animal Biochemistry as an Example
.... Jiao Xianqin, Zhong Kai, Geng Juan, et al. (16)

Research on the Training Mode of Innovative Talents Based on Discipline Competition
.... Wang Min, Wang Yinling, Yan Shiliang, et al. (22)

Research on the Teachers-students Interaction during the Introduction of Ideological and Political Education into College English Class: Based on the Third Space Theory .... Zhang Fan(26)

Practical Teaching Thinking of Embedded Technology Course Construction under the New Situation
.... Wang Mingwei, Huang Baojuan, Yang Rong, et al. (33)

Experimental Technology and Methods

Practical Teaching Reform Based on Venturi Tube .... Han Yani, Liu Zhe(41)

Design of Experimental Teaching of Geophone Detection Experiment
.... Shen Hongyan, Yan Yueying, Duan Ruifeng, et al. (49)

Experimental Teaching Reform of Green Oxidation of Cyclohexanone to Synthesize Adipic Acid
.... Jiang Weihua, Teng Qiaoqiao(55)

Computer Technology and Application

Integrated Development Environment Design for RISC-V Assembly Language and Teaching Application
.... Zhang Weitao, Huang Li, Yuan Xiaoguang, et al. (61)

Laboratory Construction and Management

Safety Management of Gas Cylinders in Laboratories Based on Objective Control Measures
 ·················· Zhao Wenxia, Liu Changhong, Song Dianda, et al. (69)

Innovation Construction of Professional Engineering Laboratory under the Background of Innovation and Entrepreneurship Education ·················· Fan Wenxue(74)

Awareness of Laboratory Safety Knowledge among Medical Students during COVID-19 Epidemic Prevention
 ·················· Ye Qun, Bai Lili, Wei Fengjiang(79)

Countermeasures to Several Problems in the Opening of Large-Scale Scientific Research Instruments in Universities
 ·················· Lu Bin, Yang Ziyi(85)

The Construction Path of "Double First-Class" University Based on Stabilizing the Scale of Experimental Technology Team ·················· Zhou Qiuju, Zhang Guona, Zeng Qiaoling, et al. (92)

Exploring the Necessity of Rotation Inspection System of Multi-functional Lab Technician in Universities
 ·················· Hou Bao, Cai Weiwei, Qiu Liying(98)

Construction of Innovative Safety Culture and Improvement of University Lab Safety Management level
 ·················· Teng Qiaoqiao, Jiang Weihua, Meng Qi(103)

The Specific Practice of the Construction and Safety Management of Chemical Laboratory in Universities
 ·················· Li Guifei(107)

Frontier Exploration

Research and Exploration on Innovation and Entrepreneurship Education Mode of Electronic Engineering Major in the "Intelligence +" Time ·················· Zhu Juan(113)

Design and Exploration of Polymer 3D Printing Comprehensive Experiment Course Based on Outcome Based Education ·················· Liu Shuangke, Li Yujie, Zheng Chunman, et al. (121)

Specific Practice of "Three Fusion" Education Mode in the Exploratory Experiment of Tubular Furnace Light Hydrocarbon Cracking ·················· Li Shufeng, Li Chuan(128)

Exploration and Practice of Laboratory Management Informatization in Universities in the New Era
 ·················· Cao Yingfang(134)

实验室教学与改革

浅谈学科竞赛对金属材料专业实验教学改革的促进作用

李 聪，王鑫铭，刘 艳，堵艳艳，雷 姗，郭进伟

（湘潭大学 材料科学与工程工程学院，湖南 湘潭 411105）

摘 要：学科竞赛是大学生创新实践能力提升的实践平台，是各高校检验培养人才的重要一环，为提高人才培养质量，分析了学科竞赛对实验教学内容、教学模式，实验室管理模式，实验考核评价方式以及校企合作等方面进行教学改革的促进作用，进而促使金属材料专业融合学科竞赛进行实验教学改革，以期培养出更优秀的金属材料类创新性应用人才。

关键词：学科竞赛；金属材料专业；实验教学改革

中图分类号：G482

The Promoting Effect of Subject Competition on the Experimental Teaching Reform of Metal Materials Major

Li Cong, Wang Xinming, Liu Yan, Du Yanyan, Lei Shan, Guo Jinwei

(School of Materials Science and Engineering, Xiangtan University, Xiangtan 411105, Hunan, China)

Abstract: Subject competition is a practical platform for college students to improve their innovative and practical ability, also an important part of the inspection and training of talents in various universities. In order to improve the quality of talent training, the influence of discipline competitions on experimental teaching content, teaching mode, laboratory management, assessment methods, and school-enterprise cooperation were analyzed to promote the reform of experimental teaching by other aspects. In turn, it will promote the experimental teaching reform of the metal materials professional integration discipline competition, in order to cultivate better innovative application talents of metal materials.

Keywords: subject competition; metal material major; experimental teaching reform

1 引言

教育的最终目的是培养适应社会需求的人才，高校是国家培养人才的重要基地，金属材料专业是一门理论与实践兼重的学科，根据我院最新的培养目标，金属材料专业旨在培养具有良好的科学和工程素养，优良的思想品质、职业道德与人文科学素质，并兼备一定管理知识、组织协作能力与创新能力的金属材料工程的复合型人才。通过物理、化学、数学等学科基础知识以及系统的材料学科专业知识的学习，培养探索金属材料的成分、组织、结构与性能及彼此关系等科学问题的能力；并通过专业实验与实习等工程实践，使学生具备发现、解决实际问题以及金属材料的设计与分析、制备、腐蚀与防护和材料的加工成形等方面的工程应用能力。具有一定的国际视野，具备了解本专业的前沿动态、获取新知识的能力，有创业精神和一定的创新能力，可成为金属材料领域的研究型与工程技术型人才。所培养的学生能从事与金属材料等相关领域的科学研究

基金项目：2022年第二批教育部产学合作协同育人项目：产教融合模式下应用型创新人才培养的金属材料类实践教学改革研究(220904832270216)

作者简介：李聪，女，实验师，主要研究方向为实验教学与管理。

与教学,政府部门和企业中的管理、研发、设计、制造、建设、运行等方面的工作,彰显兼备"科学"与"工程"素养的可持续发展能力,为国家和地方经济建设和学科发展服务。由此可见金属材料专业着重于培养具有创新能力的应用型人才。

现阶段高职院校是培养应用技能型人才的主战场,高职院校间举行各类技能竞赛,且更偏向于提升学生的某项动手技能,具备很直接的指向性,它对于提高学生的思维应变和动手能力有明显的指导及激励作用[1-2]。高等院校更着重于理论知识的传授,注重培养学生的创新能力,由此也带来了一定的弊端,高分低能儿的现象层出不穷,高等院校创新型应用人才的培养要适当借鉴高职院校的相关做法,结合本院校特点,依托学科竞赛培养创新型应用人才。金属材料工程专业与生产实践密切相关,因此培养具有较强实践能力的应用型人才是材料创新型人才的重要特征。各类大学生学科竞赛不仅考查学生知识的掌握程度,还考查学生的动手能力及创新能力,将竞赛融入实验教学中,通过竞赛的任务牵引机制,一方面可以提升学生主动创新学习的积极性和主观能动性,以及锻炼学生临场应变能力和团结合作能力,另一方面可以通过竞赛结果反馈教学质量,发现教学中的薄弱环节,以此作为优化创新型人才培养方案的依据,达到整体提升教学质量的目的[3],从而提升学生的学习能力,老师的教学能力,学科的竞争能力,以赛促教,以赛促改,以赛促学,不断提高材料学科人才培养质量。

2 学科竞赛促进实验教学内容改革

近年来学校紧绕立德树人根本任务,培养政治可靠和思想过硬的新时代一流本科人才,加强基础学科拔尖人才培养实验班和创新创业教改实验班建设,推动基于"四新"专业建设的人才培养模式改革。以学生为中心,以产出为导向,持续优化人才培养过程、方法和途径。实验教学也进入到改革发展期,但由于实验环境、实验设备、实验资金等的限制,改革难度较大,改革效果不太理想。大部分实验沿用传统的教学方式,老师按实验讲义教学,学生按老师讲授的实验流程操作,最终的结果就是学生生搬硬套,完全按实验流程操作,一个实验项目,同一班级做出的结果几乎完全一致,学生缺乏思考,记忆不深刻,实验教学变成了走马观花,没有很好地将理论与实践相结合,学生思考深度不够,创新能力得不到培养。

金属材料的本科生两大块专业知识点即为金属材料学和热处理分析,围绕这两个知识大类开设了两类实验:基础类和专业类实验项目,重点培养学生掌握材料的组织结构,基本力学性能以及热处理相关知识的实验项目。面向金属材料专业的大学生学科竞赛主要有三大类,其一为全国大学生金相大赛,旨在以赛促教,以赛促改,以赛促学,促进校际交流,不断提高材料类专业人才培养质量,竞赛分为个人赛加团体奖,参赛学生经过激烈的初赛、复赛,决赛选拔脱颖而出;其二为热处理大赛,以"厚基础、强融合、重突破"为指导思想,以"学以致用、触及巅峰"为理念,致力于培养富有创新精神、勇于投身实践的创新型人才队伍;其三为周培源力学大赛,是一项提升学生学习基础力学的兴趣和选拔后继创新人才的科技活动,也是一项为促进高等学校力学基础课程的改革、加强对理工科高校学生的素质教育和培养他们的动手能力、创新能力和团队协作精神的赛事。这些竞赛在一定程度上促使着实验教学内容进行改革,要求将实验内容与竞赛融合成模块化后,实验内容由浅入深,逐步递进,把竞赛教学变成常态化教学,与常规化的培养目标严格一致[4],将技能大赛重点融入常规的实验教学中进行实验教学内容的更新,具体如表1,促进形成更合理可行的竞赛项目。

表1 模块化实验项目及其改革目的

竞赛类别	实验项目	模块化实验	改革目的
全国大学生金相比赛	不锈钢、耐热钢的组织观察 铸铁及有色金属组织观察 冶金缺陷和热处理缺陷组织观察 铁碳合金平衡组织的观察与分析 金相样品的制备与显微组织观察	金属材料学综合实验	理论与实践相结合,"培养大国工匠"并通过复杂的微观世界分析及解决问题

表1（续）

竞赛类别	实验项目	模块化实验	改革目的
全国大学生热处理大赛	高速钢、结构钢的热处理工艺、组织与性能之间的关系 钢中奥氏体晶粒的显示和晶粒度测定 马氏体组织形态的观察与分析 热处理工艺对典型金属材料组织和性能的影响	热处理综合实验	厚基础，强融合，重突破。加强创新教育和实践能力，培养学生的工程认识
周培源力学大赛	材料的拉伸性能实验 材料的压缩性能实验 材料的三点弯曲性能实验 材料的冲击韧性实验	材料力学创新实验	加强基础力学知识的运用

3 学科竞赛促进实验室运行机制的完善

3.1 学科竞赛促进实验室开放管理制度的建立

传统实验室管理模式为课前开放，课后关闭，课余时间封闭管理，这样一是为了保护设备的使用寿命，二则是出于对实验室的安全管理。而学科竞赛的开展，需要大量的课外练习时间和练习空间，因此实验室的课外开放管理尤为重要，这就促进专业实验室制定出一套课内外运行管理制度，便于科学管理实验室[7]，建立基于资源共享的设备预约制度，开放实验室课外课堂，方便实验教师对仪器设备及学生的管理，根据不同竞赛的特点，有针对性地进行实验教学，让学生能充分利用实验设备提升自我技能，需要制定合理的实验室运行机制，不同教学任务不同机制，因地制宜，因材施教。

3.2 学科竞赛促进实验信息化的完善

学科竞赛促进网络化的实验教学和管理，促进实验中心构建新的实验教学平台，促进软硬件条件的逐步提升，增加全新板块——竞赛信息网站，实现各种实验资源的共享，搭建技能竞赛的信息平台。解除学生学习场所的限制，通过虚拟仿真实验的引入，提高学生操作的熟练性和降低实验失误的可能性，通过增加宣传窗口，便于参加各种技能竞赛的学生及时了解信息，提高学科竞赛的普及率，通过内部局域网与网通网，实现资源共享，做到浏览与下载学习资料两不误，方便学生自我学习和自主实践[3]。

3.3 学科竞赛促进教师技能的提升

教师是教育教学质量提升的根本保证，教师能力的高低是人才培养能否成功的关键[6]，一名优秀学生的背后必然有一个或者一群优秀的老师。学科竞赛的综合性要求学生掌握多方面的知识水平，必然促使教师从教学理论水平、教学方法到实践技能全面提升自身专业水平，将竞赛知识润物细无声于理论课堂和实践课堂，从而实现教学相长的目的。

4 学科竞赛促进实验教学模式的创新

大部分的实验教学模式还停留在传统的讲授型，竞赛则是另外一个新的单元模式，教学只为竞赛提供基础性的流程操作和单向思考。融合学科竞赛的实验教学模式要求在竞赛式教学中，以成果为导向，实验过程将更优化和细致，从而创新实验教学模式[8]。课堂就是赛场，老师在实验教学过程中将以竞赛的水平要求学生，进行更细微的引导和考核，帮助学生在过程中发现和解决问题，提高其自身实践能力。这种实验模式以学生为中心、多层次的赛教融合的实验教学模式，不仅能激发学生学习金属材料基础知识和实践学习的热情，提高学生对专业知识的重视程度，创新教学方式方法，培养学生主动思考主动探究的习惯，挖掘学生的创新能力，更能培养出优秀的金相制备技能人才、热处理工程师，培养更加贴近社会需求的人才等。

5　学科竞赛促进实验考核评价和激励方式的多样化

学科竞赛融入的实验教学增加实验课程的考核方式,旨在改革以实验报告论成绩的评价方式,结合竞赛的奖励手段建立科学的实验奖励机制,结合竞赛的规则与条例,将模块化内的每一实验项目按竞赛要求进行考核并量化,将课堂当成竞赛现场,既能加强学生做实验的紧迫感,又能避免学生实验过程中的敷衍了事,每一次的实验过程即为一次选拔赛[8],优胜者获取一定的积分,优先积累一定积分的同学率先进入决赛梯队。这种实验小赛,将摒弃传统的教学方式,把竞赛的各个重点引入教学实践中,除了实验报告的评价方式之外,增加竞赛的展示环节,包括现场操作、实验结果以及课后思考,增加学生的学习热情和胜负欲,从而选出优秀的学生参加决赛,这种"大赛小赛串联"的考核方式,既锻炼了学生的动手能力,又锻炼了学生适应赛场环境的能力,培养强大的心理能力。另外学科竞赛也能促进对教师的奖励方式的探索,增加教师的教学热情和教学成就感。

6　学科竞赛促进教师队伍的建设

学科竞赛不仅要求学生掌握扎实的理论知识,还要求学生有精湛的实操能力以及工程意识,这对指导老师也相应地提出了更高的要求,不仅要学识渊博还应该在实践教学一线耕耘,这就促使构建"教师＋实验师＋工程师"教师队伍,教师负责创新创业部分,实验教师负责实验技能和操作习惯的指导,同时可以聘请企业资深工程师进行工程意识的培养,并提供最新的行业标准和行业信息,这样既能促进学校全面了解企业对人才的需求和相关岗位的技能要求[9],还能不断提高教师队伍的素养与水平,及时完善教学内容和方法,形成师生同赛、教学相长的教学格局,促进教学质量的提升,培养应用创新型人才。

7　学科竞赛打开校企合作新思路

学科竞赛是根据市场需求应运而生的产物,在大赛中脱颖而出的学生往往更受企业的青睐,在专业培养方案中,学生从大二开始,会陆续到相关企业进行短期的认知实习和生产实习,具体实习内容大都为到专业相关企业进行参观,尤其是企业生产车间,了解产品从原料到成品的形成过程,了解企业的生产模式以及加深学生对本专业应用领域的了解。为此加强产学研密切合作,拓宽大学生校外实践渠道,与社会、行业以及企事业单位共同建设实习、实践教学基地,为金属材料类学生提供良好的实践平台,同时通过学科竞赛,企业也有更多的机会参与到学校人才培养方案的调整和制定过程,方便进一步深化校企合作[10]。

8　结语

学科竞赛作为检验高校教学质量的一环,在一定程度上能促进实验教学从各方面进行改革,促使实验教学在培养具有创新能力的应用型本科人才方面发挥作用,为金属材料工程专业建设提供重要支撑条件。

参考文献

[1] 刘卫英.高职院校技能竞赛项目的人才培养模式研究[D].重庆:重庆交通大学,2018.
[2] 牛鹏涛.技能竞赛提高高职院校教学质量的意义探析[J].岳阳职业技术学院学报,2011,2(26):11-14.
[3] 杨璐嘉.吴振宇."以赛促学 交叉融合"创新型人才培养模式[J].实验室科学,2020,5(23):230-232.
[4] 李锋.初汉芳.孔凯.以技能竞赛提升创新意识和实践能力[J].中国高校学科,2011,7:62-63.
[5] 黎燕.把握大赛方向强化技能训练提高教学效果[J].科教导刊,2015,6:95-96.
[6] 谌爱珍.以竞赛为引擎,提高专业技能水平[J].职业,2021(8):53-54.
[7] 王泽民.张骋.基于学科竞赛对金属材料工程专业实验教学的改进[J].实验室科学,2020,23(1):62-64.
[8] 彭成红.陈灵.朱伟恒,等.基于金相竞赛的金属材料实验教学改革与探索[J].中国现代教育装备,2018,281:80-82.
[9] 艾弗逊.蒋丽娟.郭晓峰,等.实验技能提高环境科学与工程实验教学水平[J].广州化工,2017,7(45):179-180.
[10] 李锋.初汉芳.孔凯.以技能竞赛提升创新意识和实践能力[J].中国高校学科,2011,7:62-63.

电工测量实验课外实践教学初探

李 莹,卢学英

(天津大学 电气自动化与信息工程学院,天津 300072)

摘 要:电工测量实验是面向电气信息类专业开设的一门技术基础课程,也是连接理论与实际的桥梁和纽带。结合本课程教学特点及实际情况,以我校开展的甘肃省平凉一中优秀生访学实践活动为例,重点介绍并探讨电工技术实践教学在课程内容、设计形式和方法创新的新模式和新方法。实践证明,该实验教学模式可以有效激发学生的学习兴趣,提高学生实践技能,取得良好的教学效果。

关键词:电工技术;实验教学;实践活动

中图分类号:G64

Extracurricular Practical Teaching of Electrical Measurement Experiment

Li Ying, Lu Xueying

(School of Electrical and Information Engineering, Tianjin University, Tianjin 300072, China)

Abstract: Electrical measurement experiment is a basic technical course for electrical information major. It is also a bridge and link between theory and practice. Combined with the teaching characteristics and actual situation of this course, taking the excellent students' visiting practice activities of Pingliang No. 1 middle school in Gansu Province carried out by our university as an example, this paper focuses on introducing and discussing the new modes and methods of electrotechnical practice teaching in the aspects of innovation of course content, design form and method. Practice has proved that the experimental teaching mode can effectively stimulate students' interest in learning, improve students' practical skills and achieve good teaching results.

Keywords: electrician technology; experimental teaching; practical activity

1 概述

《电工测量》是以电工原理和测量技术为主体,理论和实验并重的实践性课程,旨在提高学生的基本测量技能,并通过科学实验法掌握电路理论知识以及工程应用技术,进而有效提高学生的综合素质和创新能力,因此相对于理论教学,实验教学具有更强的直观性、应用性和创新性,在检验学生理论水平,提高实践技能等方面可以起到重要作用。

2 电工测量实践教学的设计思想

现今,社会发展对技术应用型人才的需求日益增大,构建贯通式实践人才培养教学体系成为各专业学科的重要研究方向。在此背景下,我校"电工测量"课程也在不断改革完善实验内容和方法,将理论与实际、课堂教学与课外实践活动有机地结合起来,形成多层次、递进式、模块化的教学模式,使不同专业层次和不同时段学生都能在实践中得到能力的提升,这其中既包含了本科教材大纲中验证性基础内容,也包含专业综合型实验以及研究型课题,同时针对实践对象的不同特点和要求,我们还设计提出一系列具有知识性强、趣味性

作者简介:李莹,女,硕士,工程师,主要研究方向为电气工程学理论的研究。

高、贴近生产实际特点的综合实践活动方案,把电工常识融入简单有趣的实验案例中,让学生从中学习掌握电学原理,锻炼动手能力,进而更清楚地了解电工技术的实际作用,特别是当学生们第一次走进电工实验室后,新奇的实验、精密的设备仪器以及各种各样的奇妙现象会大大激发学生的兴趣爱好,开阔其视野和思维,为今后学习电子电路技术打下坚实基础[1]。

3 电工实验在课外实践教学中的应用

现阶段,做好大学与中学教育之间的跨学段融合教育和衔接工作意义重大,开展课外实践活动,为即将迈进大学校园的高中生们提供一个动手实践的学习机会,可以帮助学生近距离地感受大学的学习氛围,体验科学实验的探究过程,并在实践中增长才干[2]。为此,我们以本科实验教学内容为依据,结合现有实验设备,设计提出了电工实验课外实践活动的具体内容和方案,并在来访的甘肃省平凉一中高二学生访学实践活动中进行有益的尝试。

3.1 常用电工仪器的使用

设计该实验的主要目的一是让学生认识科学仪器在电工测量中的重要性,二是通过学习仪器使用了解电工实验的工作原理,对电工实验的测量目的和方法建立初步认识。在实验开始前,指导教师会针对各项仪器设备的性能、工作原理以及操作方法做简要说明和讲解,包括如何调节直流稳压电源的参数和输出,如何利用示波器实时观测并读取信号发生器的输出波形和参数等,之后布置安排具体测量任务,即根据现有设备元件完成伏安特性曲线的测量与绘制。

首先,整个实验过程中,学生们都严格遵守操作规程做好实验记录,顺利地完成了测试任务,树立了良好的安全意识和严谨的实验作风。其次,在教师的启发指导下,经过一段时间的实践摸索,学生们基本掌握了设备的使用,也积累了一些测量的小技巧和小经验,并且观察到了许多测量现象和问题,对仪器仪表的实际用途和作用会有更深刻的认识。第三,通过搭建和测量实验电路,学生们掌握了直流电路的基本概念和分析方法,在理论知识水平上会有一定的提高。

3.2 电子电路元件参数的测定

在开展此项实践活动前,我们了解到此次来访学生已在高中物理课上学习了一部分电路知识,也建立了电路模型的基本概念,但对于常用电子电路元器件的相关知识了解不足,缺乏直观的认识,为此我们把不同种类、不同型号的电子器件集合成一组套件发给学生们,让他们通过识别和测量来熟悉元件的基本知识,了解不同器件的性能用途。

实验中,我们为学生准备了形式多样的元件,如碳膜电阻、热敏电阻、光敏电阻等电阻类器件,瓷片电容、涤纶电容、电解电容等电容类器件,以及二极管、三极管,等等,实验测量设备采用LCR测试仪。

学生在拿到元件套组后要先根据外形和封装代号仔细辨别出元件类型,再依据管脚的标注符号来确定元器件参数,最后用测试仪进行测量和验证。在经过反复测试和对比后,学生们最终得到了满意的参数测量结果,也了解了不同元件的功能和特性,对于这些外形各异、品种繁多的元件产生了浓厚的兴趣,这些直观的印象和知识对于学生今后学习研究电路理论、灵活运用电子元件会有很大帮助。

3.3 黑箱实验电路的探究

万用表是电工实验中不可或缺的测量仪表,也是工业现场和日常生活中的必备工具,每一个电工技术人员都应熟悉掌握它的使用。所谓"黑箱"理论是工程应用中较为常见的一种控制方法,研究并求解电学黑箱问题一直以来都是电路理论教学中的重难点知识,通常需要借助实验才能分析其内部结构和动态过程,因而该实验综合性较强,难度系数也较大,对学生的理论基础和能力要求较高。考虑到实践活动的需求,为了能进一步强化学生的实验技能,培养其逻辑分析和解决实际问题的能力,我们设计了此项实验,主要目的一是学习万用表的使用方法;二是学习电路理论中系统与内部元件、网孔与等效的原理概念;三是要考查学生对欧姆定律和串并联知识的理解。实验设备采用数字万用表和自制电学黑箱实验盒,具体实物图及电路原理如图1、

图2所示,图中所示元件均采用线性电阻,电阻阻值分别为 $R_1=R_2=R_3=R_4=1$ kΩ,具体测量数据见表1。

实验时,学生先要用万用表的电阻挡分别测量出各点间阻值,然后根据电阻电路的分析原理逆向分析判断黑箱的内部结构和电阻分配,最后再画出电路结构图。可以看出,该项实验的测量值较多,推理过程较为复杂,需要具备一定的逻辑分析能力,因此对高中生们来说是一次颇具挑战的智力测试,既可以提高学生仪器操作的熟练程度,又可以培养学生逻辑分析、灵活运用知识的能力。

图1　电学黑箱实物图

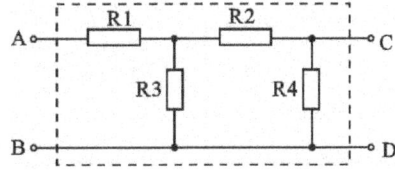

图2　电学黑箱及实验电路图

表1　端口电阻实验数据表

R/kΩ	A	B	C	D
A	0	0.650	1.625	0.65
B	0.650	0	1.625	0
C	1.625	1.625	0	1.625
D	0.65	0	1.625	0

3.4　二极管伏安特性的测量

二极管是电子电路中的基本元件,也是设计开发电子电路系统的基础。此次活动中,我们结合了高中物理知识和本科实验教学中有关模拟电子技术的内容,将二极管的学习内容作为重点知识点介绍给学生们,具体实验内容包括两个部分,一是由指导教师简要介绍PN结形成原理,分析二极管产生导通、截止和击穿的成因以及线路电压电流的变化规律,如图3、图4所示;二是由学生独立完成一项二极管伏安特性的数据测量和曲线绘制,实验电路如图5所示,图中二极管器件参数1N4007,电阻 $R=200$ Ω,测量数据见表2[7]。

通过课上教师的讲解分析,学生们初步了解了二极管的工作原理、结构组成以及单相导电的形成原因,对非线性元件的特性原理有了基本认识,再结合典型电路实践操作和数据分析,会对二极管的单相导电功能了解更多,也能更好地理解其实际作用。

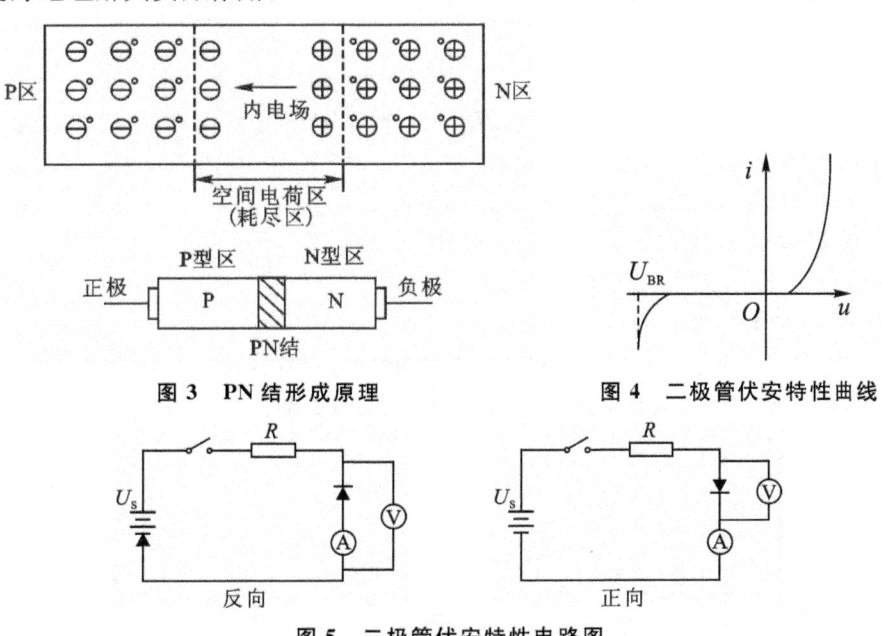

图3　PN结形成原理　　　　图4　二极管伏安特性曲线

图5　二极管伏安特性电路图

表 2 二极管正、反向伏安特性数据表

二极管正向伏安特性数据表			二极管反向伏安特性数据表		
U_s/V	U/V	I/A	U_s/V	U/V	I/A
0.1	0.099	0	0.1	0.097	0
0.2	0.199	0	0.2	0.197	0
0.4	0.398	0	0.4	0.397	0
0.6	0.549	0	0.6	0.548	0
0.8	0.609	0.9	0.8	0.796	0
1.0	0.646	1.6	1.0	0.997	0
1.2	0.668	2.5	1.2	1.196	0
1.4	0.685	3.4	1.4	1.397	0
1.6	0.700	4.2	1.6	0.610	0
1.8	0.708	5.1	1.8	1.796	0
2.0	0.710	6.1	2.0	1.996	0
3.0	0.727	10.7	3.0	2.996	0
4.0	0.746	15.5	4.0	3.996	0

4 结语

基于电工技术实验特点及课外实践活动需求，我们对本科实验教学内容进行深入研究探索，设计并提出以上实验教学项目，虽内容简单，但教学方式形式多样，容易被学生理解和掌握。经过动手实践，学生们在较短时间内对电工技术的实践性、应用性特点有了初步认识[8]。近年来，通过开展课外实践活动，我们对来自甘肃省平凉市一中的100多名优秀高二学生进行了辅导培训，取得了良好的教学效果，受到了学生们的一致好评。

今后基于电工技术的课外实践教学项目还有很多可以改进和完善的新内容和新方向，与之配套的实验硬件设施也有很大的开发利用空间，希望通过深入研究，开发出更新颖、更具特色、实用性更强的实践项目供学生实践选择，让学生逐渐养成动手实践的好习惯，逐步提高其工程实践技能。

参考文献

[1] 贾永兴,陈姝,刘杰,等.电类实验课程与课外创新实践活动一体化运行机制研究[J].实训与实践探索,2019,2:63-66.
[2] 陈敬明,豆佳媛,刘存芳.高中教育与大学教育衔接问题的探究[J].课程教育研究,2016(24):20-21.
[3] 林孔元,王萍.电气工程学概论[M].北京:高等教育出版社,2009.
[4] 王萍,林孔元.电工学实验教程(3版)[M].北京:高等教育出版社,2016.
[5] 邱关源,罗先觉.电路[M].北京:高等教育出版社,2008.
[6] 杨山.电路基础理论[M].北京:高等教育出版社,2000.
[7] 和俊杰,丁鸿哲,彭跃红.稳压二极管伏安特性的测量[J].楚雄师范学院学报,2013,28(9):32-34.
[8] 王心刚,贺利,张冬至,等.电工电子学课程研究性实验教学模式改革与实践[J].2017,36(4):188-191.

重质油减黏裂化实验教学模式的改革实践

李庶峰，李 传

(中国石油大学(华东)化学工程学院，山东 青岛 266580)

摘 要：实验教学过程采用科研工作常用的正交试验法最优化方法，使用大型仪器模拟蒸馏色谱仪，增加了本科生的知识和技术储备，有利于在毕业论文阶段尽快地进入科研状态。供氢剂存在下重质油减黏裂化实验，可以较为全面地学习反应机理和反应规律，达到了设计型、研究型教学实验项目的教学效果。能够全方位开拓和培养学生的实践能力、吸引学生进行相关的课题研究。实验项目的改革符合高校转变教育思想的方针，提高人才培养质量的高校教育改革的目标，有一定的教学研究和探索的价值。

关键词：重质油减黏裂化；供氢剂；模拟蒸馏；正交试验法；课题研究

中图分类号：TP319

Practical Application of Hydrogen Donor and Simulated Distillation in Heavy Oil Visbreaking Teaching Experiment

Li Shufeng, Li Chuan

(College of Chemical Engineering, China University of Petroleum, Qingdao 266058, Shandong, China)

Abstract: The orthogonal experiment optimization method commonly used in scientific research were applied to heavy oil visbreaking experiment teaching reform and large-scale instruments were used to simulate distillation chromatograph. These methods increase undergraduate students' knowledge and ability reserve and could help them better adjust themselves from student mode to scientific research mode at their thesis stage. The reaction mechanism and reaction rules could be comprehensively learned during the visbreaking experiment of heavy oil in the presence of hydrogen donor and the teaching effect of design-based and research-based teaching experimental projects could be reached. The experiment could develop and cultivate students' practical ability in all aspects and attract students to carry out relevant research. The reform of this experimental projects is in consistency with the policy of universities to change their educational thoughts, promote the reform of practical teaching, and improve the quality of personnel training.

Keywords: visbreaking of heavy oil; hydrogen donor; simulated distillation; orthogonal experiment; subject research

1 引言

《石油化学》是一门省级精品课，是学习认识石油化学组成结构以及炼化加工机理过程的骨干专业课。

基金项目：中国石油大学(华东)校级精品课研究项目(SY-JG20180623)

作者简介：李庶峰，男，硕士，高级实验师，研究方向为石油化学及能源化工。

专业理论知识的课堂学习之外,需要通过实践教学过程,认识和验证专业课堂上讲解的理论原理,做到理论与实践相结合。其中,"重质油减黏裂化教学实验"项目,是在侧重于石油化学为特色的中国石油大学应用化学专业实验课教学改革方针的指导下,结合化学工程学院的科研工作进展,按照课题研究的教学实验模式设计和开设的。

现有的实验讲授内容过于具体,实验结果的评价手段相对简单。因此,紧密结合重质油加工国家重点实验室的相关课题组在"重质油供氢剂减黏课题"的最新研究进展[1],在实验过程中引入工业供氢剂或作为标志加氢特性的模型化合物,利用与科研实验紧密相关的大型精密仪器"模拟蒸馏气相色谱仪"作为实验结果的一种评价方式,丰富教学环节的内容,扩展实验结果的分析手段,深入学习相关课题研究的方法及模式。学生通过扩充后的实验教学过程,观察到重质油改质前后物性的变化,深刻理解供氢剂对于反应结果的重要影响,可以增强感性认识及理论学习。借此可以优化和细化原有的实验教学内容,更好地建设综合型、研究型的教学实验项目。

2 实验理论部分

2.1 实验开始前的预习

在进行实验项目之前,教师将相关实验背景及意义,以电子文档的形式发送给学生。并且利用上一次实验结束后的时间,带领学生提前进入实验场地了解相关的实验仪器设备。教师提前告知学生需要预习的具体的知识点范围,建议学生查阅相关文献知识,尤其是包括化学工程学院在内的国际国内关于供氢剂及模型化合物在重质油减黏裂化研究方面的机理、方法、分析手段等相关的实验技术背景。通过电子邮件或QQ通讯的方式,指导学生写出具有课题调研性质的文献综述。其相关工作将作为实验成绩考核的一部分。

2.2 实验课理论的讲解

重质油的减黏裂化是一种以重质油在高温下裂解反应,其产物以最大限度不生焦为原则,借以降低物料黏度以利于输送或进行下一步工艺处理的改质过程。反应过程是既有裂化反应又有缩合反应的缓和热转化反应,其反应机理遵循烃类自由基反应历程。

传统的或现有的实验教学过程是:重质油用氮气作保护气去隔绝空气,在高温条件下进行临氮状态下的简单的纯粹热反应。反应结果依据产物黏度的降低程度,根据具体情况选用毛细管黏度计或者旋转黏度计去测量进行定量表示。即仅仅将原料减黏率作为单一目标参数表征反应过程,不利于学生开拓相关领域的学习和探索。

为了最大限度地提高轻质油收率的目的,相关领域研究者提出:向重质油减黏体系中加入具有一定加氢性能的供氢剂,通过抑制自由基的缩合反应,延缓生焦诱导期,提高反应体系的反应苛刻度,达到基本不生焦状态下的减黏目标,同时大幅度提高轻质液体油品的收率。此类供氢剂可以供选择的有强供氢体四氢萘或弱供氢体十氢萘。

供氢剂的供氢效果因其结构不同而异:比如四氢萘由于其同时具有芳香环和环烷环结构的氢化芳烃结果,当渣油发生裂化反应时,能够提供出环烷环中的活泼氢自由基,可以封闭沥青质等大分子自由基用以减少其相互聚合产生更大的有生焦趋势的大分子。这样四氢萘供氢后成为萘分子。相对应的十氢萘由于其分子空间结构不利于氢自由基的供给。反应式简单示意如下:

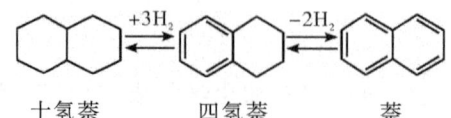

十氢萘　　四氢萘　　萘

因此设计其作为实验内容的一部分,借以考察四氢萘、十氢萘和萘分子之间的供氢强弱和多少,以及相互之间的转化关系和程度,这些可以作为学生实验内容的一部分,让学生了解供氢剂在重质油减黏裂化过程中的作用机理。

我院课题组在供氢剂减黏的研究结果表明[2]：优选的一种工业来源的减黏裂化供氢剂，由于其具有富含芳并环烷环结构，具有较强的供氢能力。因此在减黏反应操作中添加此类供氢剂（比如焦化反应产物中的375～395 ℃之间的减压蜡油（VGO））可以改善反应操作，提高反应苛刻度，达到提高裂化液相产物收率、抑制缩合反应产物收率，大幅度降低重质油黏度的目的。在设计的实验内容中，将不同供氢剂按照相同的百分含量加入反应体系参加反应，比较反应前后反应产物的降黏率。并对相同操作条件下的液相产物中的生焦趋势进行比较，借以考察不同供氢剂对抑制缩合反应的能力。

2.3 实验方案以研究论文作为前导

作为研究型教学实验项目，本着以课题研究为导向，多角度、多层次地考察一个科研课题的研究思路及实验路线。遵循科研的一般规律，许多科研项目的开展过程，首先进行的模仿、复制、验证是必不可少的一个阶段或者是一种方法。只有在充分了解了现有的研究方法、手段及验证了部分实验结果的前提下，站在前人的基础上，才能吸收精华摒弃谬误，提出自己的解决之道或者创造性地开展自己的研究工作。

本实验教学项目中，教师提供出若干份相关学者公开发表的研究论文，讲解其中实验方案的设计框架，供学生了解认识这个研究领域的整个思路及方法。这种操作的先决条件是，实验指导教师是长期从事相关领域的科研工作者，具备相关的实验研究的理论和技术背景，这样才能得到学生的认可。学生通过自己的专业课知识以及理论课堂讲授的原理和机理，利用实验室现有的条件，最大限度地在有限的教学实验中得到理论的印证和规律的获取。

3 实验内容

3.1 实验条件的确定

本着采用单点试验法来考察单独一个因素对于反应结果的影响，参考以前的实验条件，确定一个反映苛刻度及产物性质都较为平衡的实验条件：比如温度为410 ℃、反应时间为60 min、供氢剂加入量为10%（wt）、供氢剂种类4个因素作为考察目标。然后在此基础上考察温度±10 ℃、时间±15 min、供氢剂加入量±10%（wt）以及供氢剂种类分别为四氢萘（THN）、十氢萘或焦化蜡油馏分等。

3.2 正交试验法的应用

实验采用正交试验法确定最优实验条件。正交试验法就是利用正交表来对试验进行整体设计、综合比较、统计分析，用较少的实验次数找到较优的生产条件，有效地整合各个因素和水平，比较可信地反映出实验规律的真实情况。其主要内容：第一，怎样安排实验方案；第二，怎样分析实验结果。这两个方面有利于锻炼学生自主设计实验方案、分析实验数据并找寻规律。

本实验项目采用"四因素三水平"的正交试验表来设计实验，学生按照一定的考察目标自行选择实验条件。具体每组同学可以分别考察反应温度高低、反应时间长短、供氢剂种类的影响为小目标探究影响产物性质的规律。然后全班同学将数据进行汇总后，总结实验规律并解释其原因。总体的实验方案见表1和表2。

表1 正交试验的因素水平表

水平	因素			
	反应温度/℃	反应时间/min	供氢剂有无或种类	供氢剂量/wt%
1	400	45	无	0
2	410	60	四氢萘	10
3	420	75	焦化蜡油	15

表2 正交试验结果与分析表

编号	A 反应温度/℃	B 反应时间/min	C 供氢剂有无或种类	D 供氢剂量/wt%	减黏率/%
1	1	1	1	1	68.31
2	1	2	2	2	71.50
3	1	3	3	3	77.71
4	2	1	2	2	82.12
5	2	1	3	2	79.82
6	2	3	1	2	71.71
7	3	1	3	2	67.80
8	3	2	1	1	70.21
9	3	3	2	3	75.60
K_1	79.13	78.87	80.20	79.63	—
K_2	80.10	79.77	80.20	79.83	—
K_3	79.30	79.90	78.13	78.37	—
R	1.63	1.07	2.07	0.87	—

由表2可知,根据数据分析的极差大小顺序为$R_C > R_D > R_A > R_B$,即影响重质油减黏率的因素的顺序为供氢剂有无或种类>反应温度>反应时间>供氢剂加入量。最终确认此种重质油在供氢剂存在下的减黏裂化优化条件为:供氢剂(四氢萘)、供氢剂量10%、反应温度410 ℃、反应时间60 min。最优条件下所得反应产物减黏率为82.12%。

上述实验结果是作为实验室考察实验规律得到的数据。实际生产过程中,由于供氢剂四氢萘成本较高,很难作为工业原料或助剂。一般情况下会选择具有相对较高供氢活性的焦化蜡油馏分,其减黏率只有79.82%,略小于强供氢剂四氢萘。只有这样,才能兼顾工艺运行的技术性和经济性。

3.3 实验设计方案确立

本着课题研究的目的,在有限的实验次数的情况下,比较有无供氢剂,以及供氢剂性能的比较等之间的区别来做机理研究,为学生提供一个相对全面的考察领域。针对供氢剂四氢萘、十氢萘及萘分子的供氢机理中存在的反应选择性的问题研究,可以采用气相色谱仪来比较相对量的变化来分析考察供氢剂之间的转化。这一部分可以单独作为一个研究分支,限定某几组同学进行实验,用有限的实验次数为全班提供实验数据支持。借以与正交试验法的实验条件优化进行相互补充印证。

3.4 采用模拟蒸馏气相色谱仪

考察反应产物馏程分布的具体变化,来反映产物性质的改变。甚至在此处可以适时引入相关科研论文中考察供氢能力与夺氢能力不同时采用的化学探针法[3],借此与《石油化学》课程中氢转移理论相印证,开拓学生的实践认知领域。

3.5 操作步骤的优化

由于本实验项目涉及的仪器设备较多,具体实验过程中在学生原有分组的基础上,合理调配学生时间。首先将每组学生分成两个小组,分别进行动手操作和演示实验的教学。然后在指导教师的监督之下,在各自掌握的基础上交换角色,期间可以由先前学习的第一组作为实验指导,"现学现卖"。巩固学生对实践操作的掌握,并借以考察学生的掌握情况。某些节点上,教师予以适时的细化讲解。

4 实验结果评价

考核方面侧重于实验结束后,汇总各组同学的实验数据,自行组织分析总结实验规律。实验指导教师予以点评,以加强学生通过设计型、研究型实验课的理论联系实际的应用能力。

4.1 应用不同分析手段测定实验产物的性质

由于重质油供氢剂减黏裂化实验评价指标较多,从实验室条件出发,确定减黏率作为宏观比较指标。对于裂化深度不同的产物黏度测定,符合牛顿流体的采用毛细管黏度计,非牛顿流体采用旋转黏度计测定。对于结果必须注明各自使用的方法,唯有如此才有比较基础。

对于高压反应釜中的产物分成气、液、固(类固体)三相,其中液相反应产物进行克氏常减压蒸馏将其分成<180 ℃、180～350 ℃、350～500 ℃馏分段,以及>500 ℃的尾油部分。采用气相色谱仪分析气体的烃组成、汽油的PONA烃组成,按照n-d-M法去测定和计算蜡油的结构族组成,以及用斑点试验预测生焦诱导期,借以考察固体焦产生的情况及裂化产物的安定性。

4.2 模拟蒸馏气相色谱仪的应用

对于不同反应条件下的产物,采用模拟蒸馏仪进行馏程分布的考察。如果实验过程加入特定工业供氢剂时,可以相对定量地考察供氢剂的变化规律。如果考察供氢剂供氢机理,可以采用加入特定的模型化合物的形式,考察其在整个反应产物中的供氢或夺氢行为。

4.3 演示实验与实操实验相结合

在有限的实验学时内,将操作实验与演示实验并举。实验选择具有代表性的实验条件的反应产物,采用模拟蒸馏仪器的演示实验,让学生了解反应产物馏程分布与反应条件的关系;采用热台显微镜,实时原位观察重质油减黏裂化过程的形态变化,比如融化过程、热解过程,裂解气体的逸出、缩聚产物焦炭的形成变化等。如此可以丰富学生相关专业领域的理论知识和研究路线,多层次、多角度地让学生掌握减黏裂化反应实验的理论知识和提高实践操作能力,实现研究型实验教学的综合训练功能。

4.4 供氢剂评价结果

供氢剂的存在条件下的实验结果表明:供氢剂存在下的生焦诱导期明显延长,反应体系中类颗粒物状物质明显变小减少。可以在相同轻油收率的情况下,尽可能地提高反应苛刻度,比如升高温度、延长反应时间,得到更高的轻油收率。

5 实验总结

实验过程采用科研工作中较多采用的正交试验法这种最优化方法,以及使用模拟蒸馏色谱仪和热台显微镜等大型仪器,对于本科生在即将进行的毕业论文阶段进行研究工作,进行了一定的知识和技术、实验技能的储备,有利于学生尽快地进入科研状态。通过实验教学课堂实践及学生的教学效果反馈可知:学生对这种贴近科研实践和应用形式的实验项目比较认可。由于有实验前期的调研和文献综述的撰写、科研论文的引导,学生具有较高的实验热情,对实验过程有浓厚兴趣和参与的积极主动性。

通过教学实践可知,供氢剂存在下重质油减黏裂化实验,可以较为全面地学习反应机理和反应规律,达到了设计型、研究型教学实验项目的教学效果。此类教学实践能够全方位开拓培养学生的实践能力、吸引学生进行课题研究。这一教改工作的实践,符合高校转变教育思想的方针、提高人才培养质量的高校教育改革的目标,有一定的教学研究和探索的价值。

参考文献

[1] 郭爱军,薛鹏,陈建涛,等.超稠油掺炼供氢剂的减黏裂化研究[J].炼油技术与工程,2013,43(5):28-31.
[2] 郭爱军,王宗贤,张会军,等.减压渣油掺炼工业供氢剂缓和转化的基础研究[J].2007,35(6):667-672.
[3] 王冶卿.渣油热反应体系胶体化学与氢转移行为的研究[D].青岛:中国石油大学,2006.

基于创新思维导向的实验教学内容体系的探索
——以动物生物化学实验教学为例

焦显芹,钟 凯,耿 娟,陈 宇

(河南农业大学 动物医学院,河南 郑州 450046)

摘 要:为实现我国从教育大国走向教育强国的目标,高校强化培养学生的创新精神和创新能力势在必行,以"夯实基础、综合训练、创新设计性实验项目"为载体,以"探索性学习理念"为指导,以"强化培养学生的创新思维和科研能力"为目标,将科技发展的前沿知识融合到实验教学中,丰富实验教学内容,改进实验技术手段,探索多种教学模式,激发学生科研的兴趣和热情,实现培养学生的创新思维和创新能力的目标。

关键词:创新能力;实验教学;内容体系;改革与探索

中图分类号:Q5-4;G642

Exploration of Experimental Teaching Content System Based on Innovative Thinking Orientation
——Taking the Experimental Teaching of Animal Biochemistry as an Example

Jiao Xianqin, Zhong Kai, Geng Juan, Chen Yu

(College of Veterinary Medicine, Henan Agricultural University, Zhengzhou 450046, Henan, China)

Abstract: To realize our country's goal of transforming from a big education country to a powerful country in education, it is imperative for colleges and universities to strengthen the cultivation of students' innovative spirit and innovative ability. It takes "consolidating foundation, comprehensive training and innovative design experimental project" as the carrier, guided by the concept of "exploratory learning", with the goal of "strengthening the cultivation of students' innovative thinking and scientific research ability". It integrates the cutting-edge knowledge of scientific and technological development into the experimental teaching, enriches the experimental teaching content, improves the experimental technical means, and explores a variety of teaching modes. It can stimulate students' interest and enthusiasm in scientific research and cultivate students' innovative thinking and innovative ability.

Keywords: innovative ability; experimental teaching; content system; reform and exploration

1 引言

深化创新创业教育改革是国家实施创新驱动发展战略、建设创新型国家的迫切需要,将创新创业教育与专业教育相融合,并融入人才培养的全过程,提高人才培养质量以及学生的创新精神、创业意识和创新创业

作者简介:焦显芹,女,硕士,高级实验师,主要研究方向为基础兽医研究。

能力是深化教育改革的重要途径[1]。

生物化学是从分子水平揭示各类生物体的化学组成和物质变化规律的一门基础性学科[2]，在农业类高校是动物医学、动物科学、农学、生物工程、生物科学、生物技术、环境科学、药学等学科必需的先导性的基础科学。动物生物化学研究的内容是动物机体内的微观变化，其发生特点是微观、错综繁杂、抽象，参与代谢的生物酶种类繁多、性质千变万化、实验技术的创新速度快，使多数学生在动物生物化学学习的过程中感觉难度大、知识体系理解困难，学习积极性不高[3]。动物生物化学实验（以下简称生化实验）可以帮助学生从可视角度和宏观角度对微观抽象的生化反应的理解和掌握，对理论知识起反哺作用。另一方面，生命科学的迅猛发展也必须依赖于实验技术和方法的不断革新和进步，纵观生物化学实验技术发展简史可以看出，每一种新的生化物质的发现与研究都离不开实验技术，每一次新的实验技术的发明都大大地推动了生物化学研究的进步[4]。所以生化实验教学应给予足够的重视，对人才创新意识和创新能力的培养起着至关重要的作用。

2　当前动物生化实验教学知识体系的现状

2.1　教学目标不明确，教师对实验教学思想上不够重视

重理论教学，轻实验操作。教师对实验教学的重视和实验课程的精心设计对培养学生的创新意识和创新能力的引导至关重要，但受传统教学观念的影响，教师在理论课上投入更多的精力，对实验课的重要性没有给予足够的重视，如今多层次的教学比赛如"教学名师""讲课大赛"等等也鲜有涉及实验教学方面的内容。大部分学生对实验课产生敷衍心理，出现问题不会深入分析和解决，对科研思维能力和创新能力的培养和提升极为不利。

2.2　实验内容缺乏创新性，实验课程学时相对偏少，且实验技术手段落后

目前大多数实验教材的内容安排是按理论知识顺序，实验项目知识单一，多为验证性的，内容独立、实验方法落后，运用先进实验技术的综合性实验和创新性实验内容较少。而生化实验包含的内容多、所需的仪器设备更新换代快、实验技术项目广泛，相对于丰富的内容而言，实验课时则显得有些偏少。在生物技术迅猛发展的当下，这些因素都制约着学生实验技能的提升和创新思维的发展。

2.3　缺乏多种形式的实验教学手段

目前的实验教学方法仍沿用以往传统的教学方式：实验教师提前配好试剂、做好预实验，调试好实验设备，做好实验内容板书或PPT课件，实验课上，指导教师将实验目的、原理、方法和步骤以及注意事情进行讲解，学生照搬实验步骤完成实验，整个过程互动环节少、缺乏问题式引导，数字化信息时代的各种教学手段和教学模式的运用不充分，这种僵硬的实验教学模式不利于调动学生自主学习的主动性，严重泯灭了学生对实验的热情，不利于学生创新思维能力的锻炼和培养。

2.4　评价实验教学效果的形式缺乏科学性

教学质量效果评价"以学生为中心、产出导向、持续改进、探究式教学和形成性评价"等先进的教育思想和理念没有在评教工作中得到充分的贯彻和体现，评教工作存在"为评而评"的现象[5]，不能真正反映教学质量效果的优劣。对学生实验学习效果的评价，大多数还停留在实验报告的撰写和出勤率考核方面，对学生在实验过程中的严谨性、操作的规范性、提出问题、创新性解决问题的能力等没有纳入考核的范围，实验报告也只是对实验结果现象简单描述、宽泛性地进行分析总结，没有实质性的内容，缺乏对实验设计的审视和思考，不利于学生创新思维能力的培养，与学校和国家的人才培养目标有一定的差距。

2.5 本科实验的仪器设备陈旧且数量不足

先进的仪器设备是开展高质量实验的基础条件,目前高校"重科研、轻教学"的情况比较突出,科研成果是评价学校、大学排名的重要指标,科研成果是晋升职称的重要筹码[6],所以科研上都不惜重金投入先进高端的科研仪器设备,教学和科研仪器设备的共享目前有一定难度,本科实验仪器设备和科研设备严重脱节,远远不能满足本科实验教学的需要,更落后于生物技术的发展。

实验教学基于以上存在的不足,生物化学科研团队教师应不断挖掘潜力,整合实验教学内容、优化实验教学体系,多方位创造条件,将生化实验教学质量再提升一个新台阶。

3 动物生物化学实验教学知识体系整合的基本思路

3.1 主观教学理念的转变

2015 年国务院办公厅发布《关于深化高等学校创新创业教学改革的实施意见》,号召高等学校继续深化创新创业教育改革,高校成为开展创新创业教育的主要承担者和主阵地[7],基于此,学校和学院主管教学的领导要充分认识到实验教学是教学质量提升的重要组成部分,也是培养创新创业和高素质人才不可或缺的重要环节,教师对实验教学要给予重视,理论和实验协同并进,实验设备及时更新、实验经费加大投入,将培养学生的综合实践能力和科研创新思维能力作为实验课教学的终极目标。

3.2 组织编写适合专业特色的实验教材

2019 年教育部提出:"十四五"期间,将教材建设与选用纳入本科教学质量国家标准。专业培养目标引领教材建设、教材建设支撑课程体系的创建[8],高校教师参与教材建设是百年树人的践行,比起发几篇论文来说,其影响力更为深远。根据专业特色和培养目标选用或者编制合适专业特色的实验教材,纳入现代生物学最新实验技术和方法,有利于培养学生的科研能力、创新能力,有助于实现高素质综合型人才培养目标。

3.3 设计多层次实验教学内容,满足新时代创新人才需要

我院生物化学科研团队根据学科发展也在不断更新和优化实验项目,以能力培养、创新思维为核心,以递进式、模块化为指导思想,实验内容保留部分基础经典性实验;以生物大分子物质的分离制备为主线,以点带面,设计综合性的训练项目;以产学研为出发点,以大学生创新创业项目和生产实践为带动,交叉多学科、丰富设计性实验项目资源。每年"生泰尔杯"和"雄鹰杯"等专业性全国技能大赛的举办,为设计性实验又提供了条件和机会。科学合理的实验内容设计既能巩固基础、锻炼基本实验技能,也培养了学生科研思维、创新意识、创新能力,为以后的工作和科研打下了良好的基础。

3.4 充分利用数字化的教学手段,采用多形式的教学方式,完善教学效果的评价体系,强化学生的主体地位

当今数字化网络高度发达,实验教学应将现代信息技术深度融入实验教学中,挖掘学生的学习潜力。以微视频、网络动画、虚拟演示等方式通过班级 QQ、微信群、学习通等各种媒介平台,方便学生业余时间学习。实验教学采用智慧教学、翻转课堂、PBL 教学、案例教学、虚拟仿真演示等多种教学手段相结合,进一步促进信息技术与实验教学的深度融合,加快实验教学模式和学习方式的变革[9]。强化学生为主体,充分调动学生参与实验的热情,建立师生互动的良好氛围[10]。制定综合完善的考评体系,客观、全面地考核学生的综合能力,不仅能极大地提高学生主动学习的积极性,也是实验教学创新发展的重要举措和必然趋势[11]。

4 改革实验教学内容知识体系的具体措施

河南农业大学动物医学院生物化学科研团队承担着动物医学院、动物科学院和国际教育学院动物科学

共10余个专业生物化学实验课教学任务,学生人数每年800人左右,生化实验课时均为30学时,课程安排都集中在大二第一学期,班级多,上课密度大,实验场所不足等。教学团队精心梳理学科发展前沿知识和最新的实验技术,将实验教学内容归类串并,整理综合,创新实验方法和丰富实验教学内容。

1)调整后的内容删除了延续多年的血液样品的处理、血清蛋白质醋酸纤维薄膜电泳等方法简单、实验技术手段落后、知识单一的验证性实验。影响唾液淀粉酶:活性因素实验中,改变以往在不同的影响因素条件下,不断检测放置在最佳反应条件试管里的反应液,待反应完全后,再同时检测不同条件下各组反应液中淀粉和碘液混合呈现的不同颜色,以此判断温度、pH值、激活剂和抑制剂对酶活性的影响,实验中唾液淀粉酶用学生自己的唾液制备,酶活性差别大,实验中易受其他多种因素的干扰,据多年的实验观察,有很大比例的实验结果均不够理想。目前更新检测方法,设置相同的反应时间后(预实验效果最佳时间为10~15 min),检测剩余淀粉和碘液混合后的颜色变化来判断结果,实验结果大多比较理想,而且也大大缩短了检测过程中的等待时间。PCR扩增技术实验,以更先进的实时荧光定量PCR取代普通PCR。以创新性的思维和实验技术手段重现经典实验,既能让学生掌握生化实验基本技能,也有利于培养学生的创新思维能力。

2)以生物大分子的分离制备为轴线,设计综合性实验项目:以蛋白质的分离纯化及鉴定和细菌基因组的提取、16S rRNA基因PCR扩增、琼脂糖凝胶电泳鉴定两个综合性实验。蛋白质分离纯化是以分离纯化羊血清免疫球蛋白G(IgG)为例,免疫球蛋白G(immunoglobulin G,IgG)是血清中免疫球蛋白的主要成分,占动物血清中免疫球蛋白总含量的75%左右,其中40%~50%分布于血清中,在机体抗感染、中和毒素等免疫防御中发挥重要作用,IgG在生产和临床上均有广泛的应用,它是具有一定代表性的蛋白质。实验首先采集动物新鲜的血液离心得到血浆,血浆经过盐析、等电点沉淀制备IgG粗制品,再经过脱盐、分子筛、离子交换层析等一系列的方法进行纯化,最后采用SDS-PA电泳鉴定其纯度及其分子量大小。由于实验学时的限制,后续的IgG的活性免疫检测作为开放式实验,学生可以预约课余时间在指导老师的指导下自行完成。本实验与生产实践和临床应用结合紧密,有利于提高学生的学习兴趣,实验材料以动物血液为原料,容易获取,费用低,不仅使学生巩固蛋白质的有关性质,也掌握了实验中常用的离心技术、盐析技术、层析技术、电泳技术、紫外分光光度技术以及凝胶成像仪设备的使用技术等,使枯燥孤立的实验技术和实际应用相结合,作为解决实际问题的工具,有利于调动学生的求知欲和科学研究的热情。

DNA提取及纯度鉴定实验项目以往以动物肝脏为实验材料,实验动物消耗大、肝脏原浆液用量多,有害试剂氯仿异戊醇等用量大,废液无害化处理困难,有悖于创造绿色环保安全的实验室理念[12]。改进后的实验材料采用从病鸡肠道分离纯化的大肠杆菌。大肠杆菌作为模式生物,是研究得最为详尽的原核细菌,繁殖迅速,培养代谢易于控制,用量小,大大减少了有害试剂的使用量,而且更接近于科研。实验首先提取大肠杆菌基因组DNA,这个步骤仍采用经典的方法,学生通过实验过程可以充分理解原理,科研常用的市售提取试剂盒,虽然操作简单,但实验结束后,学生对实验原理理解得不透彻;第二步将提取的DNA作为模板,采用16S rRNA通用引物,PCR扩增其基因片段;第三步是琼脂糖凝胶电泳鉴定;以上步骤均为学生动手操作内容;第四步,对未知细菌微生物(本实验已知为大肠杆菌)扩增后的结果可以引导学生进行测序,基因网站对比测序结果,以此可以判断未知细菌的种属类型,这些作为演示性实验内容,结合生产实际,帮助学生对实验有个整体的认知,充分利用PCR和电泳等待时间,为学生介绍引物设计和基因查询有关知识以及常用网站的使用方法,扩展学生的知识面,将基础实验与科研思维密切联系,培养学生的科研素质和科研热情。

3)以创新思维训练为导向,将科研创新成果及典型案例融入本科实验教学中:本科实验教学中融入科研成果典型案例是提高生化实验教学质量的有力举措,也是培养大学生的创新意识、创新精神和创新能力的重要途经[13]。《清华大学科研成果转化为教学资源典型案例汇编》一书[14]，介绍了科研转化教学的成功典型案例，为高校丰富实验教学资源提供了一条重要参考途经。我院近几年来也在积极创造条件，筛选生物化学研究最新的典型案例，将符合实验教学内容、可操作性强的科研成果融入实验教学中，不断丰富实验教学内容，提升实验教学的高阶性、创新性和挑战度，努力实现"两性一度"的国家课程建设目标[15]。作为设计性开放实验可以选择科研团队的科研成果，也可以通过文献数据库查找整理典型案例，按符合实验教学的形式整理实验原理、实验方法和步骤，列出所需实验仪器设备和试剂耗材等，在教师的引导下，以小组为单位预约实验室完成相应的实验。实验成果可以作为大学生创新创业项目的申报和参与专业比赛项目。

近几年新型冠状病毒的持续传播，新冠病毒核酸检测已成日常。实时荧光定量PCR对新冠病毒的检测发挥着重大作用，紧跟时代发展需求，为学生尽早熟悉和掌握先进的实验技术，实时荧光定量PCR技术将在2021级学生实验中推广使用。从软件到硬件，多层次、全方位尽力为学生提供创新设计性实验的机会，锻炼和培养学生的创新能力、科研能力和解决实际问题能力。

生物化学实验在大二第一学期开设，是最早开设的专业基础课之一，学生专业知识相对薄弱，考虑到学生的知识结构和接受能力，实验课程内容的改革不能盲目追求深度和广度，要结合实际，遵循教学规律，寓基础于综合，寓基础于创新，强化基本的实验技能，为培养科研思维和综合素质的人才目标打下坚实的基础。

5 加强实验室软硬件条件建设，保障新方案顺利实施

本科实验教学由于受实验场所、实验经费、仪器设备的限制，实验教学课程体系的改革比理论教学改革面临更多困难和挑战。指导教师和专职实验技术教师应充分认识实验教学的重要性，吐故纳新，与时俱进，不断学习前沿知识，参与各种先进仪器设备使用的培训，努力提高自身的综合业务水平。

相应的实验设备是支撑实验课程体系改革的首要条件，本科实验设备的不断更新是新实验开设和系列实验课程开展的有力保障[16]，近几年来我院也加大了本科实验设备的投入和购置，实验中心仪器设备也实现了共享，对生化实验教学内容体系改革后的顺利实施提供了保障。实验室也逐步加大开放的力度，学生经过实验室安全和基本操作技能培训合格后，在指导教师和专职实验技术教师的双重指导下，课余时间可以自主开展实验。确因条件局限，目前难以实际操作的实验项目，可以通过实体拍摄影像、动画演示以及虚拟仿真等方式让学生观摩，使学生开阔视野，激发热情，培养和提高创新能力及科研思维能力。

实验教学紧跟科技发展的前沿，不断探索实验教学内容体系改革，提高学生对实验课的兴趣，由被动变主动，强化学生基本的实验技能，锻炼学生科研思维能力，激发学生的创新能力，也为后期开设的微生物学、动物传染病学等专业课程的实验奠定坚实的基础。

在两个一百年奋斗目标的交汇期，建设社会主义现代化强国的今天，生物行业的发展对生命科学人才教育提出了新的要求，培养的人才需具备较强的实践能力、创新精神才能适应社会和行业的发展需求[17]。大学生创新创业训练的理念与专业实验课相结合，是深化创新创业教育改革的重要思想和途经。

参考文献

[1] 余昌海.深化高校创新创业教育改革须正确处理好四对关系[J].教育理论与实践 2020,40(24):16-18.

[2] 李玲,李娟,闫旭宇,等."双一流"建设背景下生物化学实验教学探究[J].广州化工,2021,49(20):152-153.

[3] 史影,章骥,应颖慧.分层次生物化学实验课程体系构建与实现[J].实验技术与管理,2020,37(11):178-180.

[4] 罗献梅,甘玲.动物生物化学实验[M].重庆:西南师范大学出版社,2013:1-3.

[5] 李贞刚,陈强,孙婷婷."以学生为中心"改进学生评教的思考与实践[J].现代教育管理,2019(1):62-66.

[6] 王帅,周海玲."重科研轻教学"的生成逻辑——基于科尔曼"交换—权威—规范"的分析框架[J].北京城市学院学报,2019(1):73-77.

[7] 董法宝,刘晓辉,于志海,等.基于成果导向的生物化学实验创新创业教育改革实践[J].生物工程学报,2021,37(7):2581-2588.

[8] 张晋.新时代高校教材建设的发展历程与时代要求[J].黑龙江高教研究,2020,38(8):11-16.

[9] 尹燕霞,杨冬,向本琼,等.生物化学与分子生物学系列实验课程优质资源的建设与教学实践[J].高校生物学教学研究(电子版),2022,12(2):38-43.

[10] 汪燕芳,李文哲,邵晓霞,等.生物化学实验教学模式的探索与实践[J].实验室科学,2021,24(6):97-99.

[11] 刘羽茜,王艳杰,刘慧慧,等."十四五"规划指导下生物化学课程改革的思路探究[J].卫生职业教育,2022,40(9):39-40.

[12] 谢会平,杨明元,史熊杰,等.基于科研思维能力培养的生物化学实验教学改革初探[J].高校生物学教学研究(电子版),2021,11(5):29-32.

[13] 朱丹,沈文飚,崔为体,等.农业院校现代生物化学案例教学的思考[J].现代职业教育,2017(12):36-37.

[14] 清华大学高等教育学会.清华大学科研成果转化为教学资源典型案例汇编[M].北京:清华大学出版社,2007.

[15] 中华人民共和国国家教育委员会.教育部关于深化本科教育教学改革全面提高人才培养质量的意见[EB/OL].http://www.moe.gov.cn/srcsite/A08/s7056/201910/t20191011_402759.html(2019-06-28).

[16] 李欣,赵玉红,李小菊,等.基于拔尖人才培养的生化实验教学改革初探[J].实验室研究与探索,2017,36(5):184-187.

[17] 尹燕霞,杨冬,向本琼,等.生物化学与分子生物学系列实验课程优质资源的建设与教学实践[J].高校生物学教学研究(电子版),2022,12(2):38-43.

基于学科竞赛的创新型人才培养模式研究

王 敏，王银玲，阎世梁，陈聪聪

(西南科技大学 国家级实验教学示范中心，四川 绵阳 621010)

摘　要：从"学科竞赛"的内涵和重要性出发，提出当前学科竞赛培养模式面临的种种问题。以学生为中心，从关键技术的传承、团队的建设等方面展开研究，探索一套基于学科竞赛科学、有效的创新型人才培养模式。重新构建并实践以学生为中心、师生共同参与的学科竞赛培养模式，激发了学生主动学习和自主创新的热情，实现了对学生理论知识运用和创新实践能力的全面培养和综合提升，取得了良好的教学改革与实践成效。

关键词：学科竞赛；关键技术；团队建设；创新实践能力

中图分类号：G642

Research on the Training Mode of Innovative Talents Based on Discipline Competition

Wang Min, Wang Yinling, Yan Shiliang, Chen Congcong

(National Experimental Teaching Demonstration Center, Southwest University of Science and Technology, Mianyang 621010, Sichuan, China)

Abstract: Starting from the connotation and importance of "discipline competition", this paper puts forward various problems faced by the current training mode of discipline competition. Taking students as the center, this paper studies the inheritance of key technologies and team building and explores a set of scientific and effective innovative talents training mode based on discipline competition. Re-constructing and practicing the student-centered discipline competition training mode, in which teachers and students participate together, has stimulated students' enthusiasm for active learning and independent innovation, realized the comprehensive cultivation and comprehensive promotion of students' theoretical knowledge application and innovative practice ability and achieved good teaching reform and practical results.

Keywords: discipline competition; key technologies; team building; innovative practice ability

1 引言

习近平总书记在全国教育大会上指出，高等教育要特别注重学生的社会责任感、创新精神和实践能力的培养[1]。学科竞赛是以课堂教学为根本，以竞赛形式多方面考查学生的综合素质与能力的课外科技实践活动[2]。学科竞赛是培养学生创新能力的重要路子，创新能力又是促成学生发展的重要法宝，建立共赢的学科竞赛教育模式，在通过学科竞赛培养学生创新能力的同时，也要借助学科竞赛拓宽学生的创新思维认知，提高学生对创新的永久性认识，帮助学生建立终身创新意识[3-4]。相比于常规教学，学科竞赛以其特殊的教育功能和其与大学生综合创新能力培养的紧密性[5]，越来越受到高校和用人单位的欢迎与重视，成为高等教育

基金项目：四川省 2021～2023 年高等教育人才培养质量和教学改革项目(项目编号：JG2021-898)；西南科技大学素质类教改(青年发展研究)专项资助项目(项目编号：22szjgl2)

作者简介：王敏，女，讲师，主要从事工程实践教学和创新教育等研究与改革工作。

教学改革的热点之一。目前,本人和本团队成员已指导各类学生学科竞赛10余年,有丰富的竞赛指导经验,也建立了成体系的学生招募管理办法,按照"师兄制、师姐制",形成了"传帮带",团队定期进行总结,已经积累了部分学科竞赛的相关知识、技术资源和实验平台,学校也有一系列配套的激励政策,旨在激发学生与教师的参与热情。尽管如此,在学科竞赛工作开展方面,仍然存在一些问题,本课题结合高等教育发展动态,立足高校教育改革发展,探索一套基于学科竞赛科学、有效的创新型人才培养模式。

2 学科竞赛培养模式面临的问题

近年来,各高校积极响应教育部的号召,设置了不同种类和层次的学科竞赛,主要目的在于提高学生的创新能力。但在获得学科竞赛带来的创新型人才培养效果的同时,也存在着以下需要解决的问题[6]。

2.1 学生创新意识淡漠、创新热情不高,学习主动性不足

学生自幼形成的应试心理根深蒂固,基本上是有意识地被动学习,被动接受新知识,导致大部分学生缺乏主动探求未知知识的意识。大学阶段所学知识更具有抽象性,校内开展的各类社团活动、组织活动、个人交际也需花时间去处理,所以很多地方院校的学生并不能有效地学习[7]。一方面,学生学到的更多是零碎的解题技巧,只知其然而不知其所以然;另一方面,学生理论知识欠缺而创新思维不足。因此,大部分学生对学科竞赛有畏惧心理。

2.2 学生基础参差不齐,由于专业差异,而产生的系统性学习不够,导致学科竞赛完成质量不高

竞赛题目一般都是综合性命题,涉及不同的学科专业知识。学生要完成竞赛任务,必须将不同领域的知识和能力融会贯通,而大部分学生知识储备不够、对技术全貌认识不全,专业技能培养无法与其他不同专业技能零距离对接,导致其完成质量不高。

2.3 技术积累与团队管理持续和继承不够

一届学生毕业,将面临学科竞赛"重新洗牌"。低年级参赛学生要遇到"起步难、技术不同"等多方面的挑战,导致团队架构断续,技术积累与团队管理持续和继承不够。

3 具体建设的内容

为了确保学科竞赛工作能够顺利实施并实践,建立了全员参与、全员协同的素质教育育人体系。以中国大学生工程实践与创新能力大赛为例,构建了"分层次、多方位、全学程"的学科竞赛体系,如图1所示,将学科竞赛纳入本科机械类专业的实践教学体系。

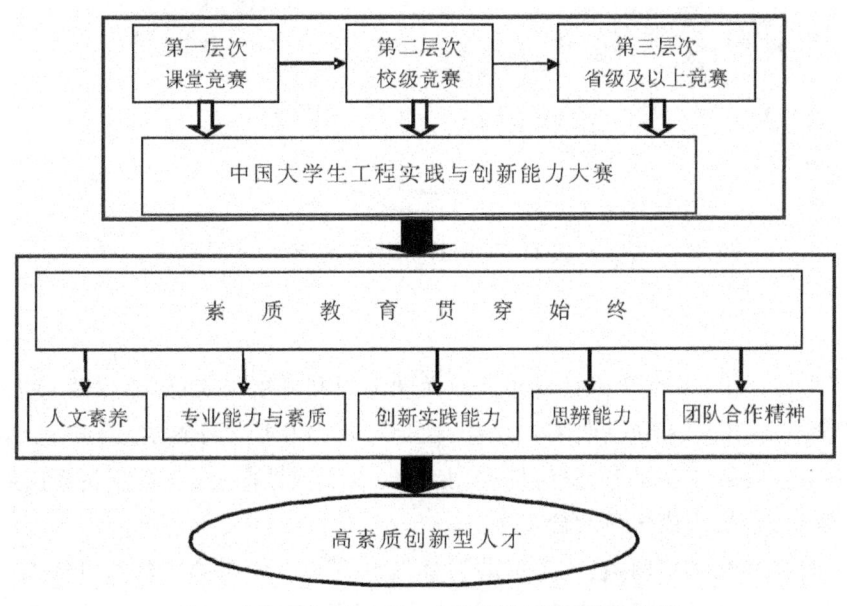

图1 "分层次、多方位、全学程"的学科竞赛体系

围绕以上3个问题,为更好地发挥学科竞赛的功能,进一步提出了以下具体建设内容。

3.1 梳理知识点进行教学融入

将竞赛项目中涉及的知识点、技能点总结出来,融入教学过程中,从点开始,让学生搞清楚、弄明白,感受成功的喜悦,获得自我认同与成就感。逐步增加难度,到学生可以解决一些小课题,树立自信。以社团活动、创客活动、学习小组等形式,逐步引导学生产生兴趣,还可以定期开展经验分享活动,组织历届获奖学生给低年级学生交流心得与收获,鼓舞士气。

3.2 先"合"后"分"

依据竞赛项目的不同技术方向,将学生分成基础小组,各小组互相学习、共同攻克同一个技术点;再将各基础小组分组、融合,为最终各组搭建较优层次的基础平台。在此过程中,对学生进行了学习培训、技术分类和分类攻克等训练。通过分组又合并的形式将教学内容分层次渗入到项目活动中,这种教学方法既可以调动学生的学习兴趣,又可以锻炼学生的独立完成与团结协作的工作能力,学生从最开始的只重视竞赛成绩,改变为更在乎培养过程中的个人收获。

3.3 建立学生"宣传—报名—实训—选拔—参赛—指导"的可持续进阶管理体系

如图2所示,学生经过选拔、教师指导实训、参赛后,又作为"小老师",以传帮低年级学生为主要目的,带领低年级学生开展行动式学习,在相互作用中获得彼此的共同进步与成长。以此体系创建学习型组织和团队,形成和谐、互助的教育文化,推动学生素质的成长,同时也减小教师的指导压力,这是一种良好的生态教育局面。

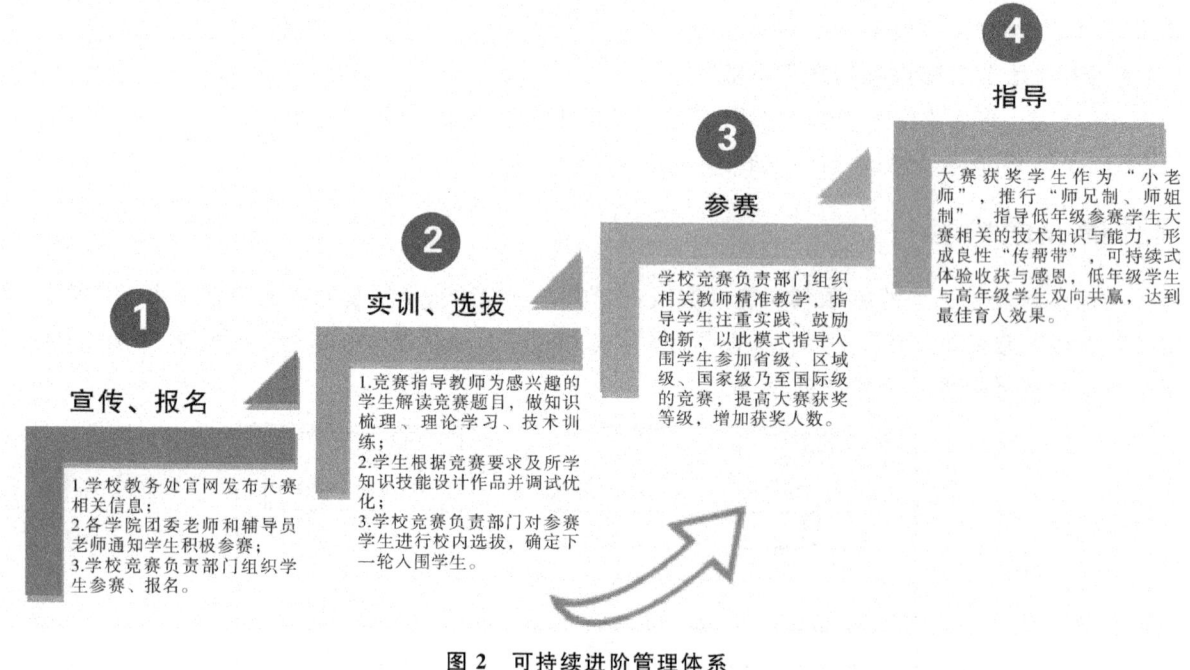

图2 可持续进阶管理体系

4 实施效果

在可持续进阶管理体系下,各类学科竞赛和创新活动的顺利开展与实施,不仅改善优化了学风建设和教风建设,还提升了教学质量、升学率和就业率,学校的社会贡献力和社会影响力也进一步增大。最重要的是,新的人才培养模式使学生能够主动思考,坚持努力创新,促成了积极向上、比学赶帮超的好形势。

4.1 教师转变教学理念,学生改变学习观念

学科竞赛是很好的实践教学案例,它比乏味的教育理论更具有说服力。教师在指导学生学科竞赛的过程中,加深了其对实践教学的理解,深刻认识到实践教学的重要性,会逐渐转变教学观念,将学科竞赛中的知

识点加以概括、提炼并渗透到日常实践教学中。同时,学生在参加学科竞赛时会拓宽知识和技能等视野,体会到动手实践的重要性和意义,增强其创新思维与创新意识,改变了他们的学习观念。

4.2 教学成果显著,竞赛成绩斐然

基于学科竞赛的教学模式在我校"智能机器人"创新实践班已基本形成,学生的综合素质明显增强,创新实践能力得到大幅提升。2020～2022年毕业的三届104名学生,6人获"省级优秀毕业生"称号,63人去往中国科学院大学、国防科技大学、西北工业大学、重庆大学、电子科技大学、南京理工大学、西南交通大学,北京交通大学、西安电子科技大学等国内知名高校攻读研究生。在科技实践方面,完成省级及以上大学生创新创业计划项目23项,授权专利24项,发表学术论文18篇,获省级及以上学科竞赛、创新创业大赛奖项140项,其中国家级26项。

5 结束语

以学科竞赛对创新型人才培养的成效为切入点,从关键技术的传承、团队建设等方面建立了基于学科竞赛的科学、有效的创新型人才培养模式,提出了先"合"后"分"的竞赛管理与指导思路。整合了学生专业资源,充分利用了各自学科优势,既有融合又有交叉,为彼此搭建了良好的基础平台并加以共享,学生学得更深入、更全面,也学得更踏实、更开心、更心甘情愿,使学生在专业水平与心理素质上均有了大幅提升。构建了"分层次、多方位、全学程"的学科竞赛体系和"宣传—报名—实训—选拔—参赛—指导"的可持续进阶管理体系,保障了学科竞赛贯通于创新型人才培养全过程中。

参考文献

[1] 吕若楠.改革开放以来大学生价值观的变迁研究[D].绵阳:西南科技大学,2019.
[2] 孔祥超.以学科竞赛为人才培养模型的构建及运行机理[J].文教资料,2020(17):184-186.
[3] 李宁.科技竞赛培养大学生创新能力研究[D].湘潭:湖南科技大学,2013.
[4] 李春阳,郑艺,付铁,等.基于学科竞赛的实践教学模式研究与实践[J].实验技术与管理,2019(10):208-210.
[5] 孙爱良,王紫婷.构建学科竞赛平台培养创新人才的研究[J].成才之路,2017(7):4-5.
[6] 王满四,郭成.以学科竞赛为载体开展创新型人才培养的探讨——来自广州大学创新创业实践基地的实践与体会[J].教育教学论坛,2015(1):111-113.
[7] 李黎,俞孟君,于敏章.地方师范院校大学生学科竞赛的现状分析与策略研究[J].黑龙江教育(理论与实践),2020(6):28-30.

大学英语课程思政教学中师生互动研究：基于第三空间理论

张 帆

(西安外国语大学 英文学院,陕西 西安 710128)

摘 要：课程思政与大学英语教学的结合,是对大学生进行思想政治教育的重要途径。然而,在课程思政真正实施的过程中,大学英语课堂出现思政内容与语言教学"两张皮"、理论与实践脱节等问题,导致课程思政效果大打折扣。究其原因在于大学英语思政教学中,师生情感连接和互动有效性的缺失。本文从"第三空间"理论对大学英语课程空间进行本体论探究,发现大学英语课堂出现各种二元对立的关系,并从三元辩证视角提出了理念—实践—空间为一体的师生互动模式,以实现大学英语课堂空间的平等性、对话性和开放性,从而确保社会主义核心价值观能够真正进入学生头脑。

关键词：大学英语教学；课程思政；师生互动；第三空间

中图分类号：G642

Research on the Teachers-students Interaction during the Introduction of Ideological and Political Education into College English Class: Based on the Third Space Theory

Zhang Fan

(School of English, Xi'an International Studies University, Xi'an 710128, Shaanxi, China)

Abstract: The introduction of ideological and political education into college English class has proved to be essential for the shaping of students' values. However, during the executive process of such an introduction, there exist some problems, such as the separation of theories and practices, as well as the improper combination of political content with language teaching. The reason lies in the lack of emotional connection and interaction effectiveness between teachers and students. This paper, based on the third space theory, conducts ontological research on College English Curriculum Space, where exist a series of dualistic oppositions. This paper also puts forward a set of interactional mode between teachers and students, combining the three elements of ideas, practice, and space, to achieve a class space with the feature of equality, dialogism, and openness, as well as to ensure the effective cultivation of college students' socialist core values.

Keywords: college English teaching; ideological and political education; teachers-students interaction; the third space

---

基金项目：陕西省社科联项目《吴宓跨文化阐释的译者行为研究》(2023QN0391)的阶段性研究成果。

作者简介：张帆,女,博士,讲师。主要研究方向为英语教学、翻译理论与实践和译介学。

1 引言

大学英语课程是大学本科通识课程，具有授课课程授课频率高、学生覆盖面广等特征，是实践课程思政理念的重要场所。在课程思政的理念下，大学英语课程的目标从之前语言文化知识的输入，上升到学生健全人格的培养以及正确价值观塑造的终极关怀，这不仅对教师的道德情操和专业素养提出更高的要求，而且要求师生之间建立强烈的信任和连接。师生关系及互动模式的建构，是确保大学英语思政教学取得良好效果的基础和前提。然而，目前大学英语课堂存在师生关系疏远化、互动模式单一僵化等问题，造成思政教学模式流于表面，无法达到预期的教学效果和育人目的。如何建立积极的师生情感连接、建构有效的师生互动模式，是课程思政融入大学英语课堂必须解决的课题。

国内外学者对英语课堂师生互动的研究，可分为课堂研究视角和二语习得研究视角。课堂研究视角以观察和描写的研究方法，通过科学的技术手段还原课堂行为，话题包括：师生话轮转换与分配[1]、互动类型划分[2-3]、主体参与类型[4]以及采用各种分析工具所进行的互动行为研究[5-6]。二语习得研究视角主要以促进语言习得为目的，探究师生交际互动的外部机制和语言学习内部机制的关联[7-8]。以往的研究主要使用各种分析工具，从不同角度对课堂师生行为进行客观描述，大多属于实证研究。但是从心理学、社会学层面进行质性研究的研究相对较少，造成对师生互动本体论认识的不足。本文将从后现代空间理论的视角出发，对大学英语课堂中的课堂师生互动进行本体论分析，以期加深对该话题的认知与理解。

2 问题所在：师生主体的二元对立

大学英语课堂中的师生关系和互动模式普遍存在二元对立，呈现出非此即彼思维模式，具体包括教师与学生、主体与客体、理论与实践、课内与课外等一系列的二元化范畴。首先，教师与学生之间缺乏情感连接，教师与学生之间形成主客观的对立。大学英语课程作为全校的通识课，一般会采取大班上课模式，教师的授课对象数量多、专业背景不同，导致教师与学生之间无法真正了解和沟通，师生关系仅限于课堂教授空间。其次，教师与学生之间的课堂互动模式单一，教师与学生之间的活动模式依然是教与学的二元对立。目前大学英语课堂的目标依然限于语言知识的输入和应用，教学内容以教师提前规定的语言运用为内容，教学模式依然是教师控制与主导、学生被动接受，造成大学英语课堂中普遍存在的学生失语症现象。再次，教学理论与教学实践的对立。《大学英语教学指南》中明确规定："大学英语教学应遵循外语学习规律，根据教学内容的特点，充分考虑学生个体差异和学习风格，运用合适、有效的教学方法。教学方法的选择使用要体现灵活性与适应性，目的是改进教学效果，提高学习效率。"[9]然而在实际的教学活动中，由于学生人数多，师生连接度差等因素，学生差异性和主体性并没有得到充分的考虑和激发。最后，课内与课外的对立。师生间的互动主要发生在课堂内，而课堂外师生的联系和互动较少，导致学生学习任务和效果无法及时追踪和反馈。

课程思政与大学英语课堂的融合，可在理论上解决部分传统大学英语教学中师生主体的二元对立问题。首先，课程思政理念下大学英语课程的终极目标，从培养学生跨语言文化的应用能力，上升到立德树人、塑造正确价值观、培养健全人格的育人目标。这就要求师生间的课堂活动脱离教与学的二元对立，以师生人格的相互影响和碰撞为课堂活动的核心，因而师生关系从主客体的二元对立模式转化成互为主体的双向融合模式。在思政理念的指导下，大学英语教学内容能够跳脱书本与生活的二元对立，扩展到更为广阔的社会空间，将思想、价值观、文化与社会等内容与语言使用进行融合。总体而言，在课程思政理念下，大学英语课堂能够在教学目标、主体、内容、活动模式等方面超越二元对立固有模式,学生在习得语言应用能力的同时逐渐形成稳定成熟的心理、行为模式,塑造正确的社会主义核心价值观,从而达到润物细无声的育人效果。然而,在课程思政与大学英语课堂结合的实践中,也出现了思政内容与语言教学两张皮、理论与实践二元对立等问题,造成师生互动有效性的缺失。这一二元对立的思维问题可以从"第三空间"的理论视角得以改变和突破。

3 理论基础:"第三空间"的三元辩证

后现代理论家打破了人们对空间的既定概念,否认空间是一种既定的封闭的客观存在,而是把人类的实践因素考虑在空间的形成过程,认为空间体现的是一种生产关系,其特征不再是客观的、静止的和被动的,而具有互动性和可追溯性[10]。列斐伏尔对空间的理解分为 3 个维度:空间实践、空间的再现和再现的空间,分别对应空间的感知维度、想象维度和生活的维度[11]。列斐伏尔对空间三元辩证的思考,启发了美国后现代文化地理学家爱德华·索贾(Edward W. Soja)对"第三空间"概念的探索。索贾认为,第一空间是可感知、可观察的客观存在,人们可以用实验等经验方法直接观测,即属于物质的空间范畴,对应于列斐伏尔的空间实践维度;第二空间是通过语言、文学、艺术、辩驳等方法构建出来的社会空间,属于想象的空间范畴,对应于空间的再现维度;第三空间既是生活空间又是想象空间,是人类社会活动中通过协商、选择和决定所形成的空间,体现人类的社会关系,在此空间中,人类在社会活动中不断包容"他者"而又丰富自身。所以该空间既是解构又是重构,既是生活的又是想象,既具有客观性又具有意识形态性,这类似于列斐伏尔再现的空间。因此,贾索的"第三空间"超越了二元对立的本体论和认识论,认为"世间万物都是联系在一起的……主体与客体,抽象与具象,真实与想象……"[12];并以"他者"的概念建构空间,这种"他者"类似于霍米·巴巴(Homi Bhabha)的文化杂交概念,"文化杂交过程中产生了一些新的不同的未知的东西,产生了意义和替代物协商后的新领域"[13]。

大学英语课堂属于教师与学生共同建构的学习空间,是一种双向的知识生产和传递,大学英语课堂可被视为一种社会生产关系,具有独特的知识生产空间。大学英语课堂又涉及不同层面的二元对立元素,如教师主体与学生主体、中国语言文化与外国语言文化、思政理论与教学实践等相互矛盾又相互关联的二元因素。在后现代主义理论视野下,越来越多的外语教学工作者开始思考如何打破以往规范的、稳定的、单维的空间,建构解构的、动态的、开放的多维空间。在此理论视角下,大学英语课堂可被看做是一种融合的场所,包括教师与学生两个主体的融合、中国语言文化与外国语言文化的融合、立德树人目标与具体教学实践的融合,构成参与者身份协商、不同文化对话、理论与实践相结合的第三场所,该场所可被视为充满对话、协商和差异的"第三空间"。在此空间中的师生关系具有能动性,主体间的良性互动不断塑造、拓展实践空间,实践空间的拓展又会带来不同文化主题的扩充,进而实现主体共同成长与改变,形成全新的、互动的、开放式的、动态的空间模式。根据索贾对"第三空间"的阐述,第三空间既是生活的、又是想象的,它同时具有第一空间和第二空间的特征,但又不同于其任何一种类型,它是最符合实际的、现实描述性、包容协商的新的空间。因此,第三空间具有历史性、实践性和空间性 3 个特征。

师生间的互动是大学英语课堂空间中的主体实践活动,连接历史性的空间表征以及活动场所的表征空间。师生主体在一定的教学目的和教学观念下,采取互动实践活动,能够建构新的教学空间;相反,开放的、包容和协商的空间,又可以影响教学目的、观念和内容,进而采取相应的教学策略。因此,对课堂空间中师生互动的探讨,不能单独研究实践本身,也应该以三元辩证进行思考,将空间中的实践性与历史性和空间性结合起来,在整体的空间观下,系统地看待空间中的实践活动。大学英语课堂空间中,师生互动的目的、理念、标准是人们想象构建出的空间表征,属于历史性范畴。传统的大学英语课堂的互动理念充斥着师生地位的不平等、互动内容和互动目的的中心化。传统大学英语课堂中,师生互动实践所赖以发生的空间尤指教室,具有封闭性的特征。课程思政的引入,可以实现大学英语课堂空间的去中心化,实现师生互动实践的平等性、对话性和开放性。具体体现在,互动目的的去中心化,实现师生主体人格的平等性;互动模式中师生身份的重新定位,实现平等的对话性;互动空间的开放性,不仅体现在教学地点的开放性,还体现在非实体空间,如教学内容和教学形式的开放性。因此,在课程思政理念下,大学英语教学互动模式的建构,形成目的—行为—空间三位一体的辩证模式,具有平等性、对话性和开放性等特征。

4 模式建构:平等、开放与对话

在索贾"第三空间"的理论关照下,大学英语教学无论从教学目标、内容等制度层面,还是从师生主体地位、实践空间方面,都应该打破以往的逻各斯中心主义以及各个层面的二元对立。中心化的思维模式,在互动目的方面,从传统的西方语言文化知识的获得,转变为人格的平等交流与碰撞,打破西方文化霸权以及知识技能的去中心化;在互动行为模式方面,突出平等性和对话性,最终实现师生主体的双向学生和共同成长;在互动空间方面,突出开放性,包括课堂实体空间和非实体的心理空间,在互动实践的实体空间中,打破教室、课堂等外在的形式束缚,积极开拓灵活、多元的空间形式;大学英语教学的心理空间,实现对师生认知、情感的双向交流,建构自主、合作、探究的英语学习空间。下文将从理念、实践和空间3个层面,建构大学英语教学的互动模式,形成三位一体的空间思考模型,以打破思维上的逻各斯中心主义、行为方面的僵化以及互动空间的封闭性。

4.1 互动理念:平等性

从后现代空间理论来看,空间已不是物质的客观存在,而是由人的社会实践建构的社会关系的容器,由此,人们对空间的认识从二维思维转变为三维思维,打破了以往逻各斯中心主义的稳定结构。在"第三空间"的视角下,大学英语教学的课堂空间是由教师与学生主体共同建构的,从事教学活动的场所。该空间已不再是物质空间和感知空间的机械叠加,而是以师生互动关系为核心,由师生主体通过教与学的实践共同建构而生成的新的空间形式,这种空间形式具有开放性,是主体间不断协商、包容他者而丰富自身的过程。因此,大学英语课堂空间中的师生关系不再是主体与客体、主动与被动、中心与边缘、权威与执行等二元对立关系,而是通过协商和对话而建构的平等关系,主体间以理解、尊重为基础相互连接、共同参与、密切合作。

课程思政理念下,大学英语教学的目标从之前的语言文化知识的传授,变为正确价值观的建立和完整人格的塑造,如此便跳脱出了教与学的二元对立,从更高层面将教与学、思想与语言、理论与实践统一起来。课堂的教学实践,变成了在获得知识的基础上进行教师与学生共同的人格塑造,即不同主体间人格的碰撞、情感的连接和精神的交往。师生关系的平等性具体表现为如下几个方面:首先,从情感上来说,师生是心灵连接的、相互了解的。这要求教师充分了解学生的特点、兴趣和心理动向。其次,从教学内容上来说,要打破教材中心论,以及理论与实践的二元对立。在选择思政教学材料时,一方面教师在了解学生需求的基础上获得教学材料;另一方面,也可以让学生自主选择学习材料,以协商共建的方式共同确立教学内容。教学内容的确立,需要将思政理论融入语言学习之中,或者将语言的训练以思政主题为依据,师生使用外语来进行思想交流。最后,从教学形式上来说,师生互动是双向的和互助的。教师的身份不再是中心和权威,而是随时可以接受学生的质疑和讨论,也可以随时聆听,向学生学习;同时学生也不再是跟随者和被动者,他们可以及时表达和陈述自己的观点和想法,与教师协商讨论推进课堂进程。

4.2 互动实践:对话性

在平等的师生关系建构下,教师和学生之间产生了平等、尊重、谦恭和情感连接,这会使师生互动模式出现对话性。以往的大学英语教学中师生主体间的互动形式以谈话为主,表现为师生间的提问、陈述和讨论。但是谈话与对话不同,对话是在共同的主题下相互激发思想、表达差异、作出反馈,最终达到共同学习和成长。在理解与沟通的基础上,双方主体的言行内涵发生关联,产生思想的激荡和语言的交流,我们将这种言语行为称之为互动。互动产生于思想的激发与碰撞,是社会关系的一种存在方式,强调行为主体之间的相互作用和影响,因而互动模式不是具体的策略和方法,但可以根据主体互动的本质特征进行模型描述。

在课程思政理念下,大学英语教学空间中主体互动模式包括四大内容:思想激发、差异表达、及时反馈以及共同成长。首先,思政理念下的英语教学以思想为终极关注点,语言的使用与训练以思想为承载,而思想的塑造是语言使用的目的,因而教师互动的出发点应该以思想为出发点和落脚点。这一思想的起点,可以由教师激发,也可由学生激发,让空间中的所有主体都参与思考。激发策略包括有:影视或文件资料分享、故事经验分享、问题设置、文本对比等,以吸引课堂主体的注意力,并快速有效地进入思考情景。其次,思政理念下的大学英语课堂是容纳他者同时丰富自我的空间,尊重他者的重要形式是允许差异发声。激发每位学生的主体性,发现他者并关注边缘主体,由此带来思想的争锋和差异的显现,只有通过发现不同,主体才能够相互激发新的思想,建构动态开放的课堂。差异表达的互动策略包括:小组讨论、辩论、自主发言、流动式交谈等形式,使每位学生都参与到思想表达和交流中来。再次,及时反馈是师生课堂互动得以继续的推动力,师生主体间的反馈分为正面反馈和负面反馈。正面反馈指对话主体之间的心理认同和言语的称赞,这种正面反馈可以消除主体的焦虑心态,促使主体互动顺利进行;负面反馈指对主体谈话内容的不认同,但这是发现差异、开启思想争辩并吸纳新观点的契机。最后,学习成长是接受差异丰富自我的必然结果,无论是教师还是学生在接受差异的时候,思维呈现开放性特征,实现自我认知的扩展和提升。对差异的接受以及认知的提升又会激发新的思考,从而开始新一轮的互动话轮。纵观整个互动过程可以发现,在"第三空间"理念下,互动模式并非封闭式的环形结构,而是不断接受差异、持续更新的开放性链条,如图1所示。

激发1➡差异1➡反馈1➡成长1➡激发2➡差异2➡反馈2➡成长2

图1 开放式线性互动模式

"第三空间"理念下对话性的课堂互动模式,若落实到具体操作层面体现在课堂组织形式的创新,建构对话、灵活、开放的教学空间。传统课堂的组织形式是教师站在讲台上,学生坐在讲台下面,距离老师一米以外,如图2(a)所示。这种课堂组织形式本身暗含着教师的权威和中心地位,教师为教学主体、学生为教学客体,教师和学生间的互动存在局限。"第三空间"的课堂以尊重、平等和对话为核心,课堂组织形式本身应相应发生改变。以对话和交流为中心的课堂组织形式注重课堂主体间的各种互动形式,包括教师与学生、学生与学生之间的互动。教师或学生激发思想,展开师生间或学生间的研讨互动,实现师生间及生生间平等的交流。具体的课堂组织方式包括:研讨互动形式、同伴互动形式、小组互动形式以及流水互动形式。研讨互动形式提供了教师与学生平等的交流机会,如图2(b)所示,学生可以直接与在场的每一位师生对话,但缺点是这种互动形式不能给每位学生以均等的思考和表达机会,难以顾及处于边缘地位、表达不积极的学生。同伴互动形式可以确保每位同学都具有不可推卸的表达责任,并能获得同伴的支持和及时反馈,如图2(c)所示。该形式多用于语言的表达练习,但这种形式不适合思想的表达和争辩。小组互动形式如图2(d)所示,教师提前设计小组互动的目标、计划和安排,在具体实施的过程中,激活知识认知、调动学生的表达讨论欲望,同时成为每个小组的咨询者和协助者,与每个小组都保持松散而紧密的连接。该互动形式适合针对某一观点的深入理解与讨论。流水互动形式,如图2(e)所示,适合典型性案例的讨论,教师指定或者学生自愿展示自己的作品,其他同学轮流与之沟通与交谈,深入了解作业设计的理念和思路。

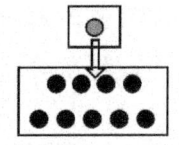 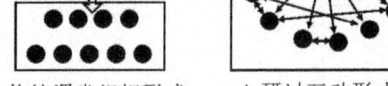 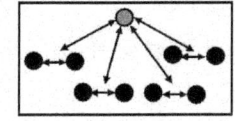 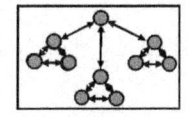 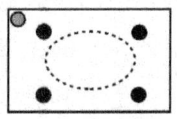

a.传统课堂组织形式　　b.研讨互动形式　　c.同伴互动形式　　d.小组互动形式　　e.流水互动形式

图 2　课堂互动模式

4.3　互动空间:开放性

"第三空间"既是生活空间,又是想象空间,它不是二者的简单机械叠加,而是相互交织的有机整体,是社会关系的发生场所。师生互动空间的内涵和外延,是相互协商的过程,也是包容差异、边缘和他者,不断丰富自身的过程。因此,师生互动的空间不是固定的、封闭的和限定性的,而是根据师生关系的相互协商而拓展。对于大学英语教学来说,师生主体间的教学活动并非只存在于有形的教室中,而是包含以教室为中心向外辐射得更为广阔的时空领域。从时间上来说教学活动可发生在课前、课中、课后3个阶段;从空间上来说可分为课堂内和课堂外2个方面。在社会实践的开拓下,以师生关系为核心的师生互动实践空间,不仅包括客观的物理空间,还包括虚拟的网络空间和主观的精神空间。

课程思政理念下的大学英语教学,以思想培育和正确价值观塑造为根本目的,语言的应用以思想为载体。为了辨明思想,用于语言应用的课堂教学内容以及组织形式可以是多样的,教学内容和组织形式的解放又会扩展师生互动的实践空间。大学英语不仅要培养学生的英语交际能力,还需要培养人文素养,如道德品质、家国情怀、文化继承等内容。这些教学资源的获得从课本空间生发,扩展到海量信息资源的网络空间,教学中的人类经典著作改编、游戏娱乐、认知分享等精神空间。因而,随着教学内容的扩充,师生互动的空间并不局限在教室这一种物理空间中,还可能出现在集中展现文化记忆符号的物理空间,如博物馆、纪念馆等。随着科技的发展,师生互动的空间还可能出现在非实体的网络空间,如各种网络学习平台、沟通软件等。同时,师生主体由互动而建构的精神空间,例如,在经典著作中流传下来的人类精神精华,通过师生互动实践而进行跨越时空的重新建构。无论是实体空间还是非实体空间,在"第三空间"理念下的大学英语教学空间,打破了教室的束缚,呈现出开放、灵活的空间特征。

5　结论

"第三空间"理论下的英语课堂师生互动实践,并非该理论提出后才出现的新兴行为模式。纵观中国的外语教育历史,早在近一百年以前,吴宓便系统性地提出了新人文主义外语教学思想。吴宓将外语教学与培育人文精神相结合,以培养"博雅之士"为教学目标;他坚持学生自主学习、师生互动研究为教学模式,并将师生共同视为研究主体,相互促进;在教学内容方面他不局限于教材,而是多方涉猎、开拓视野,追求人类思想汇通。当今提出"第三空间"下的英语课堂思政教学,与吴宓的新人文主义外语教学有多方面的共通之处,但不同点在于我们需要紧随时代发展步伐,立足当下社会需求,在培养博雅之士的同时输入社会主义核心价值观。

大学英语教学和课程思政的结合,不能仅停留在形式上的结合,而是应该真正将"社会主义核心价值观进教材、进课堂、进学生头脑",并落实在具体教学之中。"第三空间"理念下,大学英语课堂打破原有的师生二元对立关系,提倡师生关系的平等和去中心化,实现师生互动的平等性和对话性。课程思政进入大学英语课堂,提升了大学英语教学的目标维度,从单纯语言能力的获得,上升到学生正确价值观的塑造。这就要求大学英语课堂需要以思想为语言教学的载体,以师生人格的碰撞和互动为价值观塑造的重要渠道。本文根据后现代空间理论的三元辩证思想,从理念、实践和空间3个层面,建构了大学英语教学的互动模式,实现大学英语课堂空间的平等性、对话性和开放性,从而确保社会主义核心价值观通过师生的连接和互动,真正进入学生的心灵和头脑。

参考文献

[1] Allwright R L. Turns, Topics and tasks: patterns of participation in language learning and teaching[C]. Larsen-Freeman, M Long. An Introduction to Scond Language Acquisition Research. London and New York: Longman,1991.

[2] Sliger H W. Does practice make perfect? A study of interaction patterns and L2 competence[C]. D Allwight. Observation in the Language Classrooms. London: Longman,1997.

[3] Tsui A B M. Introducing Classroom Interaction[M]. London: Penguin,1995.

[4] Allwright R L, Bailey K M. Focus on the Language Classroom: An Introduction to Classroom Research for Language Teachers[M]. Cambridge: Cambridge University Press,1991.

[5] 朱涵,汪甜甜,邓猛,等.培智学校数学课堂教学师生言语行为互动研究——基于改进型弗兰德斯互动分析系统(iFIAS)[J].中国特殊教育,2022(1):39-46.

[6] 李小娟,刘清堂,吴林静,等.混合同步课堂中师生多模态互动行为的动态协同分析[J].电化教育研究,2022(8):43-50.

[7] 孔文,李清华.关于EFL课堂中教师提问的对比研究[J].国外外语教学,2007(3):27-33.

[8] 赵飞,邹为诚.互动假说的理论建构[J].外语教学理论与实践,2009(2):78-87.

[9] 大学外语教学指导委员会.大学英语教学指南[M].北京:高等教育出版社,2020.

[10] 《空间的生产》新版序言(1986)[M]//张一兵.社会批判理论纪事:第1辑.刘怀玉,译.北京:中央编译出版社,2006:108.

[11] Henri Lefebvre. The Produciton of Space[M]. Oxford: Blackwell,1991.

[12] Soja, Edward. Third Space[M]. Malden(Mass): Blackwell,1996:57.

[13] Rutherfor, Jonathan. The Third Space. Interview with Homi Bhabha[C]. Identity: Community, Culture, Difference. London: Lawrence & Wishart,1998:211.

新形势下嵌入式技术课程建设实践教学思考

王明伟,黄宝娟,杨 荣,李 铭,张育林,王 娜

(西安交通大学 实践教学中心,陕西 西安 710049)

摘 要:为适应新形势下工训中心培养学生实践能力要求,探索建立了以"以赛促学,三个层次,两个平台"为核心点的嵌入式技术课程培训新体系,从而对当前学生实践能力培养进行补充和提升,以此构建一个更为合理、科学、完整的实践教学体系。

关键词:嵌入式技术;实践教学;教学改革

中图分类号:G642.0

Practical Teaching Thinking of Embedded Technology Course Construction under the New Situation

Wang Mingwei, Huang Baojuan, Yang Rong, Li Ming, Zhang Yulin, Wang Na

(Engineering Workshop, Xi'an Jiaotong University, Xi'an 710049, Shaanxi, China)

Abstract: To adapt the requirement of the standard which a student trained in the engineering workshop should qualified, a new embedded technology course training system is established and a core point of "promoting learning by competition, three levels and two platforms" is explored and constructed. The teaching reform is aiming at cultivating practical ability of students and construct a more reasonable, scientific and complete practical teaching system.

Keywords: embedded technology; practical teaching; teaching reform

1 前言

近年来,国家大力提倡新工科培养模式的探索和实施,对高校人才培养提出新的要求,需要满足新时代下产业发展需求。同时,拔尖计划 2.0、卓越工程师计划等人才培养计划持续推进,这些都对高校本科生人才培养提出更全面、更进一步的要求[1]。而实践教学环节,未来在人才培养方面,学校应在以下方面继续着重发力。

面向学科交叉:现代越来越多的工程问题,不再是一个学科可以解决,而是一个多学科、多层次、多方位交叉融合形成的解决方案。面向产学融合:新工科时代学生培养必须紧密结合新时代产业发展特色和要求,符合产业发展的未来方向。要求学生知识结构更综合化,能力素养更全面:不仅需要学生具备更全面的解决工程问题的能力,同时协调能力、沟通能力、系统思维的能力也是未来人才培养的另一个重要方面。

可见,培养综合素质更强、解决复杂工程能力更高、具备全面工程素养的学生的要求越来越急迫,而大型竞赛作为这方面培养人才一个非常有力的切入点,是目前甚至未来非常有力的一个手段。

此外,嵌入式技术是当前最有生命力的新技术之一,目前已经广泛应用于社会生活的各个方面,嵌入式

基金项目:教育部 2021 年产学合作协同育人项目(编号:202102196004,202102211117);2021 年西安交通大学本科实验实践与创新创业教育教学改革研究专项项目(编号:21SJZX44)

作者简介:王明伟,男,硕士,工程师,主要从事测控技术方面的教学与研究。

系统的应用与开发也是当今行业发展的一个热点,在以大数据、云服务、物联网等技术为主要代表的"中国制造2025"战略中,嵌入式技术也发挥着重要的作用。因此,在各项赛事中,以该技术作为核心的考察重点日益凸显,考察方式也更加灵活。而以比赛作为主要切入点,来培养学生解决复杂问题的工程能力,全面提升其综合素质,也是各高校进行人才培养的一个非常重要的手段。

因此,既能满足对学生的多维度实践能力培养,又能够结合技术热点和竞赛需求,搭建以基础实习实训为本,建设以竞赛为导向的嵌入式课程体系和内容,开展以提高学生工程设计能力为主的交叉平台建设就显得非常必要。

2 当前现状及问题

目前,嵌入式技术课程在各个高校均有开设,面向竞赛的专业训练在各个高校都在如火如荼地进行。各项赛事成绩优秀的高校,其相关课程建设的系统性更好,针对性更强,合理性更高,其面对竞赛所开设的培养课程更加丰富。在我校,目前该类课程训练主要依托于各专业学院,方向主要集中于本专业技术,所开设的课程基本以专业基础课为主要依托,课程内容主要为学院专业培养服务,缺少更新和相应的针对性。除考试外,课程也欠缺有效的抓手来约束学生更自觉、更深入地学习和研究嵌入式技术。具体而言,有以下问题需要解决。

2.1 培养层次不完善,缺少专门面向竞赛技能培养环节

目前,在各个高校,各类基础实习课程在培养学生基础工程素养方面发挥着举足轻重的作用,再结合以实习课程内容为延伸拓展的开放实验课中进行自主训练,这些都给学生提供了基础的工程实践知识和技能,然而,距离真正大型比赛比如电子设计大赛等所提出的综合工程设计能力的要求仍有较大差距,因此,在这二者之间,就缺少一个针对性更强、更贴合竞赛技术要求和能力要求的更专业的培养课程,整个培养层次缺少这样一个重要的环节。

2.2 现有实习课程偏重基础,内容和深度有待提高

由于基础实习面对各个工科专业,课程主要集中于认知实习,将基本仪器的使用方法,常见元器件、传感器等原件设备,基本的测控电路设计等方面知识给学生进行了充分的训练和认知。现有的训练项目难度区分较小,训练项目设置偏重基础能力,学生自主选择内容还不够丰富,训练子项设置及模块构成还有很大提升空间,因此,需要研究开设内容更丰富,更能激发学生兴趣,更能贴合竞赛要求的课程内容。

2.3 解决电子电信交叉平台的内涵建设问题

当前,我校工程坊内涵提升发展所构建的电子电信交叉平台建设正在紧张进行。在该平台上,融合多学科和专业,结合当前的热点技术,以锻炼学生电子竞赛技能为主要目的,进行学生能力的全面综合培养。该平台积极探索产教融合,学科融合等新的育人模式,而要能够支撑该平台的良性持续发展,面向竞赛的课程建设就是不可或缺的研究任务。

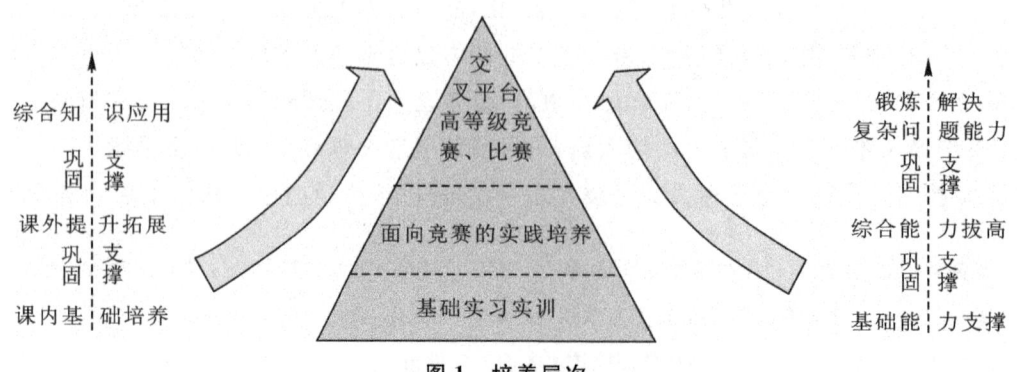

图 1 培养层次

综上,在新工科及创新创业教育备受重视的背景下,教育部以各种大型竞赛作为关键抓手,来促进各高校对学生进行多维度、多层次的工程实践教育。学生既需要在课堂内获得有关工程实践的基础训练,又需要在课外各种自主实践或拓展训练中得到提升,同时让优秀学子能够在技术复杂程度更高,竞争激烈程度更强的各项赛事中发挥能力。因此,结合这些经验,梳理技术相通点,将嵌入式技术培训课程建设过程和大型比赛结合起来进行课程建设,是一个行之有效的方法。

3 培训课程建设

3.1 构建课程内容

以竞赛项目设计为驱动,以学生感兴趣的场景及竞赛需求为牵引,总结并梳理往年比赛的各类题目技术要求,从中提炼出学生参加比赛所需的知识点和技术点,着重针对如何进行嵌入式控制研究,从主流的嵌入式技术训练为出发点,梳理历年电赛相关题目,总结技术要点及实现难点,进行课程内容的设计研究,提升课程培训的针对性。

围绕嵌入式控制技术这个核心,展开多层次、多模块训练内容的开发设计,满足学生不同层次、不同侧重点的技术训练要求。同时在项目设计的趣味性和创意性上着重考虑,用有吸引力的设计项目来提高学生的参与程度,更好地开展课程内容学习[2-4]。

同时,与现有的基础实习课程有机结合,作为基础实习课程的延伸和拓展,面向全校主要工科学生,不局限于单个学院,扩大课程辐射面。

3.2 构建课程训练硬件平台

针对嵌入式技术特点要求,选择或设计合适的硬件实践平台来支撑学生的训练,将更贴合比赛、更稳定、技术更新的硬件平台作为主要的研究重点,全面考察其资源配置、外设搭载情况。引入工程上常用的控制平台进行拓展,硬件平台外设资源更加丰富,扩展学生的技术深度和广度。

3.3 探索合适的课程实施方式,产学结合,学科结合

在课程设计过程中,考虑结合企业导师的讲授,借助其对平台的熟悉程度更好地让学生学会相关的设计环节;此外,在整个培养课程中,将更富经验的比赛指导老师也纳入培养队伍,让学生更好地学习细节和注意点,更有效地提升训练效果。

产学结合能够有效提高课程培训的业界参与度,让业界经验丰富的工程师对学生进行相关问题的解释、解决,能够扩大学生的知识面,让学生从工程实践的角度去思考解决问题,对于培养学生系统化、全面思考问题很有益处。另外,邀请比赛经验丰富的同学、老师进行经验分享也能起到事半功倍的效果,让学生从中吸取经验教训,避免在设计中走弯路。

3.4 探索科学的考核方式

由于该培养课程主要面向竞赛,因此对学生能达到的能力有一定的要求,必须研究相适应的能够选拔出综合能力优秀、适合竞赛的学生的考核评价方式[5-8]。考核方式应当能够有效区分出拔尖学生及潜力学生,由于课程的主要目的之一就是选择优秀学生参加相关的比赛,因此,在这方面必须进行着重考察。此外,在考核过程中,让学生以小组方式完成任务,模拟比赛要求和过程,有针对性地进行筛选,更能提高学生选拔和课程实施的效果。

4 建设综合交叉平台

一方面,在工业领域当中,越来越多的问题解决、技术进步、产品研发都是多学科知识交叉的结果。多学科交叉带来了新的创意,提供了新的解决思路,不同领域的知识互相碰撞,产生了新的知识和技术方向。因

此,建设交叉学科训练平台已经是各个高校的共识,在学科研究当中,已经建立了不少交叉学科研究中心,同样,面对本科生的实践育人教学,也需要进行多学科交叉平台的建立,给本科生提供更丰富的训练平台,让学生得到更系统、更综合化的能力培养。

另一方面,各高校都有面向工科学生的基础实习实训平台,由于基础实习面对各个工科专业,课程主要集中于认知实习[9],课程内容以基本仪器的使用,常见元器件、电路等知识为主,强调基础工程能力和工程认知的培养,培训难度一般区分较小,培训项目设置偏流程化,学生自主选择内容受限。因此,提升训练难度,多学科、多技术交叉融合是未来趋势,跨学科综合平台建设就显得尤为必要。

构建学科交叉平台,能够发挥各高校工程训练中心的体系优势,将机械、电子、电气等学科纳入该平台统一建设,另外,由于工程训练中心一般都是面向全校工科学生的,因此,搭建跨学科平台本身就具有天然优势和发展土壤,在该平台上,融合多学科和专业,结合当前的嵌入式热点技术,以锻炼学生电子竞赛技能为主要抓手[10-13],能够进行学生能力的全面综合培养,有利于积极探索产教融合、学科融合等新的育人模式。

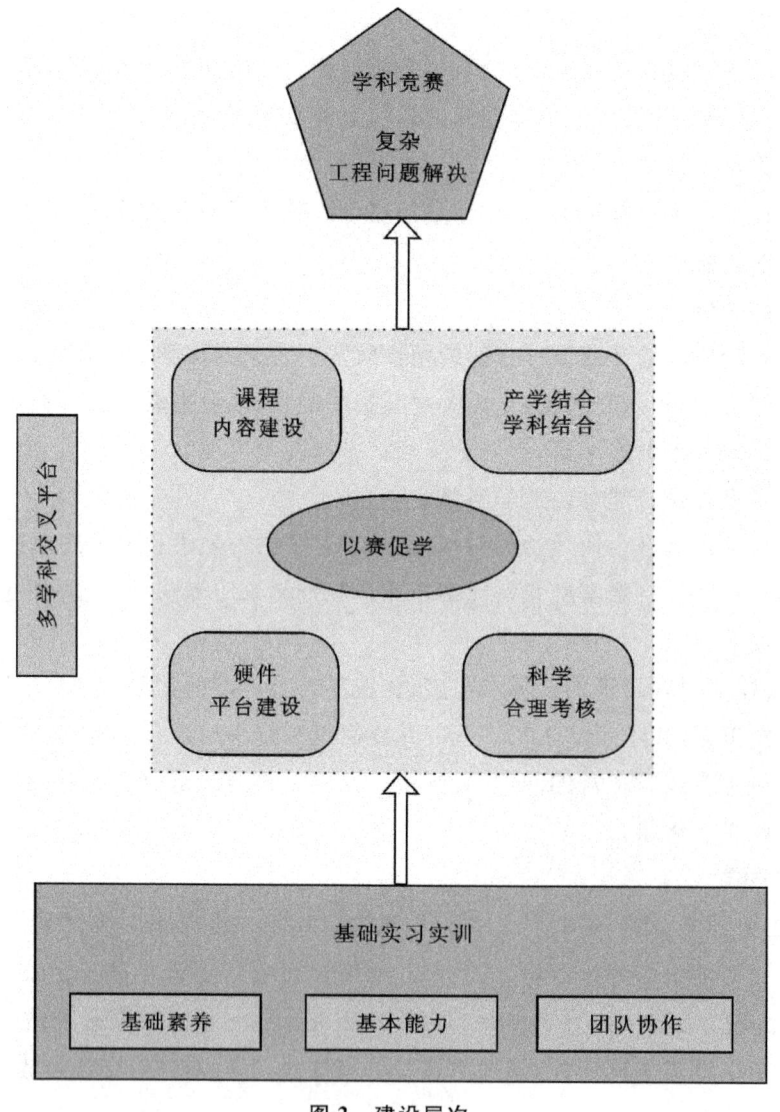

图2 建设层次

5 实施效果

在我校,按照前期预期计划,完成了相关的教学研究内容,已经在教学中获得应用。完成了"趣味arm设计"等系列课程建设,包括课程大纲、课程内容、实验训练项目、综合训练项目、硬件平台、课程评价等内容[14-16],先期进行了小范围学生教学试行,之后针对教学过程中的问题进行了改进和提升,然后开展了32学时的完整课程教学,着重对学生进行实践工程能力训练,并且总结提炼了历年电赛控制类等题目的技术重点,有针对性地进行各项技术训练。

课程实施之后,面向全校工科类学生开放,在课程培训学生当中,以电气、能动、机械和电信专业学生为主,覆盖面更宽,学生的受益面也更宽。而不同专业的学生组合在一起,进行电赛组队,在此过程中,除了专业技能得到很大提升之外,学生的团队协作能力、协调能力、处理个性冲突等方面的能力也都得到了很大的提升和锻炼。在第一期学生当中,参加电子设计大赛就取得了不错的成绩。

课程的实施解决了我校工程坊现有培养层次不完善,缺少专门面向电赛技能培养环节的问题,同时,现有实习课程面向全校工科学生,偏重基础训练,内容和深度以及针对性都难以很好契合竞赛需求,此外,工程坊内涵提升发展所构建的重要平台——电子电信交叉平台的建设正在紧张进行,该类课程的实施作为该平台的有机组成部分,在培养学生实践动手能力方面正发挥着重要的作用。

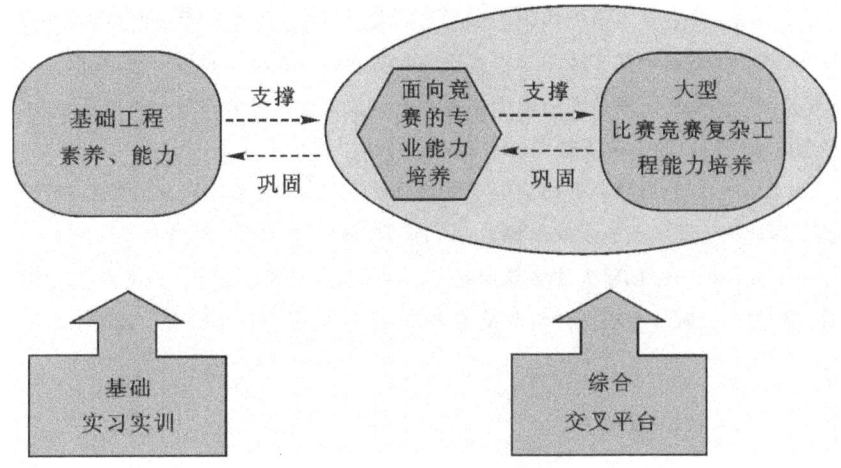

图3 培养环节示意图

6 结语

通过建设以比赛为侧重点的嵌入式技术课程,能够在以下方面满足高校人才实践能力培养的需求。

首先,弥补工程训练中心实践教学一个关键环节,构建"习训赛"一体化体系。以我校为例,目前,实践实习教学环节作为我校基础的工程认知训练,为学生培养了基本的系统概念,掌握了相关技术和知识,锻炼了学生基本的工程能力。然而,这些与培养学生更高的综合设计能力的培养目标还有很大的距离,通过建设面向竞赛的以培养复杂工程技术能力为主的更有针对性的培养课程,能够搭建起从基础实习实训到大型竞赛之间的能力培养和技术储备的桥梁,构建起了"习训赛"的一体化实践人才培养体系,完善了从基础能力夯实到综合复杂工程设计能力培养的全链条培养过程。

第二,面向交叉学科学生,培养学生多维度能力。该课程的另一个建设原则就是面向主要工科类学生,学生来源会在各个工科专业中选择,学科背景更加丰富。因此,在不同学科背景下,在这样专业融合的培养环境下,有利于激发学生新的创意和设计,有利于培养学生多视角考虑问题的能力,有利于锻炼学生的协作沟通能力。

最后,紧密结合竞赛需求,以比赛所需技术为牵引点,提高课程吸引力。目前,各高校常见的基础实训课程和开放实验课主要在基础工程能力、较多验证性内容上进行训练,与实际比赛所需的综合设计能力方面相距较远,该课程建立起更贴合竞赛需求的培养和训练内容,项目在训练复杂度,综合程度方面更有针对性,可以设计紧贴竞赛所需的技术训练内容,能够培养学生解决复杂问题的工程能力,同时,以比赛为导向,能够极大调动学生参与课程的积极性。

参考文献

[1] 张学民,李银然,王英梅,等.新工科背景下大学生的创新能力培养模式研究[J].大学教育,2019,12:77-79.

[2] 程春雨,吴雅楠,马驰,等.模拟电子技术实验教学改革与实践[J].实验科学与技术,2014,12(6):71-74.

[3] 黄宝娟,张育林,王娜."测控实习"教学改革的探索与实践[J].高校实验室工作研究,2015,3:14-15.

[4] 李丽娜.测控专业关键实践教学环节的探索[J].大学教育,2016,1:123-124.

[5] 冯小安.实践教学评价指标体系的构建与实施[J].中国电力教育,2010,13:125-126.

[6] 赵庚升,陶田,冯岑明,等.高校实验课成绩考核与评定探讨[J].实验室研究与探索,2015,34(7):246-249.

[7] 刘元林,孟庆强,潘莉,等.新工科背景下的地方本科高校嵌入式系统课程实践教学改革的探索[J].高校实验室科学技术,2019,3:36-38.

[8] 荣瑞芬,闫文杰,李京霞,等.实践教学课程考核评价模式探索[J].实验技术与管理,2011,28(3):232-234.

[9] 常若葵,刘华,杜艳红.浅谈测控专业基本技能实训的探索与实践[J].武汉大学学报(理学版),2012,58(S2):271-273.

[10] 李春阳,郑义,付铁,等.基于学科竞赛的实践教学模式研究与实践[J].实验技术与管理,2019,36(10):208-210.

[11] 王明伟,黄宝娟,张育林,等.新形势下测控实习教学体系探索[J].实验室科学,2020,23(4):90-93.

[12] 杨欣.基于CDIO理念的基础实验教学改革初探[J].实验室科学,2018,21(4):85-88.

[13] 韩东升,余萍,李然,等.面向创新能力培养的通信电子电路教学改革[J].实验室科学,2016,20(6):109-111.

[14] 何小兵.基于"大工程"理念的工程实践教学改革探索[J].高等建筑教育,2014,23(2):94-98.

[15] 叶晓勤.新工科背景下工程训练中心创新人才培养探究[J].实验技术与管理,2019,36(12):274-277.

[16] 陈芳,吴俊,武斌.计算机类实验教学中心多方位改革与实践[J].实验室研究与探索,2020,39(1):233-235.

实验技术与方法

基于文丘里管的实训教学改革

韩雅妮,刘 哲

(兰州石化职业技术大学 应用化学工程学院,甘肃 兰州 730060)

摘 要:流体输送单元是研究流体流动基本理论及流体输送机械的一个模块化课程,是高等职业教育本科化工技术专业开设的一门核心课。为了提高本课程实训教学的质量,本文将数值仿真软件应用到文丘里管的实训教学中,首先通过参照流量测量节流装置国家标准对文丘里管进行参数化结构设计,并使用数值仿真软件对其内部流场进行分析求解,验证数值模型的有效性,然后通过数值仿真软件探讨文丘里管结构、入口速度和介质变化对压降和速度的变化趋势,并组织小组合作讨论分析数值实验结果,弥补现有压差式流量计实训的不足,有利于在实训教学中推广使用。

关键词:数值模拟;文丘里管;实训教学;参数化设计

中图分类号:TP319

Practical Teaching Reform Based on Venturi Tube

Han Yani, Liu Zhe

(Faculty of Applied Chemical Engineering, Lanzhou Petrochemical University of Vocational Technology, Lanzhou 730060, Gansu, China)

Abstract: The fluid transfer unit is a modular course for studying the basic theory of fluid flow and fluid conveying machinery, and is a core course offered by the undergraduate chemical technology major of higher vocational education. In order to improve the quality of the practical teaching of this course, this paper applies numerical simulation software to the practical teaching of venturi tube. Firstly, by referring to the national standard of flow measurement throttle device, the venturi tube is parametrically designed, and the internal flow field is analyzed and solved by numerical simulation software to verify the effectiveness of the numerical model. Then, the trend of pressure drop and velocity of venturi tube structure, inlet velocity and medium change is discussed by numerical simulation software, and the group is organized to discuss and analyze the numerical experimental results, which makes up for the shortcomings of the existing differential pressure flowmeter training, which is conducive to the promotion and use of practical training and teaching.

Keywords: numerical simulation; venturi tube; practical teaching; parametric design

1 引言

流体流动现象普遍存在于城市供水、供热、化工物料输送等过程中,流体流动过程中必不可少地会使用到流量计,其中以文丘里管为节流元件的差压式流量计因其结构简单,性能稳定,压力损失小,不易被堵塞的

基金项目:2021 年甘肃省高等学校创新基金"先进工业数值仿真软件在流体输送模块化教学的应用研究"(基金编号:2021A-216)

作者简介:韩雅妮,女,硕士,讲师,主要从事化工单元实验过程的开发与研究。

优点,广泛在流量测量、调节和控制过程中得到应用[1]。

为了增强流量计教学活动的针对性和有效性,提高课堂教学的质量和学生的获得感,采用各种教学手段加强学生协作并开展探究类活动已成为一种新的教学手段。例如:闫乐乐等[2]为避免文丘里管设计过程中因压差传感器量程而导致的大量重复迭代工作,开发了文丘里管设计仿真一体化平台,实现了文丘里管自动优化设计,极大地提高了工作效率。KITANA 等[3]在流体力学课程中,通过应用可动手操作的小型文丘里管低成本桌面学习模块,帮助学生直观地观察到压力变化趋势,并对流体力学教学效果进行了有效评估。J. K. Burgher 等[4]用 ICAP 评估学习模式,对流体力学课程中文丘里管进行教学研究,研究结果表明,交互式学习比被动学习能获得更高的学习收益,有助于学生的长期记忆。J. K. Burgher 等[5]将 DLMs 融入实践课堂,通过开发低成本的文丘里管模型,让学生观察、分析并积极参与教学内容的讨论,加深了学生对相关概念的理解。李玲等[6]对文丘里管局部水头损失和动能修正系数取值范围进行探讨,深化学生对文丘里管流量系数的理解,强化对实验误差来源的认识,提高实验教学质量。李泊文等[7]针对当前流量计教学中存在的理论讲解过于抽象化、实物演示教学设备成本太高的问题,设计了流量计三维教学仿真系统。上述学者用各自的方式进行了与文丘里管相关的教学研究,使用方法各有不同,但均未涉及将文丘里管的数值仿真与实训教学相结合。

本文在压差式流量计实训教学中引入数值仿真实验环节,利用数值仿真软件高精度、可视化、高效、低成本、能适应多种可变因素的优势和特点[8-13],将传统实训教学过程中学生看不到的实验现象图像化,测不准的实验数据精确化,应用数值仿真软件生成现有实训设备无法绘制的压力分布图、速度分布图等可视化图像,通过小组对仿真结果的讨论,强化学生应用所学知识分析和理解数据的能力,同时,数值仿真结果真实可靠,还可作为分析现有实验装置测量误差的一个重要参考。通过真实的实验与虚拟的数值仿真互相补充,锻炼学生独立思考的能力,培养学生的工程应用思维,降低教学成本,弥补了传统实训的不足,有利于推广使用。

2 文丘里管的结构及工作原理

充满管道的流体流经管道内的节流装置,流束在节流元件处形成局部收缩,使流速增加,静压力降低,流体在截流件前后产生了静压力差。流体的流速越大,在节流件前后产生的静压力差也越大,所以可通过测量差压来确定流体流过节流装置时的流量大小,这种测量方法是以能量守恒定律和流体流动连续性方程为基础的。

经典文丘里管由入口圆筒段 A、圆锥收缩段 B、圆筒形喉部 C 和圆锥扩散段 E 共 4 个部分依次连接构成,其结构如图 1 所示。经典文丘里管收缩段 B 为圆锥形,并有 21°±1°的收缩锥角,收缩段 B 的直径长度为 D,圆筒形喉部 C 处直径为 d,入口圆筒段 A 与圆锥收缩段 B 面之间的距离为 $2.7(D-d)$,下游终端截止于喉部 C 与扩散段 E 相交线的所在平面,其中喉部 C 的长度等于 d,扩散段 E 为圆锥形,并具有 7°-15°之间的扩散角[14]。

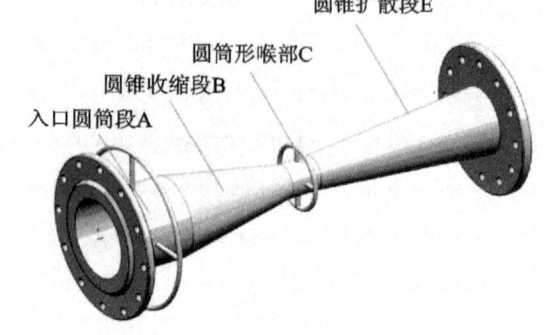

图 1 文丘里管三维模型

具有机械加工收缩段的经典文丘里管在下述规定条件下使用:50 mm≤D≤250 mm;0.40≤β≤0.75($\beta = d/D$ 称为喉径比);$2×10^5$≤Re≤$1×10^6$,在上述条件下,按照国家标准查得孔流系数 $C_0=0.995$。

文丘里管的上游取压面位于需要测定流量的管道上距离收缩段进口断面($D/2$)处,下游取压面位于喉道断面($d/2$)处(如图 1 所示)[5],两取压面连接有压差计,通过测量 2 个测压面的压差 Δp,通过公式(1)就可计算管道内流体的体积流量 V_s,再经修正即可得到实际体积流量。

$$V_s = A_0 u_0 = C_0 A_0 \sqrt{\frac{2(p_1 - p_2)}{\rho}} \tag{1}$$

式中：V_s 为体积流量，m^3/s；C_0 为孔流系数；A_0 为喉径的面积，m^2；u_0 为喉径处的体积流速，m/s；p_1 为上游圆筒段取压面的压力，Pa；p_2 为下游喉径处取压面的压力，Pa；ρ 为被测流体密度，kg/m^3。

3 文丘里管流量计数值模拟过程

3.1 物理模型的建立

本实训课程参照国家标准流量测量节流装置中具有机械加工收缩段的经典文丘里管结构，使用COMSOL Multiphysics软件中计算流体力学(CFD)模块进行文丘里管结构的参数化数值分析。根据文丘里管流量计结构的对称性，为了简化分析，建立2D轴对称模型，其数值模型如图2所示。针对文丘里管结构进行数值分析时作如下假设[1,15-16]：①被测流体是不可压缩的牛顿型流体，忽略重力因素影响；②流体的物性参数为常数，不随压力和温度发生变化；③流体在文丘里管中作稳态流动；④采用湍流 k-ω 方程模型，并且流体在流经文丘里管时不发生相变。

3.2 初始边界条件设置

流体与管壁面无滑移，固体与流体界面采用了标准壁面函数，管壁处边界设置为边界层，流体入口段使用速度入口边界条件，设置为6 m/s，流体采用自由流出口，并设置出口压力为0 Pa。

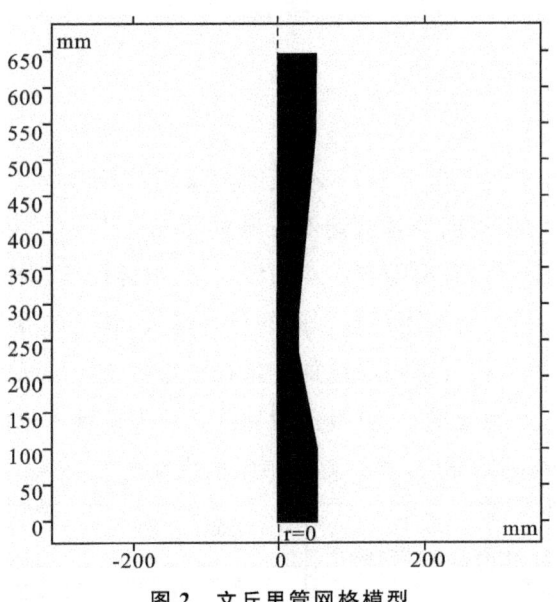

图2 文丘里管网格模型

3.3 数值仿真过程

流体流动过程遵循质量连续性方程和能量守恒方程，在网格划分时，对文丘里管喉部采用网格加密处理，采用三角形网格，划分后的网格如图2所示，网格数量为40 484，网格质量0.82，然后进行数值计算和分析。

图3(a)和图3(b)分别为实验装置中文丘里管中间剖面的压力分布云图和速度分布云图，从图3(a)压力分布云图可见，文丘里管入口段的压力较高，经过圆锥收缩段后，流体的速度增加，相应地压力降低，在喉径处存在一个最低压力区域，随后经过圆锥扩散段后压力逐渐回升，由于喉部的节流作用，流体流经文丘里管进出口后有一个明显的压降值。从图3(b)速度分布云图可以看出：在文丘里管喉部有明显的加速现象，经过圆锥扩散段时速度缓慢下降，这是由于流体在通过文丘里管喉部时，压力势能转化为动能，静压减小到最小，速度达到最大值，通过喉部后，速度势能又逐渐转化为压力势能，仿真结果能够比较形象地反映流体在

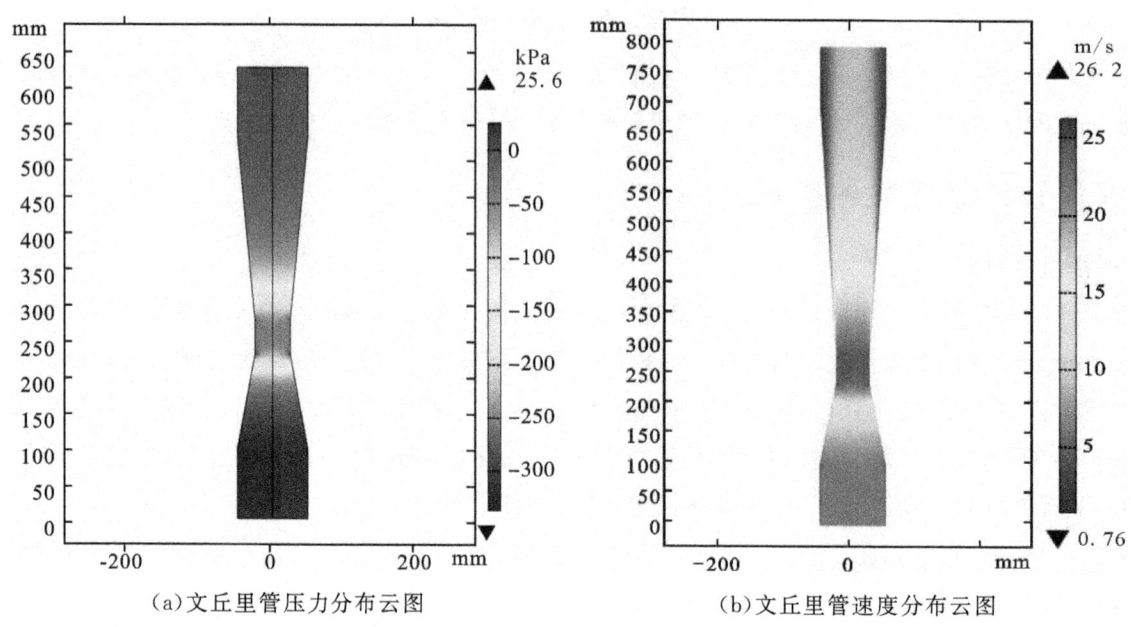

(a) 文丘里管压力分布云图　　(b) 文丘里管速度分布云图

图3　文丘里复制面压力、速度分布云图

文丘里管内的流动状态和能量相互转换的关系。

4　结果与讨论

4.1　不同流速对流动的影响

取 $D=100$ mm，收缩锥角为20°，扩张角为7°，喉径比 $\beta=0.5$，介质为水（温度为293 K），考察不同流速2 m/s～10 m/s变化时，文丘里管内部不同位置流速对压降的影响。图4(a)表明在文丘里管结构一定时，不同流速沿程的压力分布图，从图中可以看出随着流速的增加，入口圆筒段测压点与圆筒形喉部测压点之间的压差增加，流速越大，流体流动过程中两个测压点之间的压差越大，符合流量测量计算公式，同时，随着流速的增加，流体通过整个流量计的阻力损失也相应增加。将孔流系数 $C_0=0.995$ 和测压管两端的压差代入到文丘里管的流量计算公式(1)中，并用公式(2)将数值仿真结果与理论计算出的体积流量进行对比，计算结果如图4(b)所示，结果表明，随着流速的增加，体积流量相应地线性增加，将数值计算得到的体积流量与理论

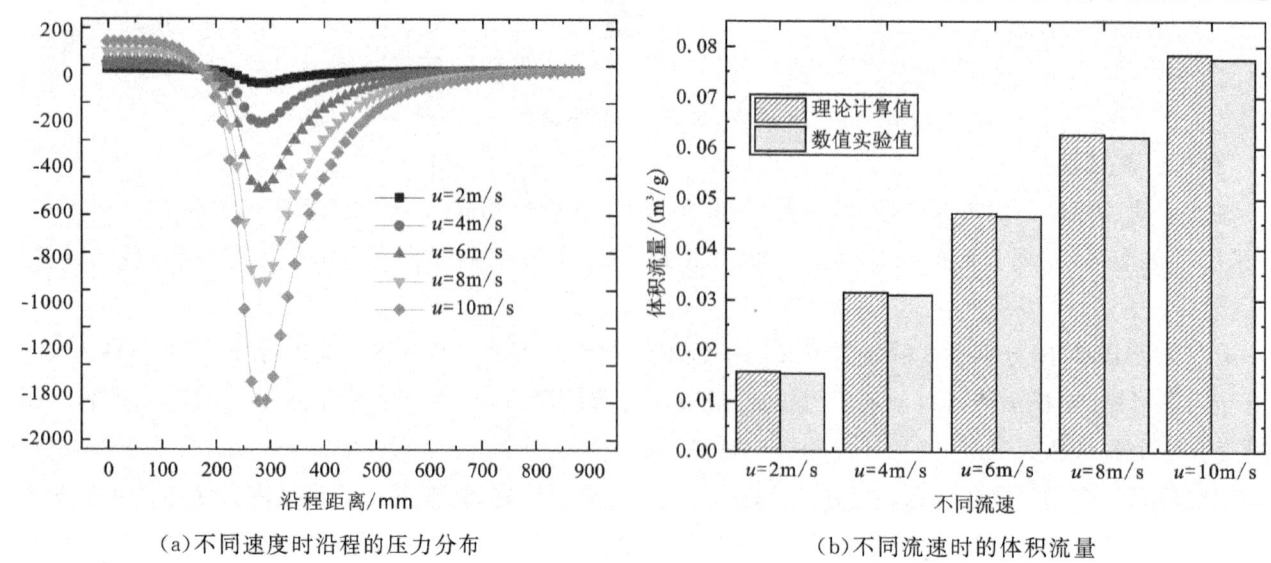

(a) 不同速度时沿程的压力分布　　(b) 不同流速时的体积流量

图4　不同位置流速对压降的影响

计算结果进行对比分析,数值仿真结果误差小于2%,说明数值仿真结果可靠,可以用数值仿真来代替真实的实验,数值结果满足精度要求。

$$V_s = Au \tag{2}$$

式中:V_s 为体积流量,m³/s;u 为管道内流体流速,m/s;A 为入口圆筒段横截面积,m²。

4.2 不同扩张角对压降的影响

取 $D=100$ mm,流速为 6 m/s 时,收缩锥角为 20°,喉径比 $\beta=0.5$,被测介质为水,讨论扩张角 α 在 7°~15°变化时对流动的影响,得到数值仿真的计算结果如图 5 所示,从图 5(a)中可以看出,在相同的流动速度下,入口圆筒段到喉径处的压力逐渐降低,之后逐渐恢复,两个测压面之间的压差变化很小,这说明,在合理区间范围内仅单纯改变扩张角 α 不会对流量测量结果产生影响。图 5(b)反映了两个测压面的压降及流体流过流量计的永久压损,可以看出流速不变,扩张角 α 改变时,随着扩张角的增大,两个测压口的压降保持不变,对流量的测量精度影响不大,但是随着扩张角 α 的增大,进出流量计的永久压损有所增加,这表明在国标要求的扩张角范围内(7°~15°)都可以很好地保证流量计的测量精度,但是随着扩张角增大,流体通过文丘里管的永久压降会有所增加,但是扩张角太小会给流量计机械加工增加难度,所以,扩张角的大小应该从结构加工和永久压损的角度综合考虑。

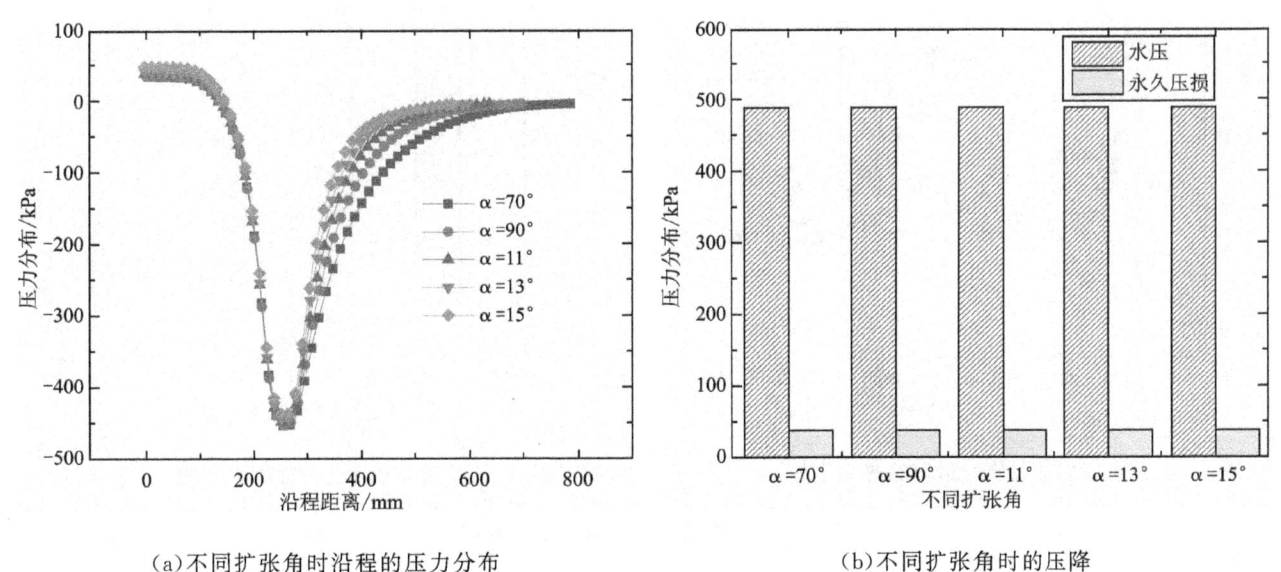

(a)不同扩张角时沿程的压力分布　　(b)不同扩张角时的压降

图 5　不同扩张角对压降的影响

4.3 不同的喉径比对压降的影响

取 $D=100$ mm,流速为 6 m/s 时,扩张角为 11°,喉径比 β 为 0.4~0.8 时,考察被测介质为水($T=293$ K)时,不同喉径比的速度分布,从图 6(a)、图 6(b)中可以看出,入口流速不变时,随着喉径比的增加,流体流经喉孔处的速度减小,这是因为保证 D 不变,随着喉径比的增加,实际增加了喉径 d 的直径,所以会带来喉径处流速的减小。

4.4 不同圆筒段直径对流动的影响

被测介质为水时,流速为 6 m/s,收缩锥角为 20°,扩张角为 11°,喉径比 β 为 0.5 时,圆筒段直径 D 取 50 mm 至 250 mm 的速度分布云图,从图 7(a)、图 7(b)中可见,不同圆筒段直径时,保持喉径比和流速不变,流

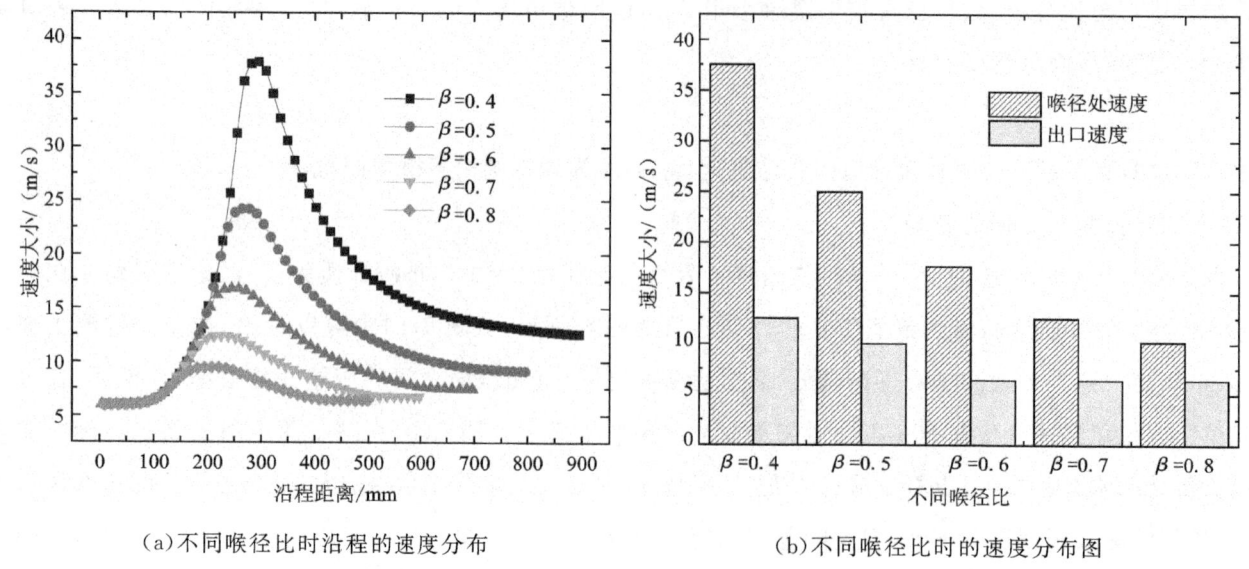

(a)不同喉径比时沿程的速度分布　　　　(b)不同喉径比时的速度分布图

图6　不同喉径比时压降的影响

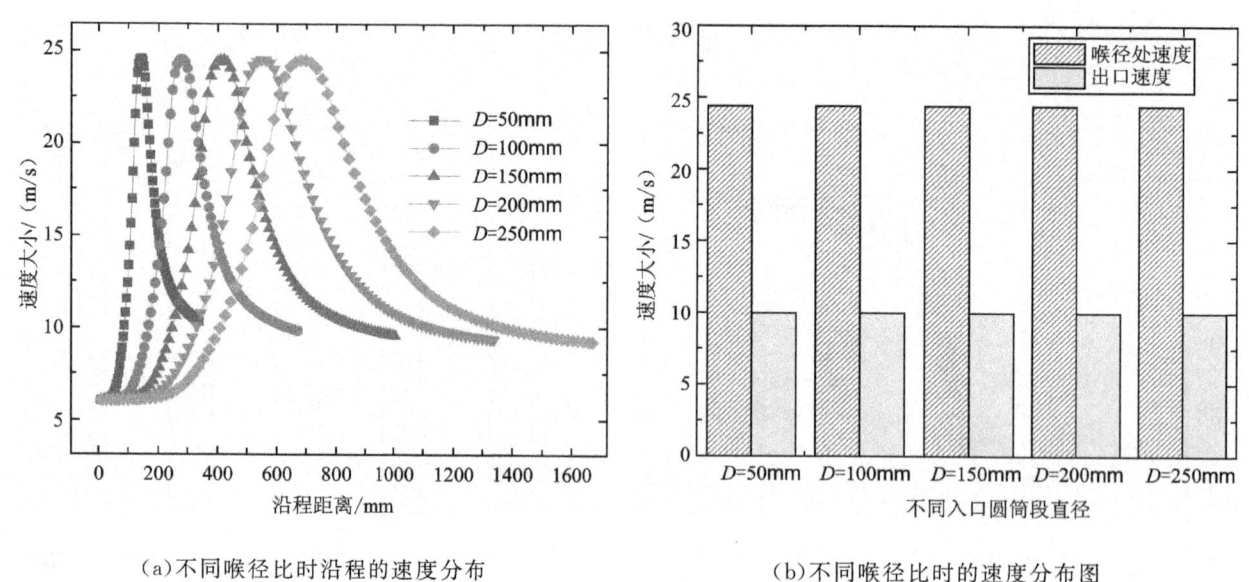

(a)不同喉径比时沿程的速度分布　　　　(b)不同喉径比时的速度分布图

图7　不同圆筒段直径对流动的影响

体在文丘里管的喉径处的流速相同,这表明维持流速不变,改变圆筒段直径间接改变了体积流量。

4.5　不同介质对流动的影响

除此之外,还可考虑不同介质对压降的影响,$D=100$ mm,流速为 6 m/s 时,收缩锥角为 20°,扩张角为 11°,喉径比 β 为 0.5 时,图8表示内部介质为 293 K 的水和润滑油时,沿程的压力分布,从图8(a)可见,改变被测介质,流量计可以准确地测量出流量的大小,同时,流量计的测量结果不随介质的变化而产生变化,数值计算的结果与理论值吻合较好,但是在流经文丘里管时油的永久压降远大于水的永久压降,这是因为油的黏度大于水造成的,流动介质的黏度增加,流动带来的永久压降越大,阻力损失越大。从图8(b)可见,在喉径处油的流速大于水,这是因为在相同的体积流量下,由于油的黏度远大于水,使得在喉径产生了缩脉,缩脉的面积小于喉径造成了喉孔中心的流速大于水的流速。

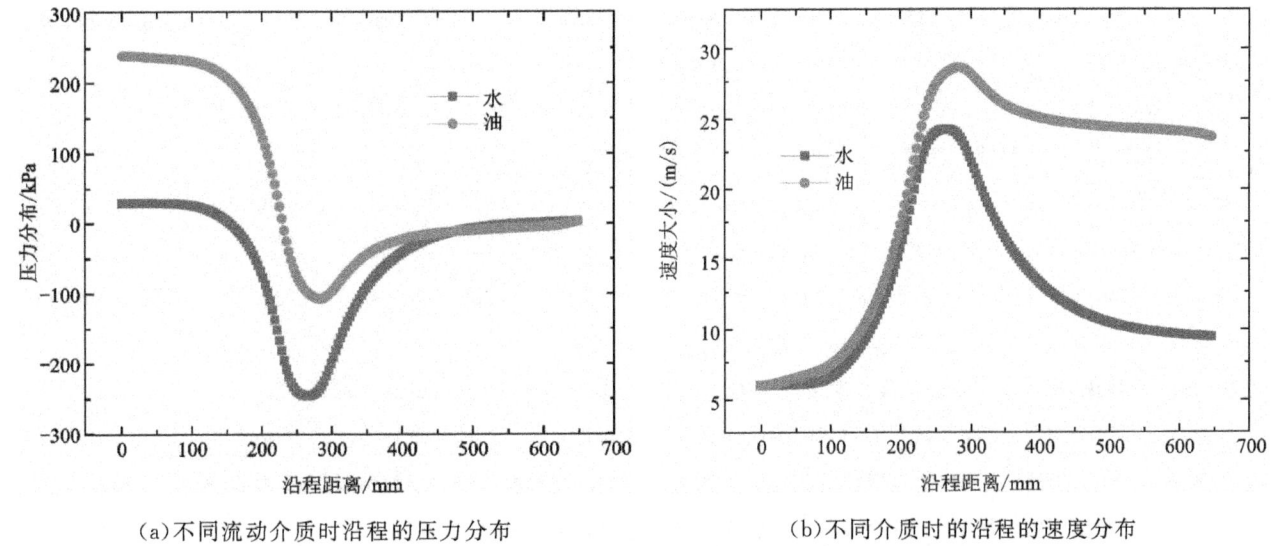

(a)不同流动介质时沿程的压力分布　　　　(b)不同介质时的沿程的速度分布

图 8　不同介质对流动的影响

5　结论

(1)数值模拟结果可以直观地描绘文丘里管内部速度场和压力场的分布,帮助学生全面理解文丘里管内部压力和速度分布情况,为学生理解文丘里管结构参数和内部能量转换过程提供可靠依据。

(2)符合国标使用范围内的文丘里管,被测流体的流速越大,流体流动过程中两个测压点之间的压差越大,增加扩张角、减小喉径比、增加圆筒段直径对测量精度的影响都很小,但以上因素变化会增加流体通过流量计的永久压损,改变流动介质不会带来测量结果的改变,但是流动介质的黏度增加,会一定程度地增加永久压损。

(3)利用数值仿真的结果,可以引导学生应用所学知识讨论分析结果产生的原因,让学生从结果出发,利用已有知识通过主动学习对现象进行合理解释,提升数据分析的能力。

(4)数值仿真结果相比操作实训的测量结果更加准确可靠,是学生课下分析讨论实训装置实验误差的一个重要参考依据,通过小组讨论解决减小装置测量误差的原因,为现有实训装置提出二次改造建议,提高学生应用知识解决问题的能力,同时激发学生主动学习数值仿真软件的兴趣,拓展解决问题的思路。

(5)数值仿真可通过数值计算解决现有实训装置改变测量介质和流量计结构的难题。通过数值仿真,用数据说话,保证学生能够更有效地掌握流量计结构、流速、介质等因素对流量测量结果的影响,培养学生精益求精的学习态度,减少了教学培训成本,节约实训时间,同时也是疫情防控期间开展教学实训的一种可行方式。

参考文献

[1] 刘馥瑜,胡效东,梁之西,等.基于FLUENT的文丘里管稳流性能数值模拟[J].系统仿真学报,2019,31(7):1460-1464.

[2] 闫乐乐,李楠,王俊莉,等.文丘里管设计仿真一体化平台的设计[J].内燃机与动力装置,2021(38):71-75.

[3] Kaiphanliam K M, Nazempour A, Golter P B. et al. Efficiently assessing hands-On Learning in fluid mechanics at varied bloom's taxonomy levels[J]. International Journal of Engineering Education, 2021,37(3):624-639.

[4] Burgher J K, Finkel D M, Adesope, et al. Implementing and assessing interactive physical models in the fluid mechanics classroom[J]. International Journal of Engineering Education, 2016,32(6):2501-2516.

[5] Nazempour A, Golter P B, Richards C D, et al. Assessments of ultra-low-cost venturi nozzle in undergraduate engineering classes[J]. American Society for Engineering Education, 2015, 26, 266: 1-12.

[6] 李玲,陈永灿,谭谦. 水力学文丘里管实验教学的改进[J]. 实验技术与管理, 2013, 30(7): 171-173.

[7] 李泊文,吴冰,黄陈. 流量计仿真教学系统开发[J]. 电子测量技术, 2017, 40(5): 71-75.

[8] Jian M Z, Jie L, Zhi L H, et al. Numerical Simulation Software of Casting Process used for Computer Aided Instruction[J]. Advanced Materials Research, 2011, 399-401: 13-16.

[9] L Pallini, S Piroli, F Zirilli. Computer-aided instruction in wave propagation phenomena[J]. Physics Engineering Science and Education Journal, 1998, 7(5): 215-220.

[10] 程子霞,王晨辉,务经纬,等. 变压器可视化教学仿真设计[J]. 实验技术与管理, 2022(5): 98-102.

[11] 卢艳,李劲松,程家齐. 线圈自感互感问题的数值仿真教学案例研究[J]. 物理与工程, 2021, 31(Z1): 49-53.

[12] 张雪松,陈金平,周鹏. 基于数值模拟的占压管道力学响应虚拟仿真实验[J]. 实验技术与管理, 2022(6): 73-81.

[13] 中华人民共和国国家市场监督管理总局,中国国家标准化管理委员会. 用安装在圆形截面管道中的差压装置测量满管流体流量 第4部分: 文丘里管[M]. 北京: 中国标准出版社, 2006.

[14] 赵二雷,李林坤,王广金,等. 基于CFD分析的文丘里流量计设计优化[J]. 原子能科学技术, 2022(6): 1196-1203.

[15] 张阳,李杰. 可调文丘里管水力空化发生特性研究[J]. 流体机械, 2022(4): 84-91.

地震检波器检测实验教学设计

沈鸿雁[1*],严月英[1],段瑞峰[2],刘建[3],李萌[1],杨飞龙[1]

(1 西安石油大学 地球科学与工程学院,陕西 西安 710065;
2 陕西地矿物化探队有限公司,陕西 西安 710043;
3 山西省地球物理化学勘查院有限公司,山西 运城 044004)

摘要:地震检波器性能测试是地震数据采集前的一项重要而基础性的实验工作。为了进一步完善我校地震勘探原理、工程物探及相关课程的实习实训内容,不断提高地质类专业人才培养的质量,开发了地震检波器检测实验项目,并设计出圆(弧)形观测系统和线性观测系统两种检波器检测实验方案。通过该实验项目的实施,以期使学生熟练掌握地震数据采集方法原理及技术的同时,进一步夯实地质类专业学生的地球物理勘探专业技能和素养。

关键词:地震勘探;数据采集;检波器;观测系统;检测实验

中图分类号:TP319

Design of Experimental Teaching of Geophone Detection Experiment

Shen Hongyan[1*], Yan Yueying[1], Duan Ruifeng[2], Liu Jian[3], Li Meng[1], Yang Feilong[1]

(1 School of Earth Sciences and Engineering, Xi'an Shiyou University,
Xi'an 710065, Shaanxi, China;
2 Shaanxi Geo-mining Geophysical and Geochemical Exploration Team Co. Ltd.,
Xi'an 710043, Shaanxi, China;
3 Shanxi Geophysical and Geochemical Prospecting Institute Co. Ltd.,
Yuncheng 044004, Shanxi, China)

Abstract: The performance test of geophone is an important and basic test before seismic data acquisition. In order to further improve the practice and training contents of Principles of Seismic Exploration, Engineering Geophysical Prospecting and related courses in our school, and constantly improve the quality of the training of geological professionals, the geophone detection experiment project was developed, and two geophone detection experiment schemes of circular (arc) observation system and linear observation system were designed. Through the implementation of the experimental project, it is expected to enable students to master the principles and technologies of seismic data acquisition methods, and further consolidate the professional skills and literacy of geophysical exploration of geological students.

Keywords: seismic exploration; data acquisition; geophone; observation system; detection experiment

1 引言

教育是国家发展壮大的基石,培养符合时代发展需要的高质量人才是高等教育发展的重要使命,亦是我

基金项目:陕西省重点研发计划项目(2022GY-148);西安石油大学教育教学改革研究项目(XBY202104);课程思政建设项目(2022-X-YSZ-002)和示范性虚拟仿真实验教学项目(地震波响应与传播虚拟仿真实验)

作者简介:沈鸿雁,男,博士,教授,主要从事地球物理勘探方面的教学和研究工作。

国全面建设社会主义现代化强国的时代要求[1-2]。大学生的专业课程实验、实习、实训作为人才培养过程中的重要环节,在提升学生实践动手能力和理论联系实际方面起着关键性作用,也是实施产教融合、培养创新型人才的重要途径[3-4],因此,不断深化实验、实习、实训内容以及教学方式、方法的改革和探索,有利于支撑专业人才培养质量的提升[5-6]。

地震数据采集是地震勘探原理、工程物探、地震仪器、物探生产实习等课程教学过程中必须开展的一项重要的实验和实习实训内容[7-9],而地震检波器作为地震数据采集系统的重要组成部分,担负着准确感应地面振动并将其转换为电信号(地震波)的重要任务[10-14]。在地震数据采集过程中,为了确保地震数据采集的品质,要求检波器必须满足一定的技术指标(如:一致性好、灵敏度高、谐波失真度小等),才能正常开展地震数据采集工作[15]。为此,在我校传统地震数据采集实验、实习、实训项目的基础上,开发了地震检波器检测实验项目,其目的是使学生熟练掌握地震数据采集方法原理和技术的同时,深入理解检波器在地震数据采集中发挥着关键性作用并对地震勘探效果产生重要影响,达到提高地质类专业人才培养质量的目的。

2 检波器的基本工作原理

地震检波器是一种将地面振动转变为电信号的传感器,以电动式检波器(图1)为例简要介绍其基本工作原理。检波器由外壳、磁钢、线圈、弹簧片和尾椎5个部件组成,磁钢与外壳连在一起,线圈通过弹簧片固定到外壳上,磁钢底部连接一支尾椎。工作时,尾椎插入地面以下并要求检波器与地面耦合好,当地面存在机械振动(激发震源)时,线圈就会对磁铁做相对运动而切割磁力线,从而在线圈中产生感应电动势,感应电动势的大小与线圈及磁铁的相对运动速度成正比,从而就可把地面振动情况转化为电信号并输出[16],这就是检波器接收地震波的基本原理。

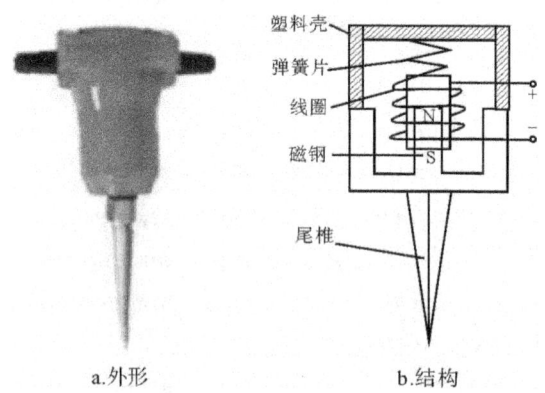

a. 外形　　　　b. 结构

图1　电磁感应式检波器外形及结构示意图

3 实验基本原理

当检波器中的磁钢、线圈、弹簧片和尾椎等部件存在问题或损坏时,就会导致检波器不能真实感应地面振动情况,进而采集不到地震信号或采集到的地震信号失真。地震检波器检测实验的任务就是要判断出检波器是否完好无损及检波器之间的性能是否一致,为野外地震数据采集提供必要的实验依据。为配合地震数据采集实验、实习、实训项目的开展,我们开发了地震检波器检测实验项目,并设计出圆(弧)形观测系统和线性观测系统两种检波器检测实验方案。

3.1 圆(弧)形观测系统检测方案

如果实验场地较小,可将测线布设成圆(弧)形的形式进行检波器检测实验。实验实施时,还可根据实验场地的大小及仪器设备条件(如:大线条数和检波器数量),将测线布设成圆形或圆弧形。设地表为各向同性且均匀的介质,速度为 v,如果将检波器排列布设在半径为 r 的圆(弧)上,圆心处激发地震波(图2),激发后的地震波又以球面扩散的形式向外传播,因此其直达波时距方程为:

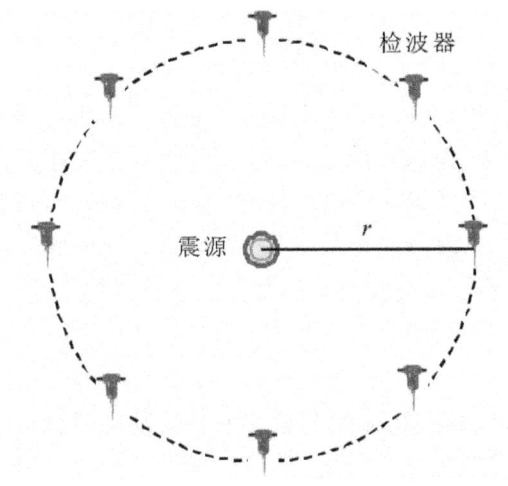
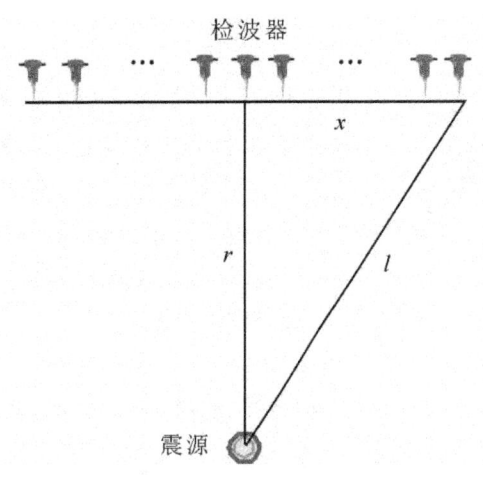

图2 圆(弧)形观测系统检波器检测实验方案示意图　　图3 线性观测系统检波器检测实验方案示意图

$$t=\frac{r}{v} \quad (1)$$

式中：t 为地震波的初至旅行时。

对于不同检波器而言，由于式(1)中的 r 和 v 均为固定值，因此，t 也是一个固定值，也就是不同检波器接收到的地震初至波(直达波)旅行时相等。基于不同地震道的初波旅行时是否相等就可判断其对应的检波器是否存在问题，基于不同初至波的子波形状即可判断不同检波器之间的性能是否一致。

3.2 线性观测系统检测方案

如果实验场地较为开阔，可将测线布设成直线排列的形式进行检波器检测实验。设地表为各向同性且均匀的介质，速度为 v，如果将一系列检波器按道距为 Δx 布设成一条直线，但震源与检波器排列不在同一条直线上(图3)，假设任意两支检波器之间的距离为 x，震源距任意一支检波器的距离为 l，震源距检波器排列的垂直距离(即最小偏移距)为 r，则直达波时距方程为：

$$t=\frac{l}{v}=\sqrt{\frac{r^2+x^2}{v}} \quad (2)$$

式中：t 为地震波的初至旅行时。

由于 r 和 v 为固定值，而 x 是变量，因此，式(2)是一个双曲线方程，其对应的时距曲线是一条双曲线。基于不同地震道的初至是否满足双曲线规律就可判断其对应的检波器是否存在问题，基于不同初至波的子波形状即可判断不同检波器之间的性能是否一致。

4 实验教学设计

4.1 圆(弧)形观测系统检波器检测实验

4.1.1 实验工区

西安石油大学鄠邑校区 B 教学楼东南侧有一块空地，面积约 200 m²，该场地地势较为平坦且地表介质相对均一，因此，我们选择该场地开展检波器检测实验，实验场景如图4所示。

4.1.2 实验设备

实验设备包括 GeoPen® 公司生产的 SE2404EI 工程地震仪1台、12 V 电瓶1块、检波器24支、24通道大线(电缆)1条、5 kg 铁锤1把、震源线1条、铁板1块。

图4 圆(弧)形观测系统地震数据采集实验场景

4.1.3 实验实施

(1)测线布设

采用圆(弧)形观测系统开展检波器检测实验,将24支检波器按道距0.5 m布设在半径r为5.0 m的圆弧上,并用大线将其串联起来接到地震仪上;震源(铁锤+铁板)布设在圆心,通过震源线将其连接到地震仪(图4);地震仪接上电源。在实验过程中,尤其要注意检波器的埋置质量,其一,检波器必须布设在圆弧上;其二,检波器必须按"平、稳、直、紧"的原则埋置,确保检波器与大地耦合好;其三,如果检波器埋置位置的土质较疏松,一定要清理或用脚踩紧后再插检波器;其四,如果检波器埋置位置周围存在杂草或树根,一定要清理干净,以免影响地震波的接收质量。

(2)地震波激发和接收

测线布设好后,启动地震仪,并进入数据采集软件系统,地震数据采集参数(表1)设置好后就可进入地震波激发及接收环节。

表1 圆(弧)形观测系统地震数据采集参数

参数名称	道数	道距/m	偏移距r/m	采样点	采样时间/ms	延迟时/ms
参数值	24	0.5	5.0	2 048	0.2	0.2

仪器操作员开通数据采集通道后,下达地震波激发指令,然后由一名同学举起铁锤敲击铁板来实现地震波的激发。震源激发时,一定要避免实验场地及周围不能存在其他任何振动源,以免影响地震数据采集的质量。震源激发后,由检波器接收震源产生的地震波并通过大线传输到地震仪,仪器操作员就可在地震仪上观察并初步分析采集到的地震信号;地震数据保存后,回到室内可进行详细处理和深入分析。

4.1.4 实验结果及分析

从获得的地震记录来看(图5),除了第22道为坏道以外,其余地震道的初至波均较清晰,初至波旅行时相等($t=19.6$ ms),且初至波的子波基本一致,由此判断第22支检波器可能存在问题,其余检波器的性能基本一致,能满足野外地震数据采集的要求。通过对第22支检波器检查、拆解分析后发现,该检波器的弹簧片存在疲劳过度问题,从而导致其测振的灵敏度降低。

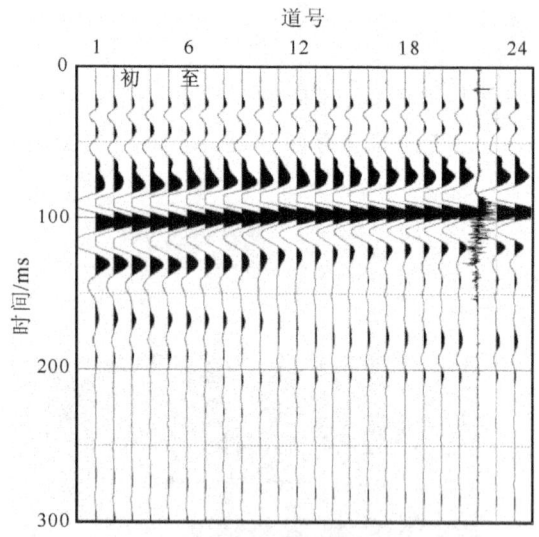

图5 圆(弧)形观测系统地震数据采集实验结果

图6 线性观测系统地震数据采集实验场景

4.2 线性观测系统检波器检测实验

4.2.1 实验工区及实验参数

蓝田县汤峪镇东边存在一大型工程场地,面积较大且开阔,拟开发成一个景观湖,施工方已对该场地进行了平整及夯实处理,我们选择该场地进行检波器检测实验,实验场景如图6所示。

实验设备包括GeoPen®公司生产的SE2404EI工程地震仪1台、12 V电瓶1块、检波器48支、24通道大线(电缆)2条、8 kg铁锤1把、铁板1块。采用线性观测系统开展检波器检测实验,检波器埋置要求及地震波激发、接收与圆(弧)形观测系统检测实验的步骤及要求一致。地震数据采集参数见表2。

表2 线性观测系统地震数据采集参数

参数名称	道数	道距/m	最小偏移距 r/m	采样点	采样时间/ms	延迟时/ms
参数值	48	1.0	12.0	2 048	0.2	0.2

4.2.2 实验结果及分析

图7是实验获得的地震记录,从该地震记录来看,除了第7道和第24道为坏道以外,其余地震道的初至均较清晰,初至波的地震子波形状基本一致,且初至时距曲线基本满足双曲线特征,由此初步判断第7支和第24支检波器可能存在问题,其余检波器的性能基本一致,能满足野外地震数据采集的需要。随后,通过对第7支和24支检波器检查后发现,第7支检波器的小线(检波器连接大线之间的电缆线)存在折断问题,导致检波器无法正常接收地面振动信号;第22支检波器则是因震源线搭在检波器的小线上,受到震源激发过程中震源线的抖动影响,导致该地震道信号出现噪声,但该检波器本身并无问题。

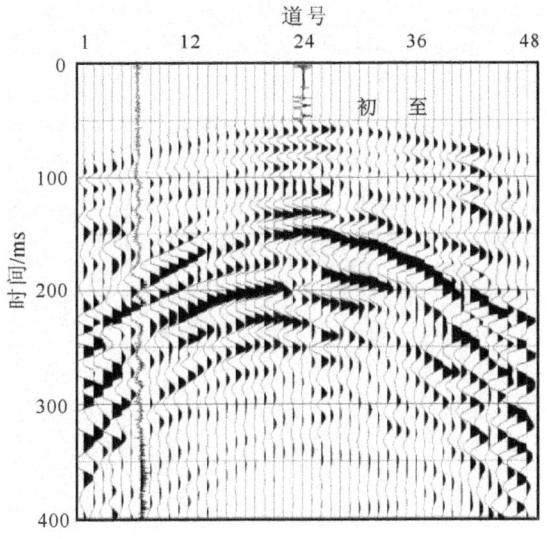

图7 线性观测系统地震数据采集实验结果

5 实验效果

地震检波器检测是地震数据采集技术的重要组成部分,通过检波器检测实验教学设计的开发,并将其纳入到野外地震数据采集实验、实习内容的一部分,不但有力地丰富了地震勘探实验、实习、实训内容,而且还使学生加深了对地震检波器结构、性能的深入理解,同时加强了学生对野外地震数据采集方法、原理及技术的掌握。通过两届学生的教学实践,取得了良好的教学效果。

6 结语

"地震检波器检测实验"项目是传统地震数据采集实验、实习、实训内容的拓展和延伸,该实验以地震数据采集中的工程问题为目标导向,依据地震初至波的传播规律来检测检波器的性能,为野外地震数据采集提供了必要的实验依据。该实验项目实施后,学生普遍感觉到书本上的理论知识不再是枯燥和乏味的,通过理论分析、实际动手操作、实验数据处理与分析、获得实验结果及结论等一整套实验流程的训练,不仅充分锻炼了学生的理论分析和实际动手能力,而且还有效激发了学生的探索欲望,使学生充分体会到理论联系实际的魅力,也感受到学习的乐趣。可以充分肯定,该实践教学项目在一定程度上有力地支撑了我校地质类专业人才培养的质量。

参考文献

[1] 习近平在清华大学考察时强调:坚持中国特色世界一流大学建设目标方向 为服务国家富强民族复兴人民幸福贡献力量[N].人民日报,2021-04-20(1).
[2] 张晋,王嘉毅.高等教育高质量发展的时代内涵与实践路径[J].中国高教研究,2021(9):25-29.
[3] 李世辉,李香花."产教融合"背景下大学生实习平台构建及其运行机制研究[J].大学教育科学,2020(4):70-77.
[4] 谢火木,刘李春,钟杰,等.构建"一体四翼"实践教学体系,加强本科生实践创新能力培养[J].中国大学教学,2017(8):40-44.
[5] 胡慧,罗毅平,唐勇奇,等.工程应用型人才培养体系的构建与实践[J].中国高等教育,2021(6):61-62.
[6] 沈鸿雁,李辉峰,赵军龙,等.地震勘探实验室建设的改革与探索[J].高校实验室工作研究,2015(4):71-76.
[7] 沈鸿雁,李辉峰,苏海.地震仪器认识与多次覆盖地震数据滚动采集实验方案优化[J].高校实验室工作研究,2011(2):12-13.
[8] 师学明,李国良,刘迎,等.地震折射实验实践教学改革研究[J].中国地质教育,2007(1):131-134.
[9] 王保丽,印兴耀,周家惠,等.浅层折射地震勘探实践教学设计[J].实验室研究与探索,2016,35(10):175-178.
[10] 罗福龙,夏颖.地震检波器检测技术探讨[J].石油物探,2013,52(6):617-622.
[11] 罗福龙.地震检波器技术标准化探索[J].石油管材与仪器,2019,5(1):7-13.
[12] 孙灵群,李铮铮,秦振兰.可控震源与地震仪器一致性测试新方法[J].物探装备,2021,31(2):71-74.
[13] 易碧金,袁宗军,仲明惟,等.石油勘探模拟地震检波器标准化研究[J].物探装备,2020,30(2):71-74.
[14] 魏继东,曹国滨,刘斌.检波器性能参数现场测定方法[J].石油地球物理勘探,2021,56(3):446-461.
[15] 齐孟颖.地震检波器检测技术及应用探讨[J].石油和化工设备,23(3):90-91.
[16] 袁子龙.地震勘探仪器原理[M].北京:石油工业出版社,2016:14.

绿色氧化环己酮合成己二酸的实验教学改革探讨

蒋卫华*,滕巧巧

(常州大学 石油化工学院,江苏 常州 213164)

摘 要:以 30% H_2O_2 为氧化剂,HPW/SBA-15 为催化剂,绿色催化环己酮氧化合成己二酸。考察了 H_2O_2 的用量、反应时间、反应温度和催化剂的用量对合成己二酸收率的影响。其最佳反应条件为:每 2.5 mL 环己酮,在 15 mL 的 H_2O_2,0.5 g 10% HPW/SBA-15,100 ℃ 条件下回流反应 90 min,产率高达 84.3%。实验表明,该方法具有反应条件温和、时间短、产率高、后处理简单、安全环保等优点,符合大学基础有机化学绿色化实验教学的要求和目标。

关键词:H_2O_2;环己酮;HPW/SBA-15;己二酸;绿色催化

中图分类号:O621.3;G482

Experimental Teaching Reform of Green Oxidation of Cyclohexanone to Synthesize Adipic Acid

Jiang Weihua*, Teng Qiaoqiao

(School of Petrochemistry Engineering, Changzhou University,
Changzhou 213164, Jiangsu, China)

Abstract: The synthesis of adipic acid from cyclohexanone was green catalyzed where 30% H_2O_2 was used as oxidant and HPW/SBA-15 was used as catalyst. The influence of the amount of H_2O_2 used, reaction time, reaction temperature and the amount of catalyst used on the yield of adipic acid were investigated. The optimum reaction conditions were as follows: for each 2.5 mL cyclohexanone, reflux reaction at 15 mL H_2O_2, 0.5 g 10% HPW/SBA-15 at 100 ℃ for 90 minutes, and the yield was up to 84.3 %. It was shown that this method had the advantages of mild reaction conditions, short time, high yield, simple post-treatment, safety and environmental protection, and etc. This reaction was conformed to the requirements and objectives of green experiment teaching in university.

Keywords: H_2O_2; cyclohexanone; HPW/SBA-15; adipic acid; green catalysis

1 引言

己二酸又称之为肥酸,是工业上具有重要应用价值的二元羧酸,主要用作尼龙-66 和工程塑料的原料,也用于生产各种酯类产品,还用作聚氨基甲酸酯弹性体的原料,也是医药、酵母提纯、杀虫剂、黏合剂、酸化剂,以及合成革、合成染料和香料的原料[1-2]。

己二酸的合成是高校基础有机化学实验教学中一个具有代表性的实验,但很多实验教材都是采用浓硝酸或高锰酸钾为氧化剂[3-4],实验表明,硝酸作为氧化剂时反应较剧烈,容易产生大量的氮氧化物(如 NO、NO_2、N_2O),对实验室环境造成污染,危害学生的身心健康;而以高锰酸钾作为氧化剂时难以控制反应温度,易产生大量废液,且产率和产品的品质都不高,且此类反应的时间较长且产率也不高[5]。这一方面难使学生在有限的实验时间之内完成实验任务,另一方面也严重地影响了实验的教学效率[6]。

基金项目:常州大学 2021 年教育教学研究课题(GJY2021048)
作者简介:蒋卫华,男,硕士,高级实验师,主要从事精细有机合成工作。

H_2O_2是一种公认的绿色氧化剂,其氧化后的产物为无毒无害的水。因此,我们以 H_2O_2 为氧化剂,使用自制具有可循环使用的 HPW/SBA-15 为催化剂,绿色催化氧化环己酮合成己二酸,并通过反应条件的优化提高了反应的产率。

2 实验部分

2.1 仪器和试剂

仪器:磁力电动搅拌器(Dragonlab,MS-H280-Pro);循环真空水泵(力辰科技,SHZ-D);水热合成反应釜(秋佐科技,100 mL);核磁共振仪(瑞士,Bruker ARX-300Mz)、红外光谱仪(日本岛津,FT/IR 8400S)、熔点仪(上海申光,WRS-1B)。

试剂:环己酮、硫酸氢钠、对甲苯磺酸、无水乙醇均为分析纯试剂,30% H_2O_2(上海远慕生物科技有限公司),磷钨酸(AR,上海润捷化学试剂有限公司)。P_{123}(阿拉丁,$EO_{20}PO_{70}EO_{20}$);正硅酸四乙酯(AR,国药试剂)。

2.2 HPW/SBA-15 的制备

参照文献资料[7],以三嵌段共聚物聚 P_{123} 为结构导向剂,正硅酸四乙酯(TEOS)为硅源,在强酸性条件下采用水热晶化法合成具有二维六方结构的 SBA-15 介孔分子筛。然后通过浸渍法制备 HPW/SBA-15。

2.3 己二酸的合成

在 50 mL 三口烧瓶上装上温度计、回流冷凝管和恒压滴液漏斗,依次加入 0.5 g HPW/SBA-15、15 mL 30% H_2O_2,40 ℃下磁力搅拌 10 min。然后通过恒压滴液漏斗滴加 2.5 mL(24 mmol)环己酮(10 min 内滴完),搅拌、加热,100 ℃下回流 90 min。反应结束后,将反应液趁热滤除催化剂后,倒入盛有 20 mL 冰水的烧杯中,析出白色固体,抽滤、冰水洗涤、得粗产品己二酸。用 20 mL 10%(体积比)乙醇-水重结晶、烘干,称重 2.96 g,产率 84.3%。熔点:151~153 ℃(与参考资料值 152 ℃一致[8])。

2.4 产品表征

IR (KBr):2960 cm^{-1}处为羧基上 O—H 的伸缩振动,1 678 cm^{-1}处为羰基 C=O 的伸缩振动;928 cm^{-1}处为羧基上 C—OH 的弯曲振动;1 276 cm^{-1}处为羧基上 C—O 的伸缩振动。^{1}H NMR (300 MHz,DMSO,d_6)δppm:11.4 (2H,—COOH,s),2.20(4H,—CH_2—COOH,m),1.51(4H,—CH_2—CH_2—,m)。^{13}C NMR (300 MHz,DMSO,d_6)δppm:178.2(—COOH),36.1(—CH_2—COOH),24.3(—CH_2CH_2—)。产物的 IR、^{1}H NMR 和 ^{13}C NMR 和己二酸的标准谱图基本一致,这进一步说明了所得产物为己二酸。

3 结果与讨论

3.1 H_2O_2 用量对产率的影响

取 0.5 g 10% HPW/SBA-15、2.5 mL(24 mmol)环己酮和一定量的 30% H_2O_2,在 100 ℃下反应 90 min。考察过氧化氢用量对反应产率的影响,反应结果如图1所示。

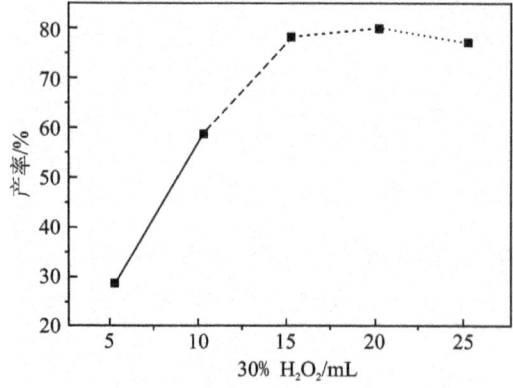

图 1 过氧化氢用量对反应产率的影响

由图 1 可知,H_2O_2 用量较少时己二酸的产率低,这可能是由于氧化剂的量不够,大部分环己酮没有被氧化的缘故;随着 H_2O_2 用量的增加,己二酸的产率也明显增大;当 H_2O_2 用量达 15 mL 时反应基本达到平衡;继续增大 H_2O_2 用量,反应的产率最初未见显著变化,但随着 H_2O_2 用量的进一步增大,反应的产率却稍有下降,这可能由于氧化剂过量副反应增强的原因所致。从试剂成本和反应产率综合考虑,每 2.5 mL 的环己酮用 15 mL 30% H_2O_2 较佳。

3.2 反应时间对产率的影响

取 0.5 g 10% HPW/SBA-15,15 mL 30% H_2O_2,2.5 mL(24 mmol)环己酮,反应温度为 100 ℃,考察反应时间对产率的影响,结果如图2所示。

由图 2 可知,随着反应时间延长,开始时己二酸的产率明显增加,90 min 反应基本达平衡,继续延长反应的时间,产率变化不大甚至会略有下降,这可能是达到平衡后进一步延长反应的时间,部分二元酸会产生脱酸或发生消除反应。由此可见,过度延长反应的时间不仅对反应产率没有多大的提高,而且会耗费实验室更多的水和电资源,增大实验的成本,更主要的是为学生在有限的实验时间内完成实验任务提供了时间保障。因此反应时间为 90 min 即可。

3.3 反应温度对产率的影响

取 0.5 g 10% HPW/SBA-15、15 mL 30% H_2O_2、2.5 mL(24 mmol) 环己酮,反应时间为 90 min,考察反应温度对产率的影响,结果如图 3 所示。

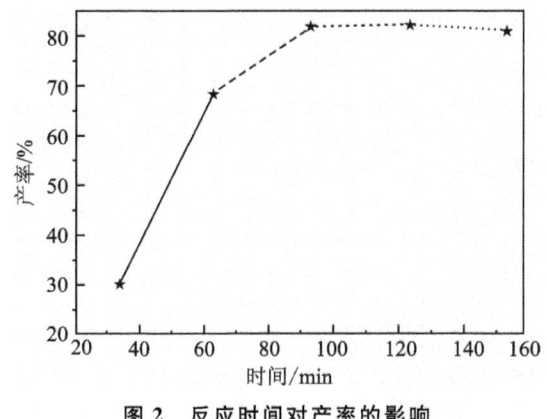

图 2 反应时间对产率的影响

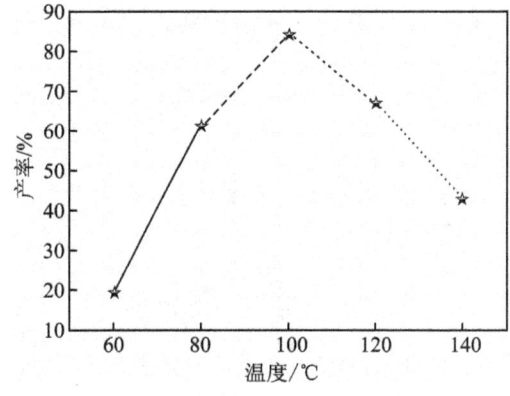

图 3 反应温度对产率的影响

由图 3 可知,温度对反应的产率影响较大,温度过低活化分子数较少,反应产率较低;但温度过高一方面由于 H_2O_2 在高温下易受热分解,另一方面氧化生成的己二酸在高温下受热也会脱酸或分解,最终导致产率也较低。因此,反应温度在 100 ℃ 附近为最佳的反应温度。

3.4 催化剂的用量对反应产率的影响

取 15 mL 30% H_2O_2、2.5 mL(24 mmol) 环己酮,100 ℃ 下回流反应 90 min,考察 10% HPW/SBA-15 用量对反应产率的影响,结果如图 4 所示。

由图 4 可以看出,10% HPW/SBA-15 的用量过低时,催化活性位点少,反应体系催化活性不够强,产率不高;10% HPW/SBA-15 的用量过多不仅会提高反应的成本,且由于磷钨酸本身也具有氧化性和强酸性会使得副反应增强,导致产率反而会有所降低。因此,催化剂的用量为 0.5 g/2.5 mL 的环己酮为佳。

3.5 催化剂的循环使用性

取 0.5 g 10% HPW/SBA-15、15 mL 30% H_2O_2、2.5 mL(24 mmol) 环己酮,100 ℃ 下回流反应 90 min,趁热滤出催化剂、烘干,然后再按前面实验操作重复反应,考察催化剂的重复使用性,结果如图 5 所示。

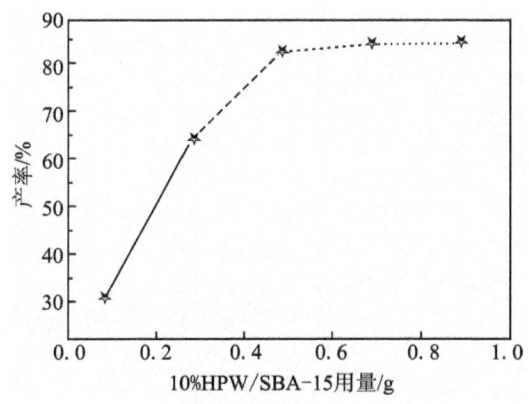

图 4 催化剂的用量对反应产率的影响

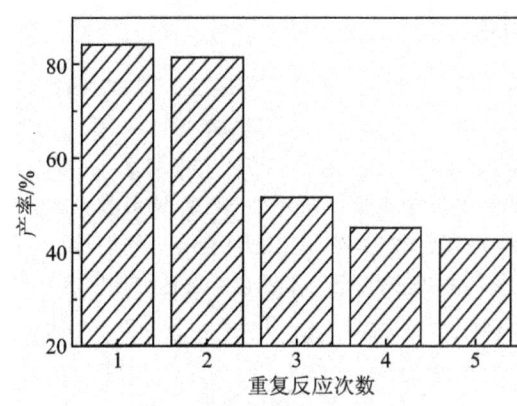

图 5 催化剂的循环使用性

由图 5 可知,催化剂连续使用 2 次催化效率都较高,但第 3 次使用的催化效率明显降低,这可能是由于 HPW 从 SBA-15 上脱落或 HPW 溶解的缘故所致;进一步使用其催化和未用 HPW/SBA-15 的效果相近,说明使用 3 次后催化剂基本失活,这一方面说明 HPW/SBA-15 催化该反应具有较高的催化效率,另一方面说明如何提高 HPW/SBA-15 稳定性有待进一步研究。

3.6 不同催化剂的催化效果比较

取 0.5 g 催化剂,15 mL 30% H_2O_2、2.5 mL(24 mmol) 环己酮,100 ℃下回流反应 90 min,比较不同的催化剂对反应产率的影响,结果如图 6 所示。

由图 6 可以看出,硫酸氢钠和氯化铝的催化产率都较低,可能是由于用量少其酸性强度不够所致;浓硝酸、对甲苯磺酸和磷钨酸都具有较好的催化效率,但这些催化剂一方面存在难回收的问题,另一方面会产生较多废水或有害物质污染环境,不符合绿色化学的要求;10% HPW/SBA-15 催化效果比单纯用磷钨酸的催化效率高得多,这可能一方面由于磷钨酸强酸性和氧化性所致,另一方面由于介孔分子筛 SBA-15 二维六方的介孔所致。

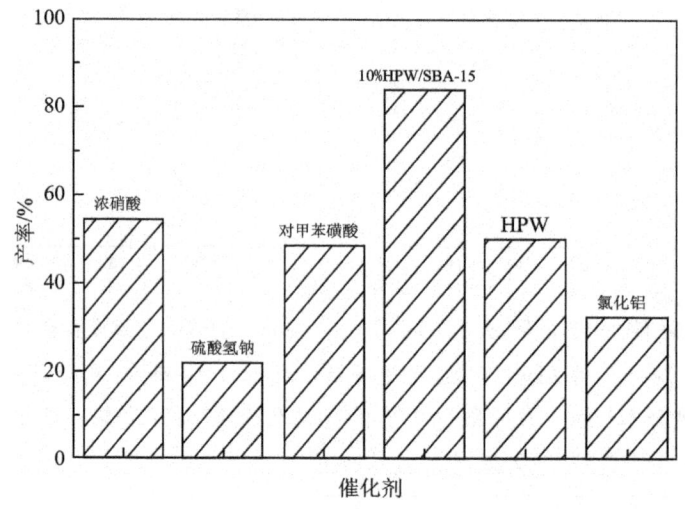

图 6 不同催化剂对反应产率的影响

4 结语

HPW/SBA-15 催化 H_2O_2 氧化环己酮合成己二酸,具有催化产率高、易回收、可循环使用等优点,是一种高效的绿色催化剂,尤其是 H_2O_2 氧化后还原成无毒无害的水,该方法为基础有机实验提供了一条绿色催化合成己二酸的教学路径[8]。而且通过反应条件的优化,减少原料用量,缩短了反应时间,提高了反应产率。总之,该实验方法具有安全、环保、反应条件温和、时间短、工艺简单、操作方便、收率较高等优势,完全可以替代本科基础有机实验中硝酸或高锰酸钾氧化环己酮合成己二酸的实验教学。

参考文献

[1] 邢旸,靳小平,李傲,等. 突破传统工艺的己二酸绿色合成方法研究[J]. 辽宁化工,2017(5):432-434.

[2] 李公春,鞠志宇,吴长增,等. 己二酸的绿色合成[J]. 实验室科学,2016(5):11-13.

[3] 滕巧巧,姜艳. 有机化学实验(3 版)[M]. 北京:化学工业出版社,2020:93-96.

[4] 曾绍琼. 有机化学实验(3 版)[M]. 北京:高等教育出版社,2000.

[5] 宁原锋,王建英,李智,等. 己二酸绿色合成催化剂的研究进展[J]. 煤炭与化工,2019(4):133-136,140.

[6] 冯颖,黄丽霞,冯秀霞. 己二酸绿色合成在实验教学中的应用[J]. 广东化工,2015(21):203-204,210.

[7] Zhao D,Feng J,Hou Q,et al. Triblock Copolymer Syntheses of Mesoporous Silica with Periodic 50 to 300 Angstrom Pores[J]. Science,1998,279:548-552.

[8] 杨一可,王皓,周慧,等. 磷钨酸绿色催化氧化环己酮合成己二酸[J]. 应用化工,2011(8):1340-1342.

计算机技术与应用

RISC-V 模型机汇编语言程序开发环境设计及教学应用

张伟涛,黄 力,袁晓光,任爱锋,全英汇

(西安电子科技大学 电子工程学院,陕西 西安 710071)

摘 要：在微机原理教学中,利用模型 CPU 比基于具体型号 CPU 开展教学具有指令集可灵活设置,通用性强等优势。RISC-V 架构是一个年轻且精简高效的开放指令集架构,非常适合于微机原理教学,然而目前微机原理教学中缺乏与 RISC-V 架构的模型机配合使用的汇编语言程序设计集成开发环境,无法实现模型机的机器码生成与分析。本文提出了一种 RISC-V 模型机汇编器设计方案,实现了 RISC-V 汇编语言程序设计集成开发环境,它具有源程序输入、编辑、汇编、调试、仿真等功能,能够生成 RISC-V 模型机上可执行的机器码文件,帮助学生更好地理解 CPU 的功能与结构,掌握微机接口设计等课程内容,也有利于激发学生基于开源架构设计和实现模型 CPU 的创新意识。

关键词：RISC-V 架构；实验教学；汇编语言

中图分类号：G642

Integrated Development Environment Design for RISC-V Assembly Language and Teaching Application

Zhang Weitao,Huang Li,Yuan Xiaoguang,Ren Aifeng,Quan Yinghu；

(School of Electronic Engineering,Xidian University,Xi'an 710071,Shaanxi,China)

Abstract：In the teaching process of microcomputer principles course, compared with specific CPU, a modeled CPU has the advantages of flexible instruction set and high generality. RISC-V is an open standard Instruction Set Architecture (ISA) enabling a new era of processor innovation through open collaboration, which is very suitable for the teaching of microcomputer principles course. However, there is a lack of an integrated development environment for assembly language programming with a model machine of the RISC-V architecture. This paper proposes a design scheme for RISC-V model machine assembler, and implements the RISC-V assembly language programming integrated development environment for teaching purpose. It enables the source program input, editing, assembly, debugging, and simulation, and can generate RISC-V machine code file which can be executed on the model machine. The proposed assembler can help students better understand structure and function of CPU, and better learn the microcomputer interface design method. Moreover, it motivates the students' innovative awareness of designing and implementing model CPUs based on open ISA.

Keywords：RISC-V architecture；experimental teaching；assembly language

1 引言

RISC-V 是一个基于精简指令集(RISC)原则的开放指令集架构,因其精简、开放、模块化的设计和高可

基金项目：教育部产学合作协同育人项目(项目编号：202102278057)
作者简介：张伟涛,男,副教授,主要从事机器学习、数字电路、微机原理的教学与研究工作。

定制的特点在工业界和教育界广受欢迎。随着面向 RISC-V 的处理器接连问世,围绕 RISC-V 建设完善的软件生态系统将会大大提高系统和应用软件的设计开发效率,并降低其维护成本[1-2]。鉴于以上原因,部分高校开始陆续采用 RISC-V 架构替换典型的 x86 架构或 ARM 架构来开展微机原理教学。

近年来,RISC-V 的硬件和软件生态均得到了长足的发展,基于 RISC-V 架构的微控制器(MCU)是目前 RISC-V 架构发展最活跃的一个领域,国内外众多 CPU 芯片厂商,例如 SiFive、Intel、华为、阿里平头哥、芯来科技等均已陆续推出了自研的 RISC-V 架构 MCU 产品,而且计算平台还在不断向高性能计算领域延伸。为了配合硬件完成应用开发,尽快建立 RISC-V 完整生态,芯片厂商也推出了相应的 RISC-V 应用集成开发环境(IDE),例如 Segger Embedded Studio IDE、IAR Embedded Workbench、HUAWEI LiteOS Studio、Lauterbach Trace32、Nuclei Studio IDE 等。以上集成开发环境大多是芯片厂商在 Eclipse 框架上开发的定制化 IDE,例如 HUAWEI LiteOS Studio 是基于 LiteOS 轻量级操作系统开发的工具,它提供了代码编辑、编译、烧录、调试及跟踪等功能,可以对系统关键数据进行实时跟踪与保存,支持基于 RISC-V 架构自研的 Hi3861V100 物联网芯片。除以上支持定制化芯片的 IDE 外,RISC-V 爱好者在开源社区里提供的 Jupiter 软件也是一款很受欢迎的 RISC-V 汇编语言程序设计、调试与仿真的工具软件。

虽然以上芯片厂商和开源社区推出的 RISC-V 硬件平台和开发工具功能完备,可靠性强,但并不适合学生课堂教学和实验教学,主要原因在于:①定制化的 SoC 芯片内部逻辑复杂,适合工程应用,但不利于学生理解微处理器的内部结构与功能,而且缺少微处理器设计的灵活性,不利于激发学生完成微处理器设计的创新思维;②基于 Eclipse 框架开发的定制化 IDE 只能支持特定厂商的 MCU,通用性差,且一般不支持使用汇编语言开发程序,生成的机器码文件可读性不强,不利于学生理解微处理器的工作原理和接口设计技术。此外,开源 Juptier 软件虽简单易用,但主要用于汇编语言程序的编辑、调试与仿真,不能生成机器码文件,无法与硬件配合工作。因此以上平台无法准确考核学生对知识点的理解情况与创新能力[3]。

鉴于以上原因,课程组在 FPGA 上开发了适合教学使用的 RISC-V 架构微处理器 IP 核,提高了微处理器设计和实现的灵活性。为了配合该模型 CPU 完成汇编语言编程和效果验证,论文开发了适合 RISC-V 架构的模型 CPU 汇编语言源程序设计、调试与仿真的软件,并能够生成可以在模型 CPU 上执行的机器码文件,帮助学生更好地理解和掌握 CPU 功能与结构、接口设计等内容。

2 汇编器设计

2.1 汇编器架构

为了使学生能够更好地了解 RISC-V 汇编语言的基本结构和指令集架构,熟悉掌握 RISC-V 汇编指令的使用方法,同时更好地理解 RISC-V 汇编程序运行的逻辑,应该为学生提供了一个友好的图形界面,方便学生对汇编语言源程序的编辑、调试操作,以及运行结果的显示,汇编器软件总体结构如图 1 所示。其中,程序的调试功能是汇编器的核心功能,包括单步执行和全速运行,用户在调试过程中可以清楚地看到程序的运行过程,还可以通过增加断点来控制程序的运行。软件可以模拟代码在硬件中的执行过程,通过内存查看

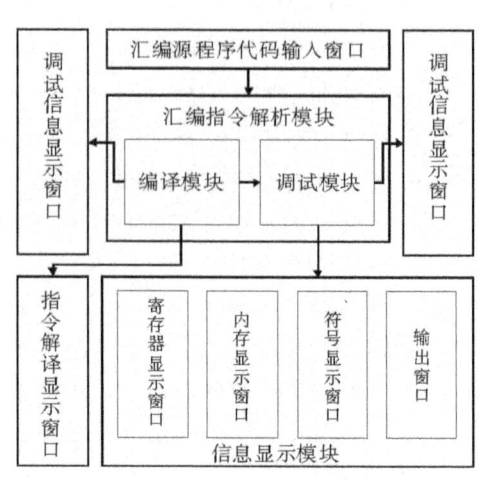

图 1 RISC-V 汇编器架构

窗口和寄存器查看窗口实时查看代码运行过程中内存区域和 CPU 的寄存器内容变化情况。

2.2 汇编器开发方案

汇编器开发主要包含两个部分的设计,即软件界面设计和功能设计,开发方案的功能结构如图 2 所示,开发过程中,以 C++ 语言编写代码实现相应功能,在 Qt 环境下设计软件界面。

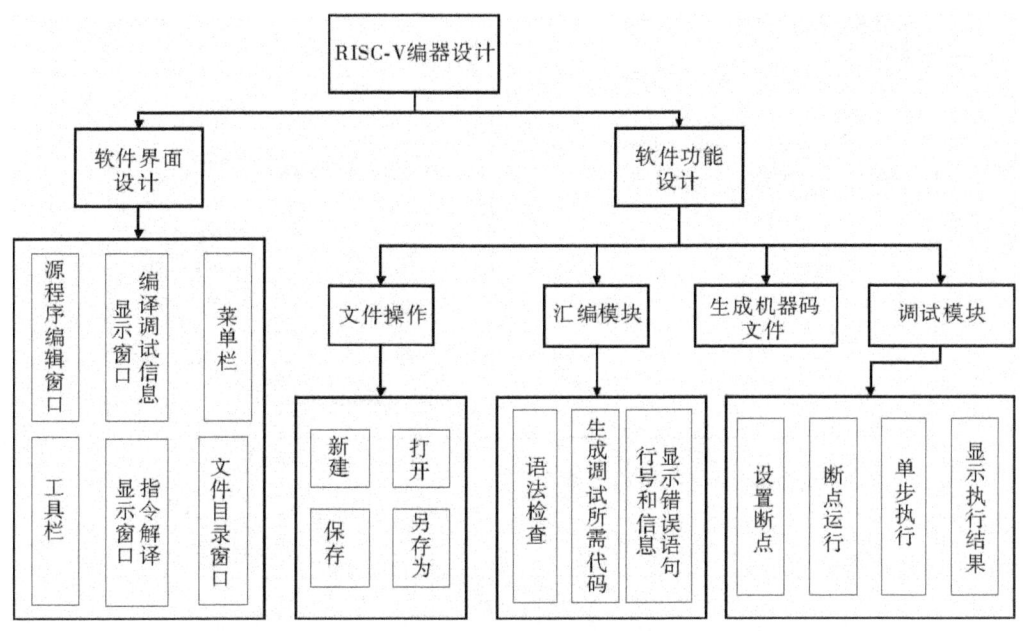

图 2 汇编器功能结构图

软件界面的设计应该给学生提供一个友好的图形用户接口,包括以下功能:

(1)源程序编辑窗口:提供代码编辑、行号显示、断点显示的功能。

(2)编译调试信息显示。

(3)菜单栏。

(4)工具栏,为常用功能提供快捷访问。

(5)指令解译显示窗口:显示汇编源程序解译信息,包括对应的基本指令语句,机器码以及内存地址。

(6)文件操作:显示汇编语言源程序目录结构,提供快速打开文件的功能。

设计的软件界面如图 3 所示。

系统功能设计应该主要由 3 个部分构成:RISC-V 汇编源程序文件的操作,汇编模块和调试功能模块。RISC-V 汇编源程序文件是以.s 文件为默认格式的,可以实现以下操作:

(1)新建文件。

(2)打开文件。

(3)保存文件。

(4)另存为新文件。

汇编模块和调试模块是软件的核心功能。汇编模块可以实现以下功能:

(1)能够对汇编源程序进行逐行检测,检查语句语法。

(2)显示出错的汇编语句的行号及出错信息。

(3)在成功通过编译操作之后,即可生成指令解译后的机器码以及调试运行所需的代码。

调试模块可以实现以下功能:

(1)单步执行汇编语言语句。

(2)设置运行断点。

指令执行后显示模型机状态。

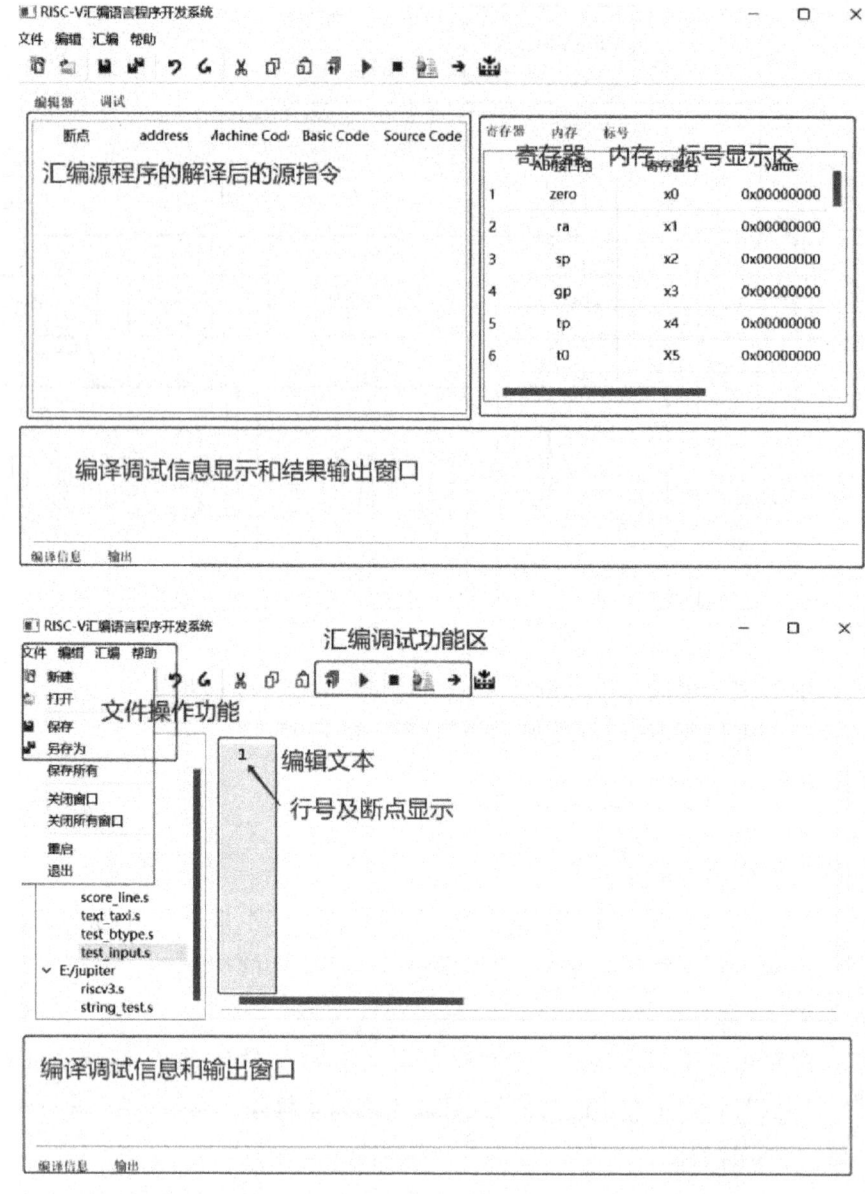

图 3 软件界面

3 汇编软件在教学中的应用

3.1 指令解译应用

```
1    .data
2      buffer: .string "xidian university 2022"
3
4    .text
5    .globl __start
6
7    __start:
8      li t6,22              # 字符串长度
9      la t0,buffer          # 取buffer的地址
10     call seteven
11
12     li a0, 10             # exit
13     ecall
14
15   seteven:                # 子程序seteven
```

图 4 伪指令部分程序示意图

在微机原理的课堂教学中,为了使学生更好地掌握和理解所学内容,配合编译器进行教学是一个很好的途径。在授课时,教师可以利用软件更加生动形象地对 RISC-V 汇编语言源代码的执行过程进行演示。例如,RISC-V 汇编语言源程序设计中可以利用伪指令使程序设计更方便,但这些伪指令并不直接对应着机器码,而是在程序汇编过程中被某些指令替换,伪指令被哪些指令替换是需要学生们掌握的。教师完全可以借助汇编器软件来对伪指令进行解译,这能够帮助学生更好地掌握 RISC-V 汇编指令和伪指令之间的对应关系。例如,在如图 4 所示的 RISC-V 汇编语言源程序中,la 和 call 都是伪指令,在实际执行的时候,la rd, label 被替换为 auipc rd,%pcrel_hi(label) 和 addi rd, rd,%pcrel_lo(label) 两条语句,call label 伪指令语句被替换为 auipc x1,%pcrel_hi(label) 和 jalr x1,%pcrel_lo(label) 两条语句,以上源程序经汇编后在软件调试窗口可显示编写的指令与伪指令混合代码和经替换后的指令代码,结果如图 5 所示,伪指令和指令的对应关系一目了然。

address	Machine Code	Basic Code	Source Code
0x00010000	0x00000317	auipc x6,0	auipc x6,0
0x00010004	0x00830067	jalr x0,x6,8	jalr x0,x6,8
0x00010008	0x01600f93	addi t6,x0,22	li t6,22
0x0001000c	0x00000297	auipc t0,0	la t0,buffer
0x00010010	0x07028293	addi t0,t0,112	la t0,buffer
0x00010014	0x00000097	auipc x1,0	call seteven
0x00010018	0x010080e7	jalr x1,16(x1)	call seteven

图 5 伪指令解译示意图

汇编器还支持显示汇编指令的机器码和内存地址的功能。在 RISC-V 汇编语言教学中,如何掌握指令的底层存储结构一直是学习的难点。如图 6 所示,32 位 RISC-V 指令集由 R、I、S、B、U、J 共 6 类指令组成[4],其机器码格式各不相同,可以利用汇编器对汇编语句进行解译,生成并显示相应语句的机器码,配合老师在课堂上的讲解,加深学生对汇编语言指令的理解。

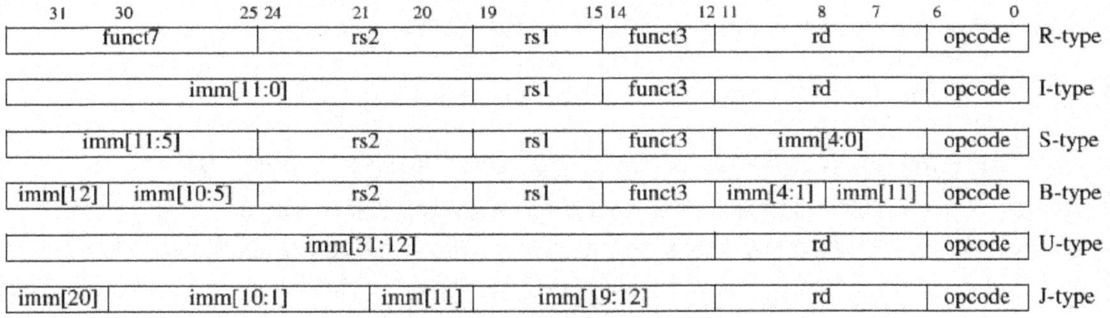

31	30	25	24	21	20	19	15	14	12	11	8	7	6	0	
funct7			rs2			rs1		funct3		rd			opcode		R-type
imm[11:0]						rs1		funct3		rd			opcode		I-type
imm[11:5]			rs2			rs1		funct3		imm[4:0]			opcode		S-type
imm[12]	imm[10:5]		rs2			rs1		funct3		imm[4:1]		imm[11]	opcode		B-type
imm[31:12]										rd			opcode		U-type
imm[20]	imm[10:1]			imm[11]		imm[19:12]				rd			opcode		J-type

图 6 32 位 RISC-V 指令类型及其编码格式

3.2 综合实验应用

在微机原理课程教学中,汇编语言程序设计实验是必不可少的学习环节,也是检验汇编语言语法和指令掌握熟练程度的方式[5]。一方面通过上机练习,学生可加深对课程内容的理解和掌握。另一方面,对汇编语言程序的调试、运行是进行程序查错、纠错的重要手段。

以数据的冒泡排序实验为例,图 7 为冒泡排序程序的部分代码,汇编器虽然能够检查源程序中的语法错误,但是无法查找逻辑错误。因此,当程序运行结果不正确时,就需要进行调试,查找逻辑错误。若源程序简单,那么逻辑错误容易发现,一旦程序复杂,就需要借助调试工具来查找错误。汇编器提供了断点设置和单步执行的功能,如图 7 所示,可以通过点击行号所在的侧栏来设置断点。在程序调试中,学生可以通过设置断点来确定错误的大致范围,再通过单步执行的方式精确定位到具体语句。

```
 8    __start:
 9
10        la t0,databuf
11        lhu t6,0(t0)        # 取数据个数
12        addi t0,t0,2
13        li t2,23
14        li t1,11
15    lp:                     # 产生一组随机数据保存进databuf中
16        sb t1,0(t0)
17        addi t0,t0,1
18        add t1,t1,t2
19        addi t6,t6,-1
20        bgtz t6,lp
21
22    #排序
23        la t0,databuf
24        lhu t6,0(t0)
25        addi t6,t6,-1       # 外循环次数
26        addi t0,t0,2
27        add t0,t0,t6        # t0指向databuf的末地址
```

图 7 断点运行示意图

此外,单一的仿真实验并不能很好地检验学生对微机原理和接口设计的掌握情况,汇编器可以生成可供下载到FPGA模型机的机器码文件,配合开发的RISC-V架构的模型机,学生可将其下载到模型机中进行检验。软硬结合的方式能更好地帮助学生理解课堂的教学内容,提高学生的动手能力和解决实际问题的能力。

4 结语

以 FPGA 为硬件平台实现的某一指令集架构的 CPU 需要对应的汇编软件来设计程序,并且需要生成能够让 CPU 执行的机器码。本文开发了 RISC-V 汇编语言源程序设计和仿真的软件平台,软件可以完成汇编语言源程序的编辑、汇编、调试、机器码生成等功能,生成的机器码文件可以刻录到模型 CPU 中,通过实验结果验证程序功能。针对当前微机原理教学改革对指令集架构的更新,开发的软件能够很好地应用于 RISC-V 汇编语言程序设计实验中,有助于学生理解指令集架构。在教学中,若结合 EDA 工具和 FPGA 逻辑设计,可以进一步激发学生设计定制化的模型 CPU 的创新思维。

参考文献

[1] 刘畅,武延军,吴敬征,等.RISC-V 指令集架构研究综述[J].软件学报,2021,32(12):3992-4024.

[2] 林金龙,何小庆.深入理解 RISC-V 程序开发[M].北京:北京航空航天大学出版社,2021.

[3] 陈宓宓.提高自主学习能力和创新意识是参与式教学的目标[J].吉林省教育学院学报,2014,30(1):27-28.

[4] D A Patterson, J L Hennessy. Computer Organization and Design (RISC-V Edition)[M]. Morgan Kaufmann Publishers, Elsevier,2017.

[5] 刁红军,杨季文.汇编语言实验教学与实践[J].计算机教育,2015(15):97-99.

实验室建设与管理

基于目标控制措施的实验室气瓶安全管理

赵文霞,刘长宏,宋典达,赵 方

(辽宁师范大学 资产管理处,辽宁 大连 116052)

摘 要:目标控制措施是取得目标控制理想成果的重要手段。基于项目管理的理念,将项目目标控制中的组织措施、技术措施、经济措施、管理措施、合同措施运用到气瓶采购、存放、使用、处置周期管理中,形成气瓶管理新思路,达到科学和规范管理的目的。结合我校气瓶管理实际,重点介绍气瓶安全管理的责任体系和制度建设、存放和使用阶段所采取的技术和气瓶管理信息化建设、经费投入、安全检查和隐患整改、档案管理等环节所采取的措施。从组织、技术、经济、管理和合同5个方面构建以安全为目标的气瓶安全管理体系,为高校气瓶安全管理提供参考。

关键词:目标控制;项目管理;措施;气瓶安全管理

中图分类号:X931

Safety Management of Gas Cylinders in Laboratories Based on Objective Control Measures

Zhao Wenxia, Liu Changhong, Song Dianda, Zhao Fang

(Asset Management Division, Liaoning Normal University, Dalian 116052, Liaoning, China)

Abstract: Objective control measures are important means to achieve the ideal results of objective control. The objective control of organizational measures, technical measures, economic measures, management measures and contract measures are applied to the cycle management of the gas cylinders in the procurement, storage, use of cylinders and disposal based on the management concept of project management, forming the new idea of gas cylinders management to achieve the purpose of scientific and standardized management. In combination with the management practice of gas cylinders, this paper expounds upon the measures of gas cylinders safety management responsibility system and system construction, gas storage and use of the phase of technology and information construction of gas cylinders management, funding investment, safety inspection and hidden danger rectification, and file management. This paper constructs safety management system of gas cylinders from five aspects such as organization, technology, economy, management, and contract to provide reference for the safety management of gas cylinders in universities.

Keywords: objective control; project management; measures; safety management of gas cylinders

1 引言

实验室是开展实验教学和科研活动,培养学生实践能力和创新精神的重要基地。随着经济的发展,高校招生规模不断攀升。符合条件的普通本科,国家鼓励改为应用型本科,因而高校实验室数目显著增加。实验室安全管理难度明显加大。对于师范类高校来说,实验室安全管理以理化实验室为重点。气瓶是理化实

作者简介:赵文霞,女,硕士,实验师,主要从事高校实验室安全管理工作。

室使用最多的特种设备。由于气瓶数量多且气体种类复杂,充装气体通常具有易燃、易爆、有毒、强腐蚀等特性,因此气瓶具有双重危险属性,存在巨大的安全隐患。近几年来,实验室气瓶安全事故不断发生[1]。2009年7月浙江大学化学专业实验教师由于输气管连接错误,导致1名博士生身亡。2015年4月中国矿业大学南湖校区化工学院实验室发生储气钢瓶爆燃事故,爆炸原因是实验用气的违规配制,造成4人受伤1人死亡。2015年12月清华大学化学系孟姓博士后进行催化加氢实验,氢气瓶意外爆炸起火身亡[2-4]。这些事故的发生有着复杂多样的原因。其中人的因素是造成气瓶安全事故最重要的原因。一旦气瓶发生事故,通常会引起火灾或中毒,甚至引发严重的财产损失、人员伤亡和环境污染等灾难性事故。高校气瓶管理形势严峻,为了避免或减少气瓶类安全事故的发生,急需建立一套符合学校自身实际情况的气瓶安全管理体系。目标控制措施是目标控制取得理想效果的重要手段。将目标控制措施的思想引入高校实验室气瓶安全管理体系建设中,对实验室气瓶安全管理具有一定的意义。

2　目标控制措施

项目目标控制分为主动式和动态式两种。主动控制是事先分析可能造成目标偏离的因素,并通过相应的措施达成目标。动态控制是将项目目标计划与实际情况定期比较,发现目标产生偏差时,采取相应措施。目标控制是为了实现项目管理目标,采取措施纠正偏差的活动。目标控制的措施一般可归纳为5个方面:组织措施,技术措施,经济措施,管理措施,合同措施。

组织措施是最重要的措施,是采取其他措施的先决条件和重要保证。对因组织原因影响项目目标实现的问题进行分析,通过对项目组织架构、管理职能、项目管理团队等进行调整实现优化配置。管理措施是对因管理原因影响项目目标实现的问题进行分析,并通过调整管理的方法和手段等措施来达成目标。经济措施是通过加快落实项目资金、加大投资力度、运用各种经济手段来保证和激励当事人达到预期目标。技术措施是通过调整方法和技术手段达成目标。合同措施是通过合同执行情况的分析和跟踪管理,建立合同台账和评价评审制度,认真做好合同有关文件资料的整理、存档、归档等工作[5-7]。

项目为了达到预期目标,需要从组织、技术、经济、管理和合同5个方面采取措施。通过相应的措施控制项目的质量、进度、成本和安全。对于高校气瓶管理来说,目标控制是保证安全。实验室气瓶的管理主要涉及采购、存放、使用和处置环节。结合学校实际将项目目标控制中的措施运用到气瓶管理中,分别从5个方面提出提升高校气瓶管理水平的具体措施,围绕气瓶管理的关键环节建立气瓶安全管理体系,探索气瓶管理新思路。对于减少气瓶类实验室安全事故具有参考作用。

3　组织措施

3.1　建立实验室安全责任体系

责任体系是落实和开展气瓶管理的基础。将气瓶的采购、存放、使用和处置全面纳入学校实验室安全管理责任体系。学校设立实验室与危化品安全领导专项组,强化和落实主体责任。组长由主管校长担任,成员由各相关职能部门、学院和直属单位主管领导组成。资产管理处在学校实验室和危化品安全领导专项组的指导下,组织开展全校实验室安全管理工作。党政一把手是学院安全第一责任人。切实将各环节、各实验室的安全责任真正落实到实际行动中去,不断夯实实验室安全工作基础,建立学校层面和院系层面的安全责任体系,制定"实验室气体销售服务、安全承诺书",要求每个实验室在采购气体时,要与供应商签订安全承诺书。明确和落实实验室气瓶管理的安全责任[8]。

3.2　完善实验室安全管理制度

学校制定了一系列关于气瓶管理的制度和规程。学校制定了《实验室安全风险分级管理办法》。在办法中,将实验室安全风险划分为4个等级,相应的安全风险程度分别为高度危险、危险、较危险、一般危险。其中,将有毒易燃易爆气瓶列为高度危险等级,纳入一级实验室管理;非有毒易燃易爆气瓶列为危险等级,纳入二级实验室管理。同时学校还制定了《实验室安全责任追究管理办法》,对无视事故隐患整改工作、拒绝进行整改、整改不彻底、整改没有通过检查验收的责任部门及相关人员,将给予严肃批评和处理。对因整改不到位造成安全事故的相关人员追究责任。《危险化学品全周期安全管理办法》对气瓶的采购、运输、储存、保管和处置的流程进行了规范。供货商进入采购平台应具备国家有关法律法规规定的资质。购买备案证明及相关资料原件由保卫处存档,资产管理处存档复印件。运输须由有运输资质的供应商负责。出入库严格管理,建立气瓶详细台账。实验室气瓶超过服役期限需要废弃时应与专门的危险气体处理机构联系。《气瓶安全使用制度》对气瓶的存放和使用作出了规定。学校按照国家市场监督管理总局颁布的《气瓶安全技术规程》,科学设计实验室气瓶安全隐患排查项目、检查要点,制定《实验室气瓶安全隐患排查项目表》,对于定期开展的气瓶安全隐患排查工作提供了依据。在"检查项目"表中,设计检查项目12项:责任人及责任体系;制度与规范;气瓶附件;供应商资质;气瓶检验标志;气瓶标识;气瓶存放;气体报警装置;气体管路;倾倒隐患、泄漏隐患和爆炸隐患排查,并对检查项目制定了详细的检查要点[9-10]。学校制定《实验室安全教育与准入管理办法》,规定了学生需要在实验室安全学习考试系统在线学习2学时并且考试合格方可进入实验室。同时学校还制定了《实验室安全事故隐患及整改管理办法》,确保了安全隐患可以得到及时处理。

学校每隔一段时间会向各学院征求相关制度的修改意见,请各学院认真组织研讨提出意见。各学院等二级单位结合本单位实验室的特点,制定了气瓶突发安全事故应急预案,加强实验人员及技术人员应对突发事件的基本能力。

4 技术措施

技术措施包括传统的技术措施和气瓶管理的信息化技术,传统的技术措施主要是针对气瓶的存放和使用阶段所采取的安全措施。对于存放阶段的技术措施主要包括气瓶存放地点的环境、存放设施、存放量、摆放位置和方式的要求。对于使用阶段的技术措施主要是指气瓶使用的规则、技巧和注意事项。例如,使用气瓶时要站在气瓶的侧面,动作要缓慢,这样才能减少静电的产生。瓶内的气体不能耗尽,一定的剩余压力必须保留。

随着大数据、物联网和人工智能技术的发展。传统的技术措施已经不能满足现代高校实验室气瓶安全管理的要求,将信息化技术应用于气瓶安全管理,构建信息化管理模式已经迫在眉睫。一是条码技术。采用二维码技术对气瓶进行条码化管理,做到"一瓶一码",实现气瓶管理的科学化、规范化。二是开发信息化平台。打造危险化学品全周期安全管理平台。将气瓶信息录入软件,对气瓶的采购、存放、使用、处置全过程进行信息化管理。三是人脸识别技术。实验室具有人员复杂、流动性大的特点。管理起来难度较大,人脸识别技术应用于气瓶管理中既可以保障安全又可以减少人力成本[11]。

5 经济措施

经济措施是要保障用于气瓶管理的经费充足和建立气瓶管理的奖惩机制。学校每年有用于气瓶管理的常规经费,主要用于气瓶管理人员的安全培训、气瓶安全检查、隐患整改和废物处置。学校、学院和课题组需有专项经费,主要用于气瓶柜、气体报警器等设备的购置和管路改造等阶段性工作。同时引入考核机制,将气瓶安全管理纳入学校年度考核工作中,对实验室管理人员表现突出的,给予适当的经济奖励,对在考核评价中不认真履行职责的个人,给予通报批评、处罚。做到奖惩分明,有利于增强实验室管理人员的工作热情。

6 管理措施

管理措施主要是对气瓶搬运、使用、存放和处置过程实施安全隐患检查、隐患整改全过程的闭环管理。对数据库、气瓶安全风险点及近年来日常监督检查中发现的问题进行全面梳理,重点对检测、标识、报警等要素进行排查。对气瓶清单实行常态化、专门化和动态化管理。同时,按照自采和租借实施分类监管,自采气瓶实施与供气商置换模式,使用检验合格并在检验期内的气瓶,气瓶需要有检验标志和状态牌,确保教学科研安全使用气瓶。委托具有资质的检验机构定期对气瓶的安全状况进行检测。超过使用年限的气瓶需要联系专业厂家进行处置。加大气瓶安全检查力度,实验室每天进行常规的自查,学院安全检查小组进行定期检查,资产管理处组织对各学院实验室气瓶进行定期和专项检查[12]。校内专家组不定期进行巡查。建立实验室、学院、主管部门和职能部门紧密衔接的安全隐患处理机制,为确保气瓶安全检查的科学性和规范性,在排查隐患时,及时做好记录和反馈排查结果。针对气瓶本身的安全检查主要有倾倒隐患排查、泄漏隐患排查、爆炸隐患排查。倾倒隐患排查是检查气瓶是否加装固定链或固定架,有没有摆放在过道等人员流动性大的区域。泄漏排查是检查气瓶外观涂层是否完好,是否超限服役,充装有腐蚀性气体的气瓶是否在使用过程中出现界面腐蚀,瓶壁逐渐变薄,造成泄漏隐患。爆炸排查是检查气瓶是否放在阳光直射、明火或其他高温热源附近,是否专瓶专用,如氢气瓶改作氧气瓶等[13-15]。在隐患整改方面,学院能够自行解决的隐患要及时采取整改措施,学院暂时无法解决的安全隐患,须向学校有关部门报告,并采取临时性安全措施保障气瓶的正常使用,同时学校定期进行"回头看"保障整改措施落实到位,总结经验,实现气瓶安全的标准化管理。学校还需要加强气瓶管理人员的安全培训和宣传教育。将气瓶安全管理相关内容纳入"实验室安全教育考试题库"。将气瓶安全教育培训工作制度化和常态化。通过把气瓶使用制度、操作规程整理后制作标牌、上墙等形式达到提醒警示作用,使广大师生及员工的安全意识和自我防范能力得到全面提高。

7 合同措施

合同措施主要是资质证书、台账、相关技术资料和安全工作档案的审核、整理和归档。各学院要严格气体供应商资质审核,审核的主要内容包括:营业执照、《危险化学品经营许可证》、道路运输经营许可证或气体委托运输协议、实验室气体销售服务安全承诺书(以上资质都要在有效期内)。根据需要办理、保存《特种设备使用登记证》和作业人员的资质证书。做好安全附件和气瓶检查、校验的台账记录、更新和保存工作。整理和保管好气瓶使用说明书、安全手册、操作规程等技术资料。建立奖惩、教育培训、安全检查和隐患整改等安全工作档案,做到分类规范合理,便于查找。

8 结语

在加快双一流建设的过程中,实验室安全管理是关键环节。其中,安全使用压力容器是实验室安全的重要环节。气瓶是高校使用数量最多的压力容器。然而针对气瓶的管理并没有统一的标准,因此我们务必要认识到气瓶安全的重要性,积极探索提高气瓶安全管理水平的新方法。本文将项目管理目标控制措施运用到气瓶的管理当中,开拓气瓶管理新思路。结合学校实际,从组织、技术、经济、管理、合同5个方面基于项目管理理念所采取的措施建立气瓶管理安全体系,提升学校气瓶管理水平,同时为其他院校实验室气瓶安全管理提供参考。

参考文献

[1] 常生华,翁秀秀,侯扶江.高校实验室安全管理现状分析与研究[J].实验技术与管理,2016,33(1):229-231.

[2] 叶元兴,马静,赵玉泽,等.基于150起实验室事故的统计分析及安全管理对策研究[J].实验技术与管理,2020,37(12):318-322.

[3] 甘圣义,文方林,聂冬梅,等.2010—2019年国内高校及研究院所实验室涉化类消防安全事故原因分析及对策研究[J].科技与创新,2021(7):32-36.

[4] 刘长宏,赵方,宋典达,等.安全检查提升实验室保障能力的研究与实践[J].实验技术与管理,2019,36(1):9-11.

[5] 易宗平.对工业企业项目成本管理和控制措施的研究[J].管理观察,2015(10):58-60.

[6] 卢春范,刘海哲.浅谈大型工程项目目标控制重点[J].低温建筑技术,2013,35(10):135-136.

[7] 臧巨宝.基于目标管理的房地产开发项目成本控制探讨[J].居业,2020(7):125-126.

[8] 杨锐明,禚玉群.基于组织措施和技术措施的高校实验室气瓶安全管理[J].实验技术与管理,2019,36(12):252-255.

[9] 李冰洋,黄开胜,艾德生,等.高校实验室用气安全注意问题与解决方案[J].实验室研究与探索,2021,40(6):295-300.

[10] 高玉坤,王树祎,张英华,等.高校实验室气瓶安全标准化管理研究[J].实验技术与管理,2017,34(5):259-262.

[11] 陈力,肖晨剑.基于冗余设计的高校实验室安全管理[J].实验技术与管理,2021,38(7):279-281.

[12] 程世红,马旭炅,白德成.高校实验室气体钢瓶的安全管理探讨[J].实验技术与管理,2012,29(4):216-218.

[13] 王勤.基于"五位一体"安全管理体系下的实验室安全检查工作路径探索[J].实验技术与管理,2019,36(11):8-14.

[14] 孟国忠,农春仕.基于PDCA循环的大型仪器实验室安全管理体系建设与实践[J].实验技术与管理,2020,37(12):300-316.

创新创业教育背景下专业实验室创新建设

范文学[1,2]

(1 内蒙古工业大学,内蒙古 呼和浩特 010051;

2 沙旱区地质灾害与岩土工程防御自治区高等学校重点实验室,内蒙古 呼和浩特 010051)

摘 要:依据创新创业教育的发展目标,从师资队伍配备、实验项目设置、实验室布局、设备优化及教学方法改革等方面进行实验室建设研究,提出了正逆混合教学模式,以培养思维活跃,具有创新能力的人才。

关键词:创新创业教育;实验室建设;正逆混合教学模式

中图分类号:G482

Innovation Construction of Professional Engineering Laboratory under the Background of Innovation and Entrepreneurship Education

Fan Wenxue[1,2]

(1 Inner Mongolia University of Technology, Hohhot 010051,
Inner Mongolia Autonomous Region, China;

2 Key Laboratory of Geological Hazards and Geotechnical Engineering Defense in Sandy
and Drought Regions at Universities of Inner Mongolia Autonomous Region,
Inner Mongolia University of Technology, Hohhot 010051, Inner Mongolia, China)

Abstract:According to the development goal of innovation and entrepreneurship education, the laboratory construction was studied from the perspective of teaching staff constructing, experimental projects setting, laboratory layout, equipment optimization and teaching reform. The positive and negative mixed teaching mode was proposed and improved to cultivate talents with active thinking and innovative ability.

Keywords:innovation and entrepreneurship education; laboratory construction; the positive and negative mixed teaching mode

1 引言

自党的十八大以来,针对高校本科教学改革及高校就业等方面提出了一系列指导方针政策,表明从国家层面要切实提高高等教育质量,并把创新创业教育提升到一个举足轻重的地位。而实验室是大学生接触实践教育、激发创新能力的最初的、最基础的、最有效的教学支撑,所以改变传统实验室的建设理念,强化其创新创业作用,对大学生的创新创业教育有着至关重要的作用。

近些年针对创新创业及实验室建设相关改革的研究比较多,黄国盛等人[1]分析了十八大以来国家对创

基金项目:内蒙古自治区高等学校科学研究项目(NJZZ21020);2020年内蒙古工业大学本科教学改革研究项目(2020356)

作者简介:范文学,男,博士,高级实验师,主要研究方向为实验室建设及管理。

新人才的重视程度,指出当下各大高校实验室队伍建设对创新性人才培养的支撑无力;提出实验室对创新创业人才培养的重要性,并认为要合理配置实验室队伍、加强实验室间人员的交流学习、加强实验室人员与企业员工的交流学习。晶晶[2]对内蒙古科技大学的创新创业教育进行调研,发现目前从学生到教师对创新创业教育的内涵并未达到深层次的了解,且创新教育模式单一,理论强实践弱,推广力度不强,师资力量薄弱。赵海霞[3]系统分析了创新创业教育的内涵,明确了创新教育、创业教育、创新创业教育、就业教育及专业教育间的区别与联系;并分析了目前内蒙古地区创新创业教育的现状,指出创新创业教育中的实践环节严重不足,并提出了三段教育模式,即理论、模拟、实践的阶梯教学模式。薛成龙等人[4]对"十二五"期间的创新创业教育进行了整理归结,指出高校教学实验室建设是大学生创新创业教育的重要支撑,肯定了近些年国家、地方在实验室建设方面的投入力度,但也提出了发展中的不足,即系统性、整体性以及协调性有待进一步加强。高原[5]认为创新创业教育的目的在于培养创新创业精神和能力,以电子信息类计算机基础实验改革为例,说明实验室及实验项目建设要针对创新创业人才培养需求进行,要考虑其长期性、综合性、实用性、广泛性和延续性。柳文媛[6]等人以药学类综合性实验为研究对象,说明综合性实验有利于培养学生系统的专业研发思维以及对实验技术的综合运用能力,能进一步提升学生的创新创业思维。徐晓辉等人[7]指出培养人才的创新创业能力是大学教育尤其是实验实践教学的一项重要任务,高校的实验实践教学就是要培养人的想象力和知行一体化,所以说没有具体的实验就没有真正的创造、创新,也就无法实现所谓的创业。邹艳芳等人[8]分析了创新创业教育与实验教学相互间具有很强的促进作用,创新创业项目能激发学生学习的主动积极性,通过检索信息、发现问题、分析问题并对解决问题进行方案设计,加强了实验项目的综合性、设计性、科研性及创新性,使学生真实地参与到实验项目中,从实验的机理、设备需求、实验过程、拓展应用等方面进行全面掌握,以培养解决实际工程问题的能力[9]。曹蕾等人[10]研究了专业实验室与创新创业实验室的有效融合,认为专业是基础,创新是拓展,只有在专业知识的支撑下才能实现专业知识与创新创业知识从结网建构到转化创造的价值融合。

通过以上文献分析可见,实验室建设在创新创业教育中有着举足轻重的作用,但目前文献中涉及的实验室建设大多考虑的是实验室人员的结构配置全面化,而未强化实验指导人员的团队性以及应具有较强的创新创业意识;考虑的是实验室场地的扩大化、实验设备的专业化,而未提供足够独立空间、多元化设备以便创新思维的激发;考虑的是理论课程应配置对应实验项目,虽有设计类及综合类实验,但仍紧扣专业,指导思想陈旧,并未形成跨学科、多维性综合实验项目。总的来说,高校实验室基本就是理论教学的附属品,是验证和加深理解理论课讲授知识的工具,忽视了实验是培养学生发现问题、分析问题、解决问题的能力及培育具有创新能力的高素质人才不可或缺的环节,所以为了进一步推动大学创新创业教育的发展,应在充分考虑大学生创新创业与社会实践需求的前提下,改变实验室传统地位,对实验室软硬件进行综合分析,探索一套适合创新创业人才培养的新型实验室模式。

2 改变传统,挑战未来

创新创业教育[11-12]是以培养具有创新意识、精神、思维、人格及创造能力的创新人才为目的的教育活动,是不同于传统的接受式、填鸭式及守成式的教育形式,所以实验室的改革不能是单一方面、片面的改革,而是依据创新创业教育标准进行全面的改革,是改变传统"以教为中心,辅助理论教学为目的"的实验教学模式,建立"以学为中心,激发创新激情"的综合性、设计性实验教学模式。

2.1 团队重组,优化梯队

实验项目指导人员体系要抛弃传统"一锅烩"的模式,进行人员优化组合,形成具有创新思维的专业化团队。提升师资队伍综合技能水平,建立具有层次性的梯队,以创新思维的建立、创新活动的进行及创业实践的行动为指导思想进行专业实验室师资队伍的组建研究。师资队伍中应包含4个梯队,第一梯队为专创融合人才,主要实现实验项目的创新,并不断进行思路拓展,该梯队的人员一般资历较高并且有过不同相关企业工作或学习的经历,熟悉相关企业对采矿工程人才的需求;第二梯队人员负责实验项目设计,在专业基础知识的支持下与企业需求进行对接设计,该梯队人才属于中高级资历,有过企业经历并参与过相关竞赛;第三梯队人员负责实验项目的具体实施,该梯队人才一般为思维活跃的青年教师并参与过相关竞赛;第四梯队人员为实验项目信息搜集及反馈人员,主要与第二梯队人员对接。

2.2 项目驱动,突破枷锁

实验项目辅助化、专用化、单一化是目前高校实验课程的通病,要想培养学生的创新创业思维,必须对现有实验项目制定模式进行改革。

依据专业培养方案及就业去向,逆向设计大四到大一的实验项目,从启发性、延续性、综合性、设计性、专业创新性等递进特性对实验项目进行改革。首先,减少验证性实验,增加启发性实验,即让学生通过实验现象归结理论规律;其次,实验项目要综合基础知识和专业知识开发出一系列具有延续性、综合性的项目而不是单一片段性的项目;之后,要设定一些知识点问题,激发学生通过已完成实验项目的启发性和延续性自主设计一系列实验项目以解决给定知识点问题;最后,引导学生结合专业知识、大学生各种竞赛项目及就业单位需求进行独立创新实验研究,加强学生的实践能力。

2.3 空间设计,激发灵感

实验室结构布局模式的固定化,在很大程度上限定了创新思维的激发,所以实验室结构布局要形成一个具有多维创作的空间模式。

根据大学期间学生发展特性及需求,改变以往功能单一、大小相同、布置类似、空间狭小的封闭式的实验空间,形成一个灵活的三环式塔形空间布局(图1)。

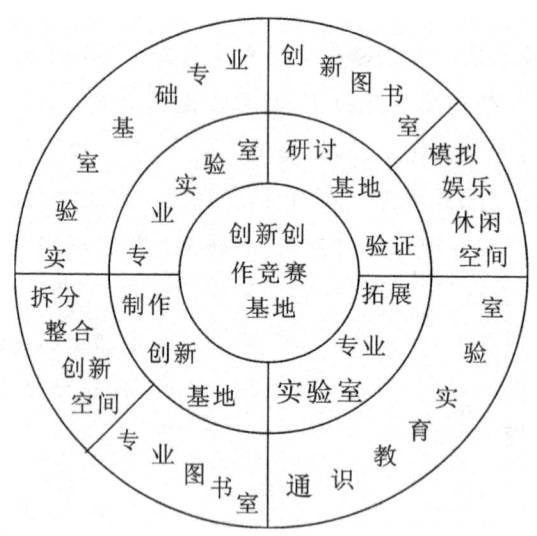

图1 三环式塔形布局图

三环式塔形空间布局的最底层为创新创业教育的启蒙场所,包含基础实验室、资料室,以及布置自由的创作空间;中间层为大二、大三学生的主场,结合专业进行拓展创新训练、创业规划;顶层为特大空间场所,既互通又独立的创作竞技场所。这些实验室的空间设计融入了人文艺术、思政要领等艺术元素,有小空间的、大空间的、错层的、挑高的、封闭的、开放的,等等。实验室的性能也有所不同,有单纯做实验的,有理论学习的,有制作创新的,有竞技表演的,等等。所有的这些性能容纳到一个有限的区域,通过丰富的资源、同辈的互助、信息的刺激,既可以高效完成某一任务,也可激发创作思维、创业信念。

2.4 软硬兼备,战无不胜

说一千道一万,软硬兼备方可出战,没有配套的设备,实验只是个口号。传统的高校实验设备没有形成一个良好的配比,有的专业实验室一堆演示模型,有的实验室设备昂贵无法运行,有的实验室设备缺零少件,等等,使得实验项目无法顺利进行,谈何创新。

实验教学依据现行创新创业思维标准,前期组织团队进行设备购置讨论,形成一个"理论转化—模拟引导—实践创新"的虚实设备配置体系,把有限的资金转换成无限的资产。实验室设备不仅要有专业实验设备,也要有普通的拆装工具、加工工具、多媒体播放功能设备、查询功能设备、便于讨论比赛的设备等,以便学生独立动手完成实验项目或自主创造实验项目。就采矿工程而言,该专业的当家设备必须是实体真实的设备,比如岩石抗压、剪切等设备;采矿工艺工程设备则可以虚实结合;针对采矿工程模型比赛,则需要提供一些必要的机械加工设备,比如车、铣、钻、磨、剪切、折弯、锯等设备。

3 教无定法,贵在得法

改变传统以教为主,正向施教的教学模式,提出正逆融合教学模式。首先建立学习团队,以项目驱动的模式进行实验教学并激发创新成果的产生。可以通过科技创新社团组的建立,以循序渐进的方式,组织学生在不同的实验基地交叉进行基础实验项目、专业实验项目及创新性实验项目。图2为实现创业的技术路线图。

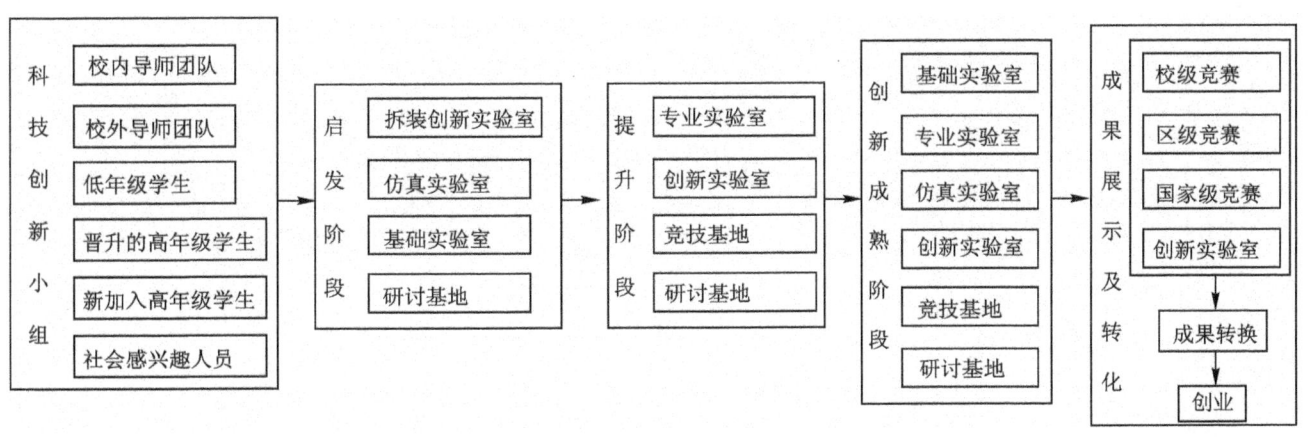

图2 技术路线图

根据图2实现过程可见,首先,各年级的大学生都会加入科技创新社团的不同小组,每个小组的学生均为大一到大四的学生,每个小组的实验项目也不完全相同,但每个小组的实验项目是循环进行的,所以学生进入小组后按照小组正在进行的实验项目依据个人能力参与实验过程,每个实验项目的设计会保证每个学生都能进行一个完整循环,但最后每个学生需要进行实验过程整理,以形成一个从前到后的完整实验报告。报告完成后学生能力基本达到创新成熟阶段,可根据更高层次的项目进行驱动,完成新一轮的创新,并参加竞赛等活动,使得思维想法转化为实际成果。也就说整个教学过程并不固定,有的项目的学习过程是由易到难,有的则是由难到易,正向、逆向思维综合进行培养。

4 总结

(1)根据创新创业教育特性,对专业实验室从人员配备、实验室项目设计、实验室布局及设备配置等方面进行了创新研究,对创新性人才培养具有一定的提升作用。

(2)进行实验教学方法的研究,提出了正向、逆向思维综合人才培养模式。

参考文献

[1] 黄国盛,夏明华,颜琳.创新创业教育背景下地方高校实验室队伍建设[J].实验技术与管理,2018,35(2):244-247+265.

[2] 晶晶.内蒙古地区高校创业教育现状调查及对策研究——以内蒙古科技大学为例[J].新西部,2018(6):27-28+26.

[3] 赵海霞.内蒙古地区高校创新创业教育现状及对策研究[D].呼和浩特:内蒙古农业大学,2017.

[4] 薛成龙,卢彩晨,李端淼."十二五"期间高校创新创业教育的回顾与思考——基于《高等教育第三方评估报告》的分析[J].中国高教研究,2016(2):20-28,73.

[5] 高原.创新创业教育背景下电子信息类计算机基础实验改革[J].实验技术与管理,2017,34(5):18-21.

[6] 柳文媛,李志裕.深化创新创业教育背景下药学类综合性实验的设计[J].药学教育,2016,32(2):61-63.

[7] 徐晓辉,兰草.高校创新创业教育实验教学模式的探索[J].实验科学与技术,2014,12(6):161-164.

[8] 邹艳芳,章立新,高明,等."大学生创新创业训练计划"与实验教学的协同关系[J].实验技术与管理,2016,33(9):172-173,185.

[9] 刘丽,赵晓明,冯庆付,等."大众创业,万众创新"指引高校创新型实验教学实践[J].实验研究与探索,2019,38(11):174-178.

[10] 曹蕾,蒋学强."专创融合"视角下创新创业实验室发展路径实践与探索[J].实验技术与管理,2020,37(8):26-31,36.

[11] 樊平军.创新创业导向的高校协同育人机制构建研究——以弗吉尼亚大学创新实验室孵化器为例[J].黑龙江高教研究,2015(12):125-128.

[12] 程聪慧,刘昱呈.高校创新创业实验室建设的国际镜鉴[J].现代远程教育研究,2022,34(2):85-92,102.

新冠肺炎疫情防控时期医学生对实验室安全知识的知晓度情况

叶 群[1]，柏丽莉[2]，魏凤江[1]*

(1 天津医科大学 基础医学院 遗传学系，天津 300070；
2 天津市南开医院 泌尿外科，天津 300100)

摘 要：本文对医学生在新冠肺炎疫情防控期间实验室安全防护知识的知晓度情况进行了调查，为疫情防控期间医学类高校科研实验室安全管理提供借鉴。应用"医学生实验室安全防护知识的知晓度情况调查问卷"进行问卷调查。结果表明有过实验室实习经历的学生其实验室疫情防控知识、实验室消防知识和实验室操作及危化品存放安全相关知识总体分值高于其他学生，分值比较差别具有统计学意义(P 值均小于 0.05)。对各题目的选择正确率比较结果显示，对实验室消防知识和实验室操作及危化品存放知识在有过实验室实习经历的学生掌握程度较好。因此得到结论：医学生对疫情防控知识和实验室消防知识的知晓度情况较好，对实验室操作和危化品存放知识的知晓度情况有待提高。

关键词：医学生；实验室安全；疫情防控；知晓度

中图分类号：G47

Awareness of Laboratory Safety Knowledge among Medical Students during COVID-19 Epidemic Prevention

Ye Qun[1], Bai Lili[2], Wei Fengjiang[1]

(1 Department of Genetics, College of Basic Medical Sciences, Tianjin Medical University, Tianjin, 300070; 2 Tian Jin Nan Kai Hospital, Tianjin 300100, China)

Abstract: A questionnaire survey was conducted among medical students on their awareness of laboratory safety knowledge during epidemic prevention of COVID-19. The results show that students who have had the experience of laboratory practice had higher scores on the knowledge of COVID-19 epidemic prevention, firefighting, laboratory operation and storage of dangerous chemicals (P values were all less than 0.05). The comparison of the correct rate of each subject showed that the students who had the experience of laboratory practice was better at knowledge of firefighting, laboratory operation and storage of dangerous chemicals. Conclusion was made that medical students had a better knowledge of epidemic prevention and firefighting, however the knowledge of laboratory operation and storage of dangerous chemicals needs to be improved.

Keywords: medical student; laboratory safety; COVID-19 epidemic prevention; awareness

---

基金项目：中国博士后科学基金面上项目(项目编号：2016M601273)
作者简介：叶群，女，硕士研究生在读，主要研究方向为群体遗传学。

1 引言

实验室是科学研究、人才培养、社会服务的主要场所,走进实验室、走进科学研究已经成为医学生提高自我创新意识和实践能力必不可少的关键环节。高校实验室是现代大学的心脏,实验室安全问题是一个风险问题,而"人的因素"在实验室安全管理中是最重要且最难控制的因素。近年来,高校实验室安全事故时有发生,不仅对实验室设备造成损伤,同时也造成人员伤亡,让人揪心痛心[1]。2019年6月,教育部印发了《关于加强高校实验室安全工作的意见》,明确指出教育事业不断发展、学生成长成才的重要保障就是安全[2]。2019年12月新发现的新型冠状病毒感染的肺炎(2019冠状病毒病)疫情来势凶猛,新冠肺炎疫情的全球流行对医学院校实验室安全防控管理提出了更高的要求。在保障人员安全的前提下,怎样科学高效地运转实验室必然成为实验室管理中的重要课题[3]。针对医学类高校科研实验室在疫情防控的特殊时期,如何加强实验室的安全管理、如何保障实验师生的安全和建立有效的实验室安全保障体系迫在眉睫[4]。本研究旨在通过问卷调查的方式对医学生实验室安全防护知识的认知现状进行研究,分析实验室安全认知现状的差异,发现实验室安全存在的薄弱环节,为能够在新冠肺炎疫情防控期间保证实验室安全,避免实验室安全事故的发生提供参考依据。

2 对象与方法

2.1 研究对象

本次问卷调查医学本科学生包括的专业为:临床医学专业、医学影像学专业、康复医学专业、检验专业、口腔医学专业和眼视光,选取10个班级共计305人。

2.2 调查方法

根据调查目的自行设计问卷《医学生实验室安全防护知识的知晓度情况调查》,了解医学生实验室安全知识知晓度现状。调查内容包括:基本信息、实验室疫情防控知识、实验室消防知识和实验室操作及危化品存放安全相关知识。相关选项回答正确得1分,回答错误等0分,最后将选项得分相加,其中疫情防控知识得分区间为0～10分,实验室消防知识得分区间为0～10分,实验室操作及危化品存放安全得分区间为0～20分。

2.3 信度与效度分析

对本研究采用的调查问卷进行信度分析,克朗巴哈α系数为0.891,主成分分析方差累积贡献率为93%,信度与效度均符合调查要求。

2.4 统计分析

采用Epidata 3.1建立数据库,数据录入采用双人录入,核对无误后锁定数据库。统计分析应用SPSS22.0统计软件包,计量资料统计描述采用$\bar{x}+s$,两组间比较采用独立样本的t检验,计数资料统计描述采用构成比,组件比较采用卡方检验,检验水准$\alpha=0.05$。

3 结果

3.1 一般情况

本次总计调查医学生包括6个专业10个班级共计305人,发出问卷305份,收回问卷305份,调查有效问卷305份,回收率和有效率均为100%。其中男性135人(44.26%),女性165人(55.74%)。年龄分布为(19.38±1.89)岁,其中男性(19.94±1.43)岁,女性(19.35±1.26)岁。

3.2 实验室安全防护知识知晓度分值比较

本文按照学生除上实验课之外是否有进入医学实验室亲自进行实验操作或者观摩过实验操作等实验室实习的经历分为两组,有进入实验室经历的学生分为甲组,没有进入实验室经历的学生分为乙组。甲组学生85人,乙组学生220人。对两组学生疫情防控知识、实验室消防知识和实验室操作及危化品存放安全相关知识计算总体得分分值并比较。结果显示,实验室疫情防控知识、实验室消防知识和实验室操作及危化品存放安全相关知识总体分值在甲、乙两组学生之间差别均具有统计学意义(P值均小于0.05),甲组学生的分值均值均高于乙组学生,结果表明有过实验室实习经历的学生对相关知识的知晓度较高。具体比较结果详见表1。

表1 实验室安全防护知识知晓度分值

项目	甲组 $\bar{x}+s$	乙组 $\bar{x}+s$	t 值	P 值
实验室疫情防控知识	9.58±1.18	9.15±1.62	2.22	0.03
实验室消防知识	9.54±1.71	9.02±1.59	2.51	0.01
实验室操作及危化品存放安全相关知识	18.42±2.88	17.59±2.19	2.71	0.01

3.3 实验室疫情防控知识知晓情况

本文针对实验室疫情防控知识的题目为10条,对甲、乙两组学生对各题目选择的正确率进行比较,结果显示疫情防控期间实验室的正确行为、实验室同学有发热如何处理、进到实验室首先要做的事情三道题目的正确率在两组之间差别具有统计学意义(P值均小于0.05),此三道题的正确率在甲组学生中高于乙组,其余题目选项正确率在两组之间差别无统计学意义。调查结果显示对疫情防控的总体知识掌握情况在两组同学中相对较好,其中佩戴口罩、洗手、穿白大衣等实验室内疫情防护的基本知识选择的正确率均比较高。具体比较结果详见表2。

表2 实验室疫情防控知识知晓情况

题目	正确率/% 甲组	正确率/% 乙组	x^2	P 值
1.预防新冠肺炎一般用什么水洗手?	95.29	90.91	1.626	0.202
2.在实验室中使用过的口罩如何处理?	95.29	96.82	—	0.507
3.如果离你较近的地方有疑似病例,则佩戴后的口罩如何处理?	97.65	98.64	—	0.621
4.疫情防控期间,下列哪些实验室的行为是正确的。	95.29	86.82	4.565	0.033
5.实验室内的试验台和桌椅如何进行清洁消毒?	96.47	90.00	3.411	0.065
6.实验室同学有发热如何处理?	96.47	88.64	4.513	0.034
7.进到实验室首先要做的事情是什么?	95.29	87.27	4.201	0.040
8.在实验室中发现自己发热或咳嗽等症状该怎么处理?	94.12	88.64	2.077	0.150
9.哪种消毒剂可有效灭活新冠病毒?	95.29	92.27	0.873	0.350
10.在实验室中佩戴口罩和穿着白大衣的正确做法是什么?	96.47	95.00	—	0.764

3.4 实验室消防知识知晓情况分析

本文针对实验室消防知识的题目为10条,对甲、乙两组学生对各题目选择的正确率进行比较,结果显示实验室火灾逃生方法、消防器材存放位置、进入实验室首先要了解的内容,以及实验室电器发生火灾时,在没有灭火器的情况下的做法4道题目的正确率在两组之间差别均具有统计学意义(P值均小于0.05),此4道题的正确率在甲组学生中高于乙组,其余题目选项的正确率在两组之间差别无统计学意义。结果表明,针对实验室消防知识在有过实验室实习经历的学生掌握程度较好。具体比较结果详见表3。

表3 实验室消防知识知晓情况

题目	正确率/% 甲组	正确率/% 乙组	x^2	P 值
1. 扑灭电器火灾不宜使用下列何种灭火器材？	96.47	93.18	1.194	0.274
2. 身上着火后，下列哪种灭火方法是错误的？	95.29	96.36	—	0.744
3. 灭火器上的压力表用红、黄、绿三色表示灭火器的压力情况，当指针指在绿色区域表示什么？	97.65	98.18	—	0.672
4. 干粉灭火器适用于什么？	92.94	89.09	1.025	0.311
5. 在火灾逃生方法中，以下不正确的是？	96.47	88.64	4.513	0.034
6. 消防器材应该放在哪里？	95.29	87.27	4.201	0.040
7. 进入实验室，首先要了解什么，发生意外能做好相应的自救工作？	95.29	87.73	3.845	0.050
8. 实验室火灾报警电铃响时应当怎么做？	94.12	89.55	1.537	0.215
9. 扑救易燃液体火灾时应用什么？	95.29	88.18	3.497	0.061
10. 实验室电器发生火灾，在没有灭火器的情况下应该先怎么做？	95.29	86.82	4.565	0.033

3.5 实验室操作及危化品存放知晓情况分析

本文针对实验室操作及危化品存放知识的题目为20条，对甲、乙两组学生对各题目选择的正确率进行比较，结果显示 CO_2 培养箱使用注意事项、试剂或者异物溅入眼内的处理措施、实验室危化品的储存方式、实验室安全管理实行的级别、剧毒物品使用完或残存物处理完的空瓶处置方式、常用的又是易制毒的试剂的储存方式、不属于实验室安全防护的设施这7道题目的正确率在两组之间差别均具有统计学意义（P 值均小于0.05），这几道题目学生选择的正确率在甲组学生中高于乙组，其余题目选项的正确率在两组之间差别无统计学意义。本文的调查结果显示有过实验室实习经历的学生对实验室操作及危化品存放知识的掌握程度较好，但是有一些题目像对于实验室危化品的储存方式是否了解、实验室安全管理实行的级别、剧毒物的种类、不用分开保存的试剂、危化品存放的位置等题在两组学生中选择的正确率还是比较低，进一步表明了有关危化品使用和储存等方面的知识在学生中是比较欠缺的，今后这一方面的知识也应该是学生进入实验室进行实验操作前应重点培训的内容。具体比较结果详见表4。

表4 实验室操作及危化品存放知晓情况

题目	正确率/% 甲组	正确率/% 乙组	x^2	P 值
1. 在实验室中，应该放在第一位的是什么？	96.47	97.27	—	0.713
2. 一般无机酸、碱液和稀硫酸不慎滴在皮肤上时，正确的处理方法是什么？	94.12	95.91	—	0.545
3. 生物实验中的一次性手套及沾染EB致癌物质的用品应该怎么做？	92.94	95.45	—	0.396
4. 以下关于 CO_2 培养箱使用注意事项的说法中错误的是？	92.94	82.73	5.181	0.023
5. 试剂或者异物溅入眼内，处理措施正确的是？	94.12	84.09	5.409	0.020
6. 在普通冰箱中不可以存放什么物品？	91.76	95.00	1.156	0.282
7. 实验室、办公室等用电场所如需增加电器设备，以下说法正确的是？	94.12	97.27	—	0.187
8. 对于实验室危化品的储存方式是否了解？	90.59	80.91	4.191	0.041
9. 实验室危险化学品负责人是？	92.94	86.36	2.548	0.110
10. 实验室安全管理实行哪一级管理？	90.59	80.45	4.521	0.033

表4(续)

题目	正确率/% 甲组	正确率/% 乙组	x^2	P值
11. 下列不属于易燃液体的是？	92.94	87.27	1.989	0.158
12. 下列物质不属于剧毒物的是？	87.06	82.73	0.853	0.356
13. 下面所列试剂不用分开保存的是？	89.41	82.27	2.356	0.125
14. 剧毒物品使用完或残存物处理完的空瓶,应该怎么做？	91.76	80.00	7.629	0.006
15. 危化品存放要有防盗设施,保持通风,试剂存放应怎么做？	89.41	86.36	0.511	0.475
16. 关于废液的处理,下列哪种说法是错误的？	90.59	91.82	0.119	0.730
17. 对常用且易制毒的试剂,储存方式为？	91.76	81.36	5.002	0.025
18. 实验室生物安全防护的内容包括哪些？	95.29	96.82	—	0.507
19. 存放剧毒物品必须使用什么保管、储存？	92.94	93.64	0.048	0.826
20. 不属于实验室安全防护的设施是？	90.59	80.91	4.191	0.041

4 讨论

高校医学实验室是教学和科研的重要场所,由于医学教育中开展的实验项目和实验内容繁多,实验室集中了各种仪器设备,以及大量有毒有害的生物、化学试剂和微生物,是安全事故易发的地带。而实验室安全问题不仅严重危害科研工作者的安全,更有可能引发大面积的安全事件,甚至给整个社会带来危害[5]。

近两年新冠疫情席卷全球,目前绝大多数医学院校实验室硬件条件不能完全符合新冠病毒防控的要求,这也对实验室安全提出了更高的要求和挑战,为此本文针对实验室安全的相关知识对医学生进行问卷调查,计算各条目的分值并比较结果显示有过实验室实习经历的学生得分较高,对实验室安全相关知识的知晓度较高。对实验室疫情防控知识各题目选择的正确率进行比较,结果显示医学生对疫情防控的总体知识掌握情况相对较好,其中佩戴口罩、洗手、穿白大衣等实验室内疫情日常防护的基本知识选择的正确率均比较高。这也表明学生对待疫情防控的态度还是比较积极的,不论是在日常的学习生活中,还是进入到实验室中,都能够严格按照正确的疫情防护要求进行操作。

本文针对实验室消防知识各题目选择的正确率进行比较,结果表明有过实验室实习经历的学生对这一部分内容的掌握程度较好。有调查显示有部分学生不知道灭火器的使用[6],也有调查结果显示31.19%的研究生"不知道"或"不清楚"所在实验室(楼)的紧急安全通道位置,37.62%的研究生"不知道"实验室(楼)消防器材存放位置,甚至有研究生对所在实验室(楼)的安全设施完全不知道[7]。有调查显示20.6%的学生对实验室安全规则比较清楚,然而有接近一半的学生对实验室安全规则只是有大体上的了解[8],高校学生对实验室安全自我防护知识平均得分率仅为52.50%[9],以上结果也说明大部分安全培训主要为理论安全知识,缺少一些重要实践知识,虽然医学生平时也会注意消防安全防护,但是我们会对进入实验室的学生进行有针对性的消防安全知识的培训,并定期进行消防演练和消防安全讲座及消防知识的考试,通过本次调查结果也进一步表明对学生进行安全培训的必要性。

危险化学品安全事件占国内外实验室全部安全事件数的74%,化学品安全问题已成为实验室安全事故的多发因素[10]。本文针对实验室操作及危化品存放知识各题目正确率的比较,结果显示像对于实验室危化品的储存方式是否了解、实验室安全管理实行的级别、剧毒物的种类、不用分开保存的试剂、危化品存放的位置等题目在学生中选择的正确率还是比较低,进一步表明了有关危化品使用和储存等方面的知识在学生中是比较欠缺的。相关研究显示59%的大三学生和44%的新生对使用有毒化学药品时的注意事项不确定,有

28%的大三学生和31%的新生对强酸倾覆时的处置出现错误[11]。为了全面提升大学生的创新应用能力,学校也是积极开展第二课堂,开放实验室,鼓励有精力和时间的本科生进入学系的实验室参加课题研究。本科生可以申请大创项目、参加"挑战杯"及创业设计类竞赛等,这些都是在学生进入实验室之后完成的工作。而学生在进行各项实验项目操作的过程中,不可避免地会接触到各种各样的危化品,学生在进入实验室之前尚未接受系统的安全培训,尚未充分掌握涉及实验室里潜在的危险因素如危化品的存放和使用等,就有可能导致各类安全事故的发生,产生严重后果。高校各类实验室安全事故的发生,大多数不是缺少管理制度,而是学生缺少实验安全意识。灾害常发于疏忽,祸患多起于细末[12]。高校追求"双一流"建设,必须要有有特色的学科实验室,而一切科研工作顺利开展的前提是安全,对医学生包括本科生和研究生进行实验室安全知识培训尤其是危化品使用和存放、实践能力培训,可最大限度地降低实验室安全隐患,提高实验室安全意识,保证实验室安全运行。

综上所述,实验室安全无小事,看似老生常谈,实则警钟长鸣。本文对医学生在新冠肺炎疫情防控期间的实验室安全知识进行调查分析,研究结果能在今后实验室安全教育方面起到抛砖引玉的作用,让大家都重视医学生培养中的实验室安全教育,让我们在一个安全健康和谐的环境中,为国家培养出更多的医学科学的栋梁之材[13]。

参考文献

[1] 黄耀锋,潘沛江,廖艳研,等.广西医学生实验室生物安全知信行及影响因素分析[J].中国卫生检验杂志,2021,31(15):1888-1891.
[2] 杨楠,赵心童,金成文,等.医学院校学生实验室安全认知现况及其影响因素[J].医学研究与教育,2020,37(3):72-80.
[3] 胡子净,刘玉婷.浅谈新型冠状病毒肺炎疫情下医学院校实验室的安全防控管理[J].医学教育管理,2021,7:198-200.
[4] 汪生,冯蕊.医学类高校科研实验室在新冠肺炎疫情防控期间安全管理工作探讨[J].卫生职业教育,2020,38(22):16-18.
[5] 郑晓茂,孙宝清,郑佩燕.加强医学生实验室生物安全意识浅析[J].中国初级卫生保健,2019,33(9):83-84.
[6] 朱美霖,曹菊琴,王佩,等.高校学生实验室安全意识现状分析[J].广东化工,2020,47(14):200.
[7] 李树龙,陈冠军,钱成,等.医学院校研究生实验室安全意识情况调查与分析[J].中国医学装备,2020,17(4):152-155.
[8] 程酌,石玉琴,袁野,等.高校实验室安全及管理现状调查[J].科教导刊,2018(29):190-192.
[9] 孟星圻,刘慧晴,王晋元,等.高校学生实验室安全自我防护"知·信·行"现状研究[J].实验科学与技术,2021,19(5):154-159.
[10] 宋为娟,任真,葛秋霞,等.医学院校实验室安全教育与管理[J].国际检验医学杂志,2019,40(16):2038-2040.
[11] 许燕,张景华,宋国英,等.高校医学实验室安全教育培训工作的调查研究[J].基础医学教育,2021,23(2):112-114.
[12] 陆萍,吴杰.高校学科实验室的全过程安全管理体系探析[J].实验室科学,2021,24(3):226-228.
[13] 王蓉.医学研究生培养中的实验室安全教育[J].中国比较医学杂志,2017,27(6):98.

高校大型科研仪器开放若干问题对策

卢 斌[1]，杨紫伊[2]

(1 湖南大学 机器人学院,湖南 长沙 410082；2 湖南大学 科学技术研究院,湖南 长沙 410082)

摘 要：大型科研仪器科技资源内涵丰富,是高校教学和科研工作的重要保障。针对高校大型科研仪器开放过程中突出存在的开放保障机制不够完善、开放实践项目资源不够充实问题,从大型科研仪器开放的渠道、资源和师资3个方面提出了改进策略,并以湖南大学机器人国家工程研究中心的机器人大型精密设备为例,提出了以机器人科研、产品、竞赛和创新创业项目为导向,开发机器人开放实践项目的一般原则和流程,然后基于一种四足机器人开发了一个机器人开放实践项目实例。近3年学生机器人大赛成绩验证了对策的有效性。

关键词：大型科研仪器；开放与共享；保障机制；实践项目；资源开发

中图分类号：N45；G642.0

Countermeasures to Several Problems in the Opening of Large-Scale Scientific Research Instruments in Universities

Lu Bin[1], Yang Ziyi[2]

(1 School of Robotics, Hunan University, Changsha 410082, Hunan, China;
2 Office of Scientific R&D, Hunan University, Changsha 410082, Hunan, China)

Abstract: The scientific and technological resources of large-scale scientific research instruments are rich in connotation, which is an important guarantee for teaching and scientific research in colleges and universities. In view of the essential problems in the opening process of large-scale research instruments in colleges and universities, such as imperfect opening ensuring mechanism and insufficient resources for open practice projects, this paper puts forward improvement strategies from three aspects of channels, resources and teachers for the opening of large-scale research instruments. Taking the large precision robot equipment of the National Engineering Research Center for Robotics of Hunan University as an example, this paper puts forward the general principles and processes of developing robot open practice projects guided towards robot scientific research, products, competitions and innovation and entrepreneurship projects, and then an example is developed on account of a quadruped robot. The results of the student robot competition in the past three years have verified the effectiveness of there countermeasures.

Keywords: large scale scientific research instruments; opening and sharing; safeguard mechanism; practice project; resource development

---

基金项目：湖南省教育科学"十三五"规划课题2018年度项目"机器人嵌入式系统本科实验平台研究与实践"(XJK18BGD028)
作者简介：卢斌,男,硕士,高级工程师,主要研究方向为机器人技术研发及创新实验室建设工作。

1 引言

大型科研仪器(以下简称大科仪)指原值在50万元人民币及以上直接服务于科学研究和技术开发活动的仪器设备[1]。2021年中央级高校和科研院所等25个部门346家单位参加科技部、财政部组织的科研仪器开放共享评价考核,涉及原值50万元以上科研仪器共计4.2万台套[2]。大科仪是高校"双一流"建设和创新人才培养工作的重要物质基础,为了充分发挥大科仪在高校教学和科研中的特殊重要作用,国务院、教育部先后发布了一系列关于加强高等学校科研基础设施和科研仪器开放共享的指导意见、办法和通知[3-5],从建立开放共享机制、建设信息服务平台、加强人才队伍建设、创新完善管理模式、建立分类考核评价办法、建立激励和调控机制等方面提出了纲领性规范和指导意见,为高校大科仪的开放和共享提供了发展方向和政策保障。目前,高校大科仪的利用率和共享度有了大幅度提升,开放共享配套制度建设全面推进,仪器共享平台的覆盖面不断扩大,有力地促进了大科仪开放更多创新实践教育资源,增强了学生的学业综合素养能力。但仍有两方面突出问题,一是重点高校现有仪器设备仍有闲置,存在共享潜力[6],二是缺乏对大科仪内涵科技的系统性复合式深层次挖掘和利用,大科仪开放项目的学习实践内容不够系列深入,开放项目仍以认知演示、基本操作和简单应用等单一式浅表层应用为主。为了促进大科仪开放活动人才培养目标的全面达成,进一步提高大科仪的开放共享参与度和绩效,亟待更深入地优化完善大科仪开放保障机制,更充分地挖掘利用大科仪内涵开放资源。

2 完善大科仪开放保障机制

2.1 问题探析

高校的大科仪很多是"一个户口,两个家长"。一个家长是学校的资产管理部门,主要负责大科仪的招标、购置、验收、开放、维修费用以及报废等整个生命流程的管理。另一个家长是大科仪的购置申请人,学校资产管理部门将大科仪的具体负责权登记在其名下,是大科仪的实际使用和维护责任人,一般是各院系里的科研项目主持人。大科仪购置用到了项目主持人申请的科研项目的仪器购置经费,当然要为自己的科研项目和团队服务,使得相当部分大科仪的本科教育服务面被收窄,年有效使用机时未达到要求。为了提高大科仪的使用效率和本科教育服务绩效,同时兼顾大科仪的科研与教学之间的资源分配矛盾,资产管理部门一般每个学期或每年集中安排一次面向本科生的大科仪开放活动,但提供给学生的大科仪相关知识技术信息资源存在系统性、结构性和层次性不足,加之一两次集中开放已不能很好适应学生对学习资源和学习时间的差异化需求,直接影响到大科仪的开放的人才培养效果。探其主因,一是学校在教学体系顶层设计上对大科仪的开放重视不足,并未像大学一般课程那样被纳入学校人才培养体系的刚性计划和任务要求。大科仪的开放本质上属于教学实践活动,更适于由学校教务部门和资产管理部门进行统一规划、设计和实施,却是单由资产管理部门组织安排下发通知,这种管理与主导机制的缺失与错位,让大科仪的开放"名不正",路不顺。由于采用"鼓励开放"原则,大科仪实际负责人因担心开放会影响科研项目工作,以及要协调配合安排开放的具体时间段和所需教学指导操作人员,另外也缺乏系统性的开放活动实践项目资源,导致开放顾虑和积极性不高。二是大科仪的实际运行维护人员通常是大科仪负责人科研团队相关专任教师和专技人员,兼职兼管情况多,很难在大科仪的开放工作上投入更多精力展开大科仪内涵科技资源挖掘,进而开发出与时俱进的实践创新项目资源,使得学生深度参与大科仪开放活动会面临实践项目及指导师资双重不足困境。三是大科仪开放活动传递给学生的大科仪相关专业科技信息不足,学生仅凭自身很难将大科仪与自己的专业有机联系并结合起来,不能很好激发出基于大科仪的专业好奇心、科技创新遐想和研究实践探索动力,也就无法将各种求知疑问带到大科仪开放活动中去探究答案,更谈不上以大科仪为核心,有目标、有计划、有层次、有步骤地参与本专业乃至跨专业的学习研究实践创新活动。

2.2 解决对策

首先，保障大科仪的开放渠道。第一，高校在课程和教学体系的顶层设计上重视发挥大科仪在"双一流"建设和"双创"教育中的特殊地位和重要作用，将大科仪的开放纳入到本科专业培养目标、课程和教学体系之中，使大科仪的开放摆脱"打游击"境遇。第二，高校可系统连续设立大科仪开放的相关教改专项，增加其在人员晋职晋级中的评价权重，鼓励广大教师、专技和管理人员参与大科仪开放的策略研究、资源开发、活动规划、教学设计和教学竞赛指导，探索高效的大科仪深度融入本科专业培养全过程的系统性机制、策略和方法，将大科仪开放与"双创"教育有机结合起来，相互协调促进，共同发展。第三，高校推行科研占先下的大科仪"应开尽开"原则，从政策上进一步拓宽大科仪开放的设备覆盖面，采取科研忙时占用、闲时开放利用的大科仪分时复用策略，协调处理好大科仪科研与教学之间的时空资源冲突矛盾。第四，设置大科仪开放实践课程学分，并在奖学金、优秀毕业生、研究生推荐免试等上升渠道资格评选上予以适当倾斜，增强引导和激励本科生积极参与大科仪开放活动。第五，为了更好适应满足学生个性化学习需求，大科仪开放课程形态应多样化，如兴趣初探培养课、基础操作应用课、综合设计实践课、暑假创新设计工作坊、学科大赛培训课、创新创业训练课等必修或选修课程，让大科仪开放在时间、空间和任务上更具弹性与张力，构建分时多空间多层次多任务并行的大科仪高效开放运行生态。

其次，保障大科仪开放资源。第一，由学校资产管理牵头，大科仪所属院系配合，全校统一梳理所有在册大科仪的学科专业类别、主要功能和技术性能指标，统一建立起大科仪相关联的学科专业知识体系链、整机硬件构成、主要功能部件、通用专用器件、配套软件及其开发工具的完备技术库，既能充分利用单台套大科仪资源开发创新实践项目，又能将多台套大科仪资源有机融合，开发出有梯度的学科交叉综合性强的创新实践项目，为大科仪高效率横向纵深开放提供项目资源保障。第二，吸纳外部产学研密切合作高校、企业、科研院所等单位的大科仪资源，将校内外大科仪资源有机整合，互通有无，互为补充，进一步拓展大科仪开放阵容，对标科研和产品项目，贴近用人单位人才需求，开发出前沿性、创新性和实战性的大科仪开放综合创新实践项目集合，打造产学研各方资源共享和利益共赢的可持续发展的大科仪开放新格局。第三，针对大科仪开放时间相对分散现状，大科仪开放指导教师、团队要主动顺应学习时间碎片化趋势，开发出短小精专的大科仪相关理论技术学习指导文档视频资料微课程资源，搭建大科仪开放云端资源和学习交流平台，师生利用智能手机、平板等便携工具可随时随地学习大科仪原理、组成、应用的相关行业开发背景、知识、工具和技术，提升大科仪开放时空效率。同时，线上线下定期开展对应大科仪开放前、中、后期的不同层次相关科技前沿与创新系列化讲座、实操培训和学习交流活动，为师生提供全面精准和个性化的大科仪开放学习机会，吸引更多师生加入大科仪开放创新研训圈。

另外，保障大科仪开放师资。第一，高校要为大科仪开放工作设置专职实验技术岗位，尤其对国家、部省级重点实验室、工程研究中心所属的学科专业综合性强、科技前沿尖端、应用辐射面广、跨学科门类多的综合性大科仪，高校可以依托这些重点实验室、工程研究中心的雄厚师资和尖端仪器设备来构筑大科仪开放活动教学核心阵地，并聘请两院院士、长江学者、国家杰青等高级专家牵头，打造从事大科仪维护增值、教学资源开发以及开放活动教学指导工作的高水平师资团队。第二，高校要不断稳固、扩大和利用产学研战略合作关系的政府相关部门、高新企业、科研院所中的政策研究、科技研发和制造人力资源，聘请高级政策研究、高级技术研发和高技能生产操作专业人员兼职，与校内师资团队有机协作配合，以内外互补、专兼搭配、理实并重为原则，跨地域、跨行业建立起集大科仪开放活动科学认识论、方法论、实践论的研究和实操于一体的开放式、复合型师资联盟。第三，高校要建立完善一整套大科仪开放指导教师评价制度，在评优评先、晋职晋级、成果奖励等政策方面要给予配套激励措施，评价重点关注大科仪开放涉及的学生各级各类学科竞赛、电子大赛、机器人大赛、创新创业大赛等赛事的获奖，以及专利申请获得、科技成果孵化、团队协作精神、沟通交流能力、用人单位反馈的毕业生综合能力评价等指标，作为衡量大科仪开放促进学生综合实践创新能力提升实效的多元化尺度，并对大科仪开放活动指导教师和团队进行年度评价，探索总结开放工作的经验和不足，对师资团队进行动态调整优化。

3 开发大科仪开放课题资源

3.1 开发原则流程

《"十四五"时期教育强国推进工程实施方案》指出：中央高校"双一流"建设，重点加强主干基础学科、优势特色学科、新兴交叉学科等学科基础设施和大型仪器设备建设，建设一流学科综合实验研究项目[7]。机器人是"中国制造2025"强国战略重点发展领域之一，湖南大学机器人视觉感知与控制技术国家工程研究中心[8]拥有百余台套的各类型先进机器人大型贵重精密仪器设备，是我校大科仪开放活动可利用的优质教学资源。依托机器人国家工程研究中心，对机器人大科仪蕴藏的创新教学资源进行深度挖掘和开发，可为大科仪开放活动提供面向机器人前沿科技的具有趣味性、创新性和挑战性特征的实践课题资源，可以促进我校大科仪开放活动提质增效。下面以机器人大科仪为对象，说明并举例大科仪开放活动实践课题资源开发的一般原则与流程。

开发机器人大科仪开放实践课题，以"项目引导，梯度推进，夯实基础，启发创新"为原则。大科仪开放课题紧贴高校和企业院所的实际科研、产品项目，保证实践课题的科技先进性、实用性，力求无缝对接用人单位的人才要求。课题开发分为机器人基础知识与操作、机器人初级设计与调试、机器人综合设计与创新3个层次。机器人基础知识与操作课题，采用机器人基础结构模块硬件、机器人专用编程语言、通用编程语言结合机器人各基础功能进行开发，着重机器人技术基础硬软件知识及应用宽泛能力培养；机器人初级设计与调试课题，对标各类机器人大赛和创新创业项目，采用机器人功能器件、模块、部件、整机硬件和通用编程软件，进行简单机器人局部及整体功能软硬件开发、调试和运行，着重机器人技术开发基础实践能力的培养；机器人综合设计与创新课题，采用产学研共享仪器设备、企业级开发工具、企业生产与调试空间场景等研发生产大资源，模拟或直接参与科研和产品项目研发，让学生得到实际研发氛围熏陶，获得真实项目实战体验，培养学生的机器人行业科技综合素养、能力和创新意识。各层次的课题设置微创新任务，引导学生深入探究。

开发机器人大科仪开放活动的创新实践课题资源，首先要详解大科仪的技术框架。技术框架是整个或部分技术系统的可重用设计，表现为一组抽象构件及构件实例间交互的方法[9]。科学仪器既要有获取检测数据、获取信息的各种硬件组成，更应包含操作和控制软件、数据处理软件、数据库、模型等软件系统[10]。机器人大科仪的技术框架体现在硬件、软件以及功能3个方面，以及它们之间的相互关系、作用和技术方法。图1显示了一种基于机器人大科仪开放活动的实践课题的开发流程，包括分解、归类、聚合和生成4个步骤。

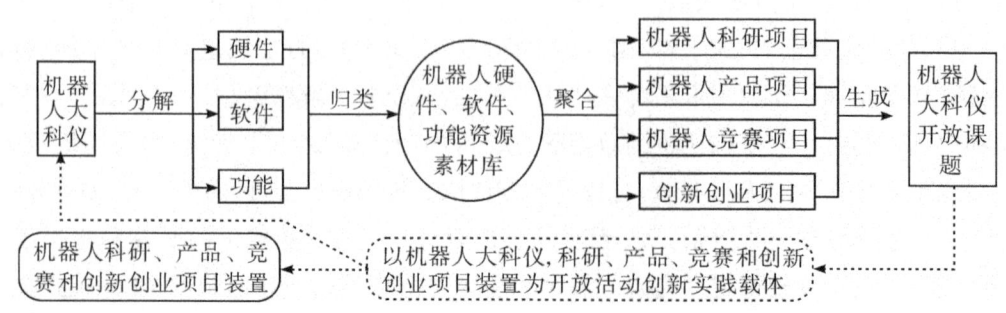

图 1 机器人大科仪开放创新实践课题开发流程

分解是指从硬件、软件和功能3个方面对机器人大科仪进行技术资源离散分类,将一或多台套完整的机器人大科仪离散成硬件、软件和功能3种类型技术资源。硬件主要指机器人大科仪本体,以及通过本体的各种信息、控制接口外接的外围附加装置和部件,包括机器人大科仪的动力传动及执行机构、传感器、机器视觉组件、控制器、定位导航部件、通信模块及网络接口等。软件包括机器人大科仪的系统源代码,应用代码开发软件,操作系统,视觉图像处理算法、代码和开发工具包,机器智能算法和代码等。功能主要指机器人大科仪的组成机构、模块、部件和整机的技术参数、性能以及所能发挥作用的总和,每一台套机器人大科仪所具有的每一项功能及其组合都可以作为大科仪开放活动的实践课题或课题开发资源。归类是指将机器人大科仪分解后得到的硬件、软件和功能3种类型的离散技术资源,经分类分层梳理、归纳、集合成课题开发所需技术资源素材库。聚合是指以机器人科研、产品、竞赛和创新创业项目为引导,先确定某一实践课题的训练目标和具体技术要求,再从技术资源素材库中提取适合素材,并对素材的各硬件及参数、软件及算法、功能及应用制定详细技术说明文档,再与素材软硬件及功能一起打包构成该课题开发的技术资源素材包。生成是指根据某个机器人科研、产品、竞赛和创新创业项目的训练目标和具体技术要求,将技术资源素材包通过设计转化为课题具体内容、技术要求和评价标准,课题内容难易度应有梯度,可预设微小创新点作为大科仪开放活动的创新探索延伸。实践课题可以在机器人大科仪设备上开展各种技术调试和功能运行验证试验,也可应用于机器人科研、产品、竞赛和创新创业等项目中的实际目标装置。

3.2 课题开发实例

3.2.1 课题选题背景

2020年年初,机器人视觉感知与控制技术国家工程研究中心承担了新冠肺炎疫情医用防疫机器人科研项目,开始研制医用紫外消毒机器人、医用喷洒消毒机器人和医用物资配送机器人等系列防疫机器人[11]。其中,医用紫外消毒机器人实现对医院病房进行紫外线和喷洒次氯酸液消毒,要求消毒机器人承载一定负荷,通过实时环境感知、地图创建、智能导航、自主定位、自主避障和楼梯攀爬等技术功能,准确找到并进入各指定病房开展消毒作业。以该科研项目作为机器人大科仪设备开放活动实践课题的选题指引,确定实践课题名称为"机器人自主避障功能综合设计"。

2.2.2 机器人大科仪的分解、归类与聚合

课题"机器人自主避障功能综合设计"的技术总要求是实现机器人在运动中自主避障并到达指定终点。这里采用 Unitree A1 型四足机器人[12]作为课题开发对象和实践载体,如图2所示。

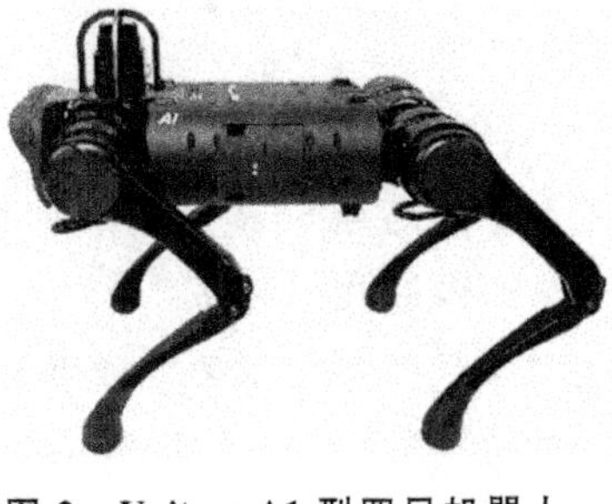

该机器人具备完善的机器人动力系统、机械传动、环境感知和运动控制等硬、软件和功能资源,分解、归类后形成的机器人硬、软件及功能主要技术资源素材见表1。

图 2 Unitree A1 型四足机器人

表 1 某型号四足机器人硬、软件及功能主要技术资源素材

资源类型	主要技术资源素材
硬件	底层控制器、机载内置运动主控和感知主控、外接嵌入式控制器或 PC 机;外置接口 HDMI×2、以太网口×2、USB3.0×2、USB2.0×1、485 口×1;3 关节四肢(12 台高性能伺服电机);多目深度感知视觉系统;足端压力传感器;外接激光雷达、机械臂、北斗/GPS 全球定位系统等。
软件	Android 系统,Ubuntu 运动控制,Ubuntu-ROS 环境感知双实时操作系统[13],Halcon[14]、VisionPro 机器视觉图像工具包[15],C/C++、Java、Python 程序设计语言,深度视觉-3D 实时地图创建及导航算法、人体姿势识别、人体骨架感知、目标人物跟踪算法,机器人运动控制算法,AI基础算法。
功能	快跑、后退跑、左右侧移、原地转弯、匍匐前进、侧滚翻、跳跃、后空翻、越障、避障、倒地后原地爬起、上下斜坡或台阶。

根据课题"机器人自主避障功能综合设计"的技术总要求,对表 1 课题相关技术资源素材进行聚合操作,提取并与制定的相关技术文档一起打包作为该课题开发的技术资源素材。硬件素材包括机器人动力系统、运动执行机构、外接嵌入式控制器或 PC 机、以太网口、机器人 3 关节四肢、多目深度感知视觉系统、足端压力传感器、外接激光雷达、超声探距、数字陀螺和北斗/GPS 终端;软件素材包括 Ubuntu 运动控制、Ubuntu-ROS 环境感知实时操作系统、Halcon 机器视觉图像处理软件包、C++语言、固定目标视觉识别基础算法、机器人运动控制基础算法;功能素材包括前进、后退、左右侧移、原地转弯、倒地后原地爬起和避障。

3.2.3 机器人大科仪的开放课题生成

1)课题任务描述

实践课题"机器人自主避障功能综合设计"的任务见图 3。

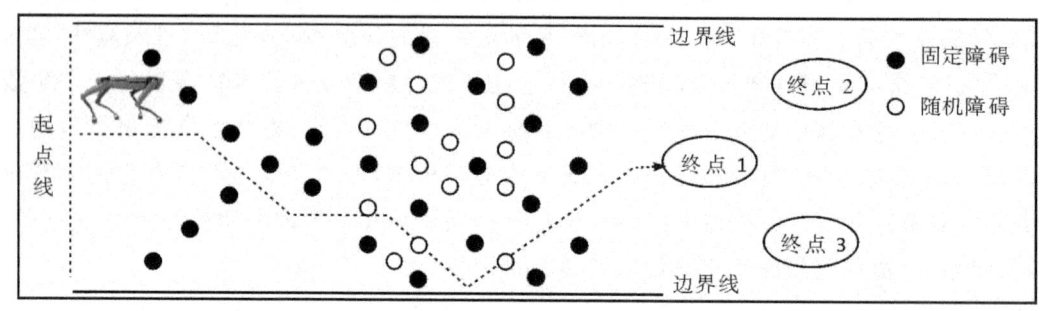

图 3 机器人自主避障功能综合设计任务示意图

图 3 中,四足机器人从指定起点虚线的任意位置出发,在一定时间内自主穿越设置在起点虚线与终点之间的若干固定、随机障碍,且不能走出两侧的边界线,最后找到并抵达指定终点。

课题任务按技术梯度设计如下:

(1)机器人自起点虚线任意位置出发,穿越若干固定障碍,找到并抵达终点 1。

(2)机器人自起点虚线任意位置出发,穿越若干固定和随机障碍,找到并抵达终点 1。

(3)障碍感知采用视觉、激光雷达和超声测距技术三者之一或任意组合,左右边界线感知采用视觉识别方式。

(4)机器人自起点虚线任意位置出发,穿越若干固定和随机障碍,先找到并抵达终点 1,然后找到并抵达终点 2 或终点 3,最后返回至起点。

2)课题技术要求

课题任务技术要求梯度设计如下:

(1)课题实践载体采用四足机器人,或投影面积相近的轮式、履带式移动机器人。

(2)实验场地的固定和随机障碍采用高 1 m、直径 10 cm 深灰亚光六棱柱体。起点、终点 1、终点 2 和终点 3 采用 1 m 高标靶,标靶上用不同灰度、颜色、简单几何形状、英文字母或阿拉伯数字进行标记,机器人将此标记作为识别起点、各终点的重要依据。左右边界线为 5 cm 宽黑色直线条。

(3)障碍感知:采用视觉、激光雷达和超声测距技术三者之一或任意组合,左右边界线感知采用视觉识别方式。

(4)机器人行进中不得触碰固定和随机障碍,不得越过左右边界线,不得利用固定障碍间存在的空隙,用预先设置路径的方法进行避障。

(5)机器人视觉能够辨别不同灰度和红、绿、蓝 3 种颜色,能够有效识别圆、椭圆、三角形和正方形等基本几何形状,能够识别单个英文字母和阿拉伯数字。

(6)机器人的单个障碍避障时间小于 2 min,起点到达终点的时间小于 10 min,终点返回至起点的时间小于 10 min。

微创新点可设置为较复杂背景下特殊几何形状识别算法与实现。

4 结束语

我校机器人学院和现代工程训练中心从大科仪开放保障机制、开放资源开发两个方面着手,紧密配合学校开展大科仪开放工作的各项改革,进一步疏通拓展了大科仪开放渠道,丰富了大科仪开放教学资源,提升了大科仪开放层次空间,人才培养取得了阶段性成果。我校学生在2019年中国机器人大赛中,获冠军1项、亚军1项、季军2项;2020年RoboCup机器人世界杯中国赛,获一等奖2项,二等奖1项;2020年RoboMaster机甲大师赛全国对抗赛,获嵌入式、雷达机器人、算法3个二等奖,以及战队、运营、机械、步兵、工程共5个三等奖;2021年RoboCup机器人世界杯中国赛,在人机协同攻防赛项、类人型机器人竞技赛项中获一等奖,在视觉挑战赛项、车型机器人智能搬运赛项中获二等奖。下一步拟将机器人国家工程研究中心更多类型、用途的机器人装备有机整合,并逐步与校外产学研合作企业院所的大科仪相对接,构建校内外开放共享的大科仪集群,扩大校内外大科仪开放资源开发者联盟,通过对大科仪集群科技资源的挖掘和创造性融合加工,开发出前沿、实时和实用的机器人实践创新课题资源库,将大科仪开放活动摆在更开阔的科技资源场景之中。以上提出的大科仪开放保障改革措施以及开放课题资源开发原则、流程和实例,也可供高校理工科其他类型大科仪开放工作参考。

参考文献

[1] 中华人民共和国科学技术部. 关于《国家重大科研基础设施和大型科研仪器开放共享管理办法》的解读[EB/OL]. https://www.most.gov.cn/xxgk/xinxifenlei/fdzdgknr/fgzc/zcjd/202106/t20210625_175403.html,2017-11-01.

[2] 中华人民共和国科学技术部.科技部办公厅 财政部办公厅关于发布2021年中央级高校和科研院所等单位重大科研基础设施和大型科研仪器开放共享评价考核结果的通知[EB/OL]. http://www.most.gov.cn/xxgk/xinxifenlei/fdzdgknr/qtwj2021/202112/t20211209_178495.html,2021-12-09.

[3] 中华人民共和国中央人民政府国务院.国务院关于国家重大科研基础设施和大型科研仪器向社会开放的意见[EB/OL]. http://www.gov.cn/zhengce/content/2015-01/26/content_9431.htm,2015-01-26.

[4] 中华人民共和国教育部.教育部办公厅关于加强高等学校科研基础设施和科研仪器开放共享的指导意见[EB/OL]. http://www.moe.gov.cn/srcsite/A16/s3336/201601/t20160111_227492.html,2015-12-28.

[5] 中华人民共和国科学技术部.科技部办公厅 财政部办公厅关于开展2022年中央级高等学校和科研院所等单位重大科研基础设施和大型科研仪器开放共享评价考核工作的通知[EB/OL]. http://www.most.gov.cn/xxgk/xinxifenlei/fdzdgknr/qtwj2022/202207/t20220705_181463.html,2022-07-05.

[6] 杨巍,刘心蕊.重点高校科研设备开放共享现状分析[J].科技管理研究,2019,39(4):72-78.

[7] 国家发展改革委,教育部,人力资源社会保障部."十四五"时期教育强国推进工程实施方案[EB/OL]. http://www.moe.gov.cn/jyb_xxgk/moe_1777/moe_1779/202109/t20210930_568460.html,2021-05-10.

[8] 湖南大学.机器人视觉感知与控制技术国家工程研究中心[EB/OL]. http://robot.hnu.edu.cn/zxgk/ztjs.htm,2021-12-25.

[9] 全国科学技术名词审定委员会审定.自然辩证法名词2003[M].北京:科学出版社,2004.

[10] 伊彤,常静,王海峰.科学仪器设备创新的内涵、特征与评价[J].中国科技资源导刊,2014,64(6):38-45.

[11] 央广网.湖南大学"智造"防疫机器人正式"上岗"[EB/OL]. http://m.cnr.cn/news/20200325/t20200325_525030181.html,2020-03-25.

[12] Unitree. Unitree A1[EB/OL]. https://www.unitree.com/a1,2022-01-27.

[13] Zheng L. 使用Ubuntu和ACRN创建可用的实时系统(RTOS)[EB/OL]. https://cn.ubuntu.com/blog/ubuntu-acrn-rtos,2020-03-03.

[14] MVTec Software GmbH. HDevelop User's Guide[EB/OL]. https://www.mvtec.com/cn/products/halcon/documentation,2020-01-01.

[15] COGNEX. VisionPro软件[EB/OL]. https://www.cognex.cn/zh-cn/products/machine-vision/vision-software/visionpro-software,2016-05-25.

"双一流"建设高校基于稳定实验技术队伍规模的建设路径

周秋菊[1]，张国娜[1]，曾巧玲[1]，谭克俊[2]，罗书强[1]*

（1 西南大学 实验室建设与设备管理处，重庆 400715；2 西南大学 化学化工学院，重庆 400715）

摘　要：在"双一流"建设背景下，加强高校实验技术队伍的建设，在规模稳定的基础上，建设一支高水平、专业化的实验技术队伍，不仅是满足"双一流"建设的客观需要，更是保障实验教学和科研工作高效运行的基础。现以西南大学为例，针对我校实验技术队伍结构失衡、规模总量不足、入职率和稳定性差、职务评审机制不完善等问题，提出了具有针对性的建设举措和实践路径，以期稳定实验技术队伍的规模，助推学校"双一流"建设水平的提升。

关键词：实验技术队伍；"双一流"；规模稳定；队伍建设

中图分类号：N45；G642.0

The Construction Path of "Double First-Class" University Based on Stabilizing the Scale of Experimental Technology Team

Zhou Qiuju[1], Zhang Guona[1], Zeng Qiaoling[1], Tan Kejun[2], Luo Shuqiang[1]

(1 Department of Laboratory Construction and Equipment Management, Southwest University, Chongqing 400715, China; 2 College of Chemistry and Chemical Engineering, Southwest University, Chongqing 400715, China)

Abstract: In the context of "double first-class" construction, strengthening the construction of experimental technology team in universities and establishing a high-level and professional experimental technology team on the basis of stable scale is not only the basis for ensuring the efficient operation of experimental teaching and scientific research, but also the basis for meeting the objective needs of "double first-class" construction. Taking Southwest University as an example, this paper proposes targeted construction measures and practical paths to address the problems of unbalanced structure, insufficient total scale, poor enrollment rate and stability, and imperfect post evaluation mechanism of its experimental technology team, with the goal of stabilizing the scale of experimental technology team and promoting the improvement of the "double first-class" construction level of our university.

Keywords: experimental technical team; "double first-class"; stable scale; team building

1　引言

"双一流"建设是党中央、国务院在新时期作出的重大战略部署，旨在提升中国高等教育综合实力和国际

基金项目：西南大学实验技术研究项目（SYJ2022031）
作者简介：周秋菊，女，硕士，助理实验师，主要研究方向为实验技术队伍的建设与管理。

竞争力[1-2]。"双一流"建设的目标是进入世界一流大学和一流学科前列[3]。西南大学是教育部直属的全国重点大学,教育学和生物学专业于2022年入选国家"双一流"学科建设名单。"双一流"建设,本质是一流学科建设,而一流学科建设离不开设备条件完善、运行管理高效的实验室[4-5]。高校实验室是人才培养、学科建设、实践教学、科学研究和社会服务的重要基地,而实验技术队伍是实现这些功能的中坚力量[6-7]。因此,实验技术队伍的水平直接影响"双一流"建设高校的水平。随着"双一流"学科建设的不断深化,在创新人才培养过程中对实践教学的重视程度也相应提高,客观上对实验技术人员的业务水平也有了更高要求[8]。然而,许多高校都存在着实验技术队伍结构失衡、岗位设置不科学、职务评审机制不完善等共性问题,这在很大程度上制约了实验技术队伍的发展[9-10]。另外,一支规模稳定的实验技术队伍是建设的前提和基础,实验技术人员的频繁、不合理流动会严重影响实验技术队伍的建设和发展水平。因此,通过合理的建设路径,激发实验技术人员的内驱力和创造力,在实验技术队伍规模稳定的基础上,建设一支结构合理、业务精湛的实验技术队伍,对稳步提升高校"双一流"建设水平和高水平发展具有重要意义。本文结合西南大学实验技术队伍现状,针对实验技术队伍的建设路径进行探讨。

2 我校实验技术队伍现状分析

2.1 队伍规模与结构

2014年年底我校实验技术队伍在编在岗人数为266人。截至2021年年底,我校实验技术系列岗位在编在岗人员共计254人,实验技术队伍在职称结构、年龄结构和学历结构3个方面的数据见表1。

表1 2014年底实验技术队伍结构分布

总人数	职称结构				年龄结构				学历结构			
	正高级	副高级	中级	助理级	≤35岁	36~45岁	46~55岁	>55岁	博士	硕士	学士	其他
254	5	89	138	22	96	81	50	27	55	155	39	5
	2.0%	35.0%	54.3%	8.7%	37.8%	31.9%	19.7%	10.6%	21.7%	61.0%	15.3%	2.0%

2.2 招新机制与入职率

我校招新的机制主要分为公开招聘与专项招聘,公开招聘为我校实验技术队伍的主要招新方式,主要针对应届毕业生开展,专项招聘主要针对高层次的实验技术人才。实验技术人员的聘用方式分为事业编制聘用和校聘(同工同酬),2020年及以后,我校对新进人员的聘用方式主要为校聘(同工同酬)。从2017年至今,我校每年对实验技术人员的平均需求约为22人,平均入职人数为12人/年,近5年平均入职率仅为55.6%。至2020年聘用方式改为校聘(同工同酬)且需求学历均为博士以后,入职人数急剧下降,入职率仅为33.3%(表2)。

表2 2017~2022年实验技术队伍新进人员情况

年份	岗位需求数	学历要求		入职总数	入职率	聘用方式
		博士	硕士及以上			
2021	26	13	13	9	34.6%	校聘(同工同酬)
2020	18	18	0	6	33.3%	校聘(同工同酬)
2019	20	3	17	13	65%	事业编制
2018	24	2	22	18	75%	事业编制
2017	18	0	18	10	55.6%	事业编制
均值	21.2	7.2	14	11.2	52.7%	—

2.3 职务评审通道

我校于2018年开通了实验技术队伍正高级职称评审通道,针对实验技术人员的岗位职责,我校有针对实验技术系列的职务评审文件,从师德师风、学历、任职年限、成果条件和业务条件方面做了相关规定,以高级实验师职务评审的业务条件和成果条件(表3)为例。截至2021年,我校实验技术队伍中已有5名正高级实验师。

表3 高级实验师职务评审条件及内容

条件类别	条件内容
成果条件	符合下列条件之一: 1. 发表B级学术论文3篇,同时符合业务条件第1项和2~7项之一。 2. 从事实验教学工作,达到学校规定的教学工作量要求,发表B级学术论文2篇,发表实验教学研究论文1篇,同时符合业务条件第1项和2~7项之一。
业务条件	1. 主持F级科技项目或校级教改项目1项。 2. 主研C级科技项目或省部级教学类项目(教学类项目包括教学研究项目、教育规划项目和质量工程中的精品课程、特色专业、优秀教学团队、双语教学示范课程和人才培养模式创新实验区建设项目等)2项(排名前5)。 3. 主持D级科技项目1项。 4. 第一主编出版学术专著或实验教材1部。 5. 自主改良或开发仪器设备、实验技术方法,相关研究成果以第一作者发表在国内B级及以上期刊。 6. 在科学实验、技术开发、技术推广应用方面取得重大成果,具有显著经济效益,其中横向科技项目或技术转让单项到校经费20万元或累计50万元及以上。 7. 指导(排名第1)学生,学生获得省级以上竞赛奖励1项。

2.4 岗位设置与分类

我校实验技术队伍从2007年成立至2021年,针对不同职务的实验技术人员,制定了相应的岗位职责。以高级实验师岗位职责为例(表4),从实验教学、实验技术研究、仪器设备使用和实验室建设与管理等方面分别做了相关规定。在岗位设置方面,仅在实验室(中心)设置了实验室(中心)主任,未分类设置实验技术人员岗位类型。

表4 我校高级实验师岗位职责

职称	岗位职责
高级实验师	1. 熟悉本学科实验领域国内外学术和技术动态,提供学术和技术指导。 2. 根据本学科实验室发展要求,提出实验室建设方向,制定实验室发展规划,拟订教学和科研实验方案。 3. 积极开展实验课题的研究,及时更新实验内容,编写实验讲义和指导书。 4. 负责指导大型精密仪器设备的引进、验收、安装调试和技术开发工作。 5. 不断学习本学科领域的实验理论与实验技能,熟悉掌握有关仪器设备使用方法。 6. 掌握先进的实验技术手段,承担和指导实验装置的研制及有关仪器设备的改造工作,解决本学科实验技术中的疑难问题。 7. 指导中、初级实验工作人员的业务工作和学习。 8. 协助实验室主任做好实验室的各项工作。

3 实验技术队伍问题分析

3.1 队伍结构失衡

在职称结构方面,正高级职称的实验技术人员占比仅为 2.0%,而中级职称的实验技术人员占比为 54.3%,与教育部所要求的正高、副高、中级、初级最高控制比例 2∶3∶4∶1 相比[11],高级职称的实验技术人员偏少;在年龄结构方面,小于 35 岁和大于 55 岁的实验技术人员占比接近半数,处于中坚力量的实验技术人员占比偏低,中坚力量较薄弱;在学历结构方面,硕士学位的实验技术人员占比高达 61.0%,而博士学位的实验技术人员占比仅为 21.7%,博士学位人员比例偏低。由于实验技术队伍角色定位不准确,造成实验技术队伍在职称结构、年龄结构和学历结构出现失衡现象。此外,由于实验技术人员未纳入学校人才队伍建设(具有博士学位的实验技术人员没有安家费和科研启动费),同等条件下,岗位绩效津贴差距大且缺乏与实验教学、技术研发相关成果的激励等政策都阻碍了实验技术队伍的发展。

3.2 队伍规模总量不足

2014 年我校实验技术队伍在编在岗人数为 266 人。至 2025 年,我校核定实验技术队伍需求总数为 350 人。截至 2021 年,我校实验技术系列岗位在编在岗人员共计 254 人,约占我校教职工总数的 5.9%,实验技术队伍的规模总量远未达到人社部的人员配备标准[12]。近 7 年,实验技术队伍规模总量无增有减。由于实验技术岗位成为新进人员的过渡岗位,且实验技术系列的职务评审条件低于教师系列,这致使部分实验技术人员在评上高级职称后便转岗至教师系列或管理系列,导致了实验技术人才的流失。实验技术队伍规模总量不足,这直接导致了人均工作量超标。这些问题的出现,与实验技术岗位重视程度不够、管理体制不健全、职务晋升通道不通畅等原因密切相关。

3.3 队伍入职率和稳定性差

2014 年我校实验技术队伍在编在岗人数为 266 人。截至 2021 年年底,我校实验技术系列岗位在编在岗人员共计 254 人,实验技术队伍近 7 年减少 12 人。从 2017 年至 2021 年,我校每年对实验技术人员的需求平均数约为 22 人,但近 5 年平均入职率仅为 52.7%。2020 年实验技术人员的入职率仅为 33.3%,这与 2020 年的编外聘用方式密切相关,受到新冠疫情的严重影响,毕业生对于体制内工作的需求远大于从前,这与高校逐步淡化编制概念的用人方式有相悖之处。另外,我校对于新进人员的年龄、外语条件和毕业时间有严格的限制。这些条件在选拔人才的同时也限制了部分超过年龄或外语水平有限的人才,更导致了部分单位实验技术岗位无人报考。

3.4 职务评审机制不完善

职务评审机制不完善是导致实验技术队伍职称结构失衡的主要原因,也是制约实验技术人员职业发展的瓶颈。尽管我校针对实验技术系列出台了职务评审的文件,但文件的细则主要参考教师系列的职务评审文件,以教学科研工作量、项目和论文数量作为主要的考量指标。这样的晋升路径没有充分考虑到实验技术人员工作的繁杂性和特殊性,实验技术人员付出了大量精力用于实验室建设、实验设备的维护和管理等工作,这些工作未被转化为明确的工作量;且实验技术人员没有带研究生的资格,在申请项目时也没有优势,导致同样的成果产出实验技术人员需要付出更多的精力和努力。另外,在职业发展方面,我校实验技术人员缺少专业的培训和学习机会,导致实验技术人员的发展空间有限,自我价值难以得到提升。

4 实验技术队伍建设路径探索

针对目前我校实验技术队伍现状及存在的问题,主要从以下方面稳定我校实验技术队伍规模总量,加强实验技术队伍的建设。

4.1 转变观念，顶层规划，明晰队伍角色定位

实验技术队伍的发展长期受到禁锢的部分原因在于高校对于实验技术队伍的角色定位不准确。高校实验技术队伍的建设，不仅要从业务水平出发，更要从思想、意识层面重视实验队伍建设，将实验队伍建设提高到学校的人才培养战略高度[13]。从学校层面，学校重视实验技术队伍的建设与发展，树立高校人才队伍整体思维，自2018年起在实验技术系列设立正高级职务，鼓励在实验教学、实验技术和实验室建设与管理等方面有突出业绩和贡献的实验技术人员晋升正高级实验师。截至2021年，我校实验技术系列已有5名正高级实验师。从个人层面，实验技术人员自身要从内心摒弃"教辅人员"般的角色定位，充分认可其"支撑队伍"的身份，重视自身能力与业务水平的提升，尤其是具有正高级实验职称的实验技术人员，要充分发挥引领示范作用，提高对岗位的认同感和效能感，将自身的职业发展与学校的建设相融合，实现部分之和大于整体的目标。

4.2 灵活招新，合理流动，稳定实验技术队伍规模

招新工作是稳定和扩大实验技术队伍规模的主要途径。我校实验技术队伍规模总量不足的问题突出，且队伍的入职率低，稳定性差。针对这些问题，我校灵活调整招新标准，对有实验技术人员需求的二级单位采取自行上报对新进实验技术人员的要求，包括专业、学历条件等，不搞招新标准一刀切。对于招新困难的二级单位，可以将对新进人员的博士学位要求调整为硕士学位，确保二级单位的工作顺利开展。同时，我校优化用人机制，统筹事业编制、校聘（同工同酬）和劳务派遣等多种用人方式，解决实验技术队伍规模总量不足的问题。此外，为稳定实验技术队伍规模，我校已出台《实验技术队伍建设实施办法》，办法规定新进实验技术人员须在实验技术岗位工作满5年方可申请转岗；具有中级和高级职称的实验技术人员，任现职以来须在实验技术岗位工作满5年方可申请转岗，这一举措不仅可以有效避免实验技术系列岗位成为新进人员的过渡岗位，也可避免部分实验技术人员在通过高级职称评审后转岗至教师系列，导致实验技术人才的流失和实验技术队伍结构的失衡。

4.3 分类设岗，科学核算，明确岗位类别和职责

在分类管理的趋势下，针对我校实验技术队伍现状，综合考虑学科差异、实验教学任务、仪器设备管理、实验室建设和安全管理等因素，根据教学、科研、人才培养、学科建设等不同工作内容与特点，创新分类设置实验技术系列岗位类别，将我校实验技术岗位分为教学型、技术型、管理型3类。按照"总量控制、按需设岗、统筹规划"的原则，分类核算各岗位数量，明确教学型、技术型、管理型实验技术人员的岗位职责，合理配备各类型实验技术人员，强化基于岗位职责的分类管理、晋升与发展，充分发挥实验技术人员在实验教学、实验技术、实验室建设与管理和社会服务等方面的作用。

4.4 优化细则，人岗相宜，畅通职务晋升通道

按照《人力资源社会保障部 教育部关于深化高等学校教师职称制度改革的指导意见》（人社部发〔2020〕100号）要求，根据我校实验技术队伍现状，充分考虑岗位性质与特征，我校优化了实验技术系列职务评聘办法细则，以分类管理和岗位设置为指引，构建教学型、技术型和管理型差别化的职务评审通道，打破"唯论文论"，在旧文件的基础上，用实验教学项目、指导学生竞赛、s设备功能开发、仪器设备使用机时等代替论文，鼓励实验技术人员在实验教学、实验技术研究、仪器设备功能开发和实验室建设与管理方面开展研究，同时，成果认定类型趋向多样化，涵盖论文、著作、科研获奖、资政咨询、知识产权等，这些举措可以进一步引导实验技术人员履职尽责，激发和提升其内驱力和创造力。以高级实验师职务评审条件为例，优化后的职评细则见表5。

表5 西南大学实验技术系列高级实验师职务评审条件细则

业务条件	
教学型/技术型	管理型
符合以下条件之二,其中教学型必须满足第1项,技术型必须满足第3项: 1.负责开发支撑实验教学的新实验项目不低于2项,用于本校2届(含)以上本科实验教学,且有相应成果支撑。 2.作为第一指导教师指导大学生(含学术型社团)创新创业训练计划或学科竞赛(必须与实验或专业实践技能直接相关)不低于2项,其中获得B级奖励1项。 3.对大型仪器设备进行功能开发不低于1项,须有相应发明专利作支撑;或自制设备1台(含)以上,须有相应发明专利作支撑。 4.管理操作的大型仪器设备年使用机时满足国家标准(专用设备不低于800 h/台,通用设备不低于1 400 h/台),提供的技术服务需有3篇A2级(含)以上有技术贡献说明的佐证论文(署名或致谢中体现),其中1篇需为本学院(部、中心、研究所)以外的论文成果。	符合以下条件: 1.对实验室建设与发展提出创新性建议和重大改革举措,主持或作为主要成员参与起草过学校或学院(部)的规章制度、规划总结等。 2.获得1次校级及以上个人荣誉称号。
学术条件	
项目:B级1项。 成果:A2级1项,或B级3项。 备注:同一成果任现职以来实现科技成果转化在校经费60万元及以上,可替换研究项目条件。	

5 结语

高校实验技术队伍的建设是一项长期且艰巨的工作。在"双一流"背景下,建设一支高水平实验技术队伍是客观需要。本文针对我校实验技术队伍的现状,在稳定实验技术队伍总量的基础上,从转变角色定位、灵活招新保进稳出、分类设置岗位类别、优化职评细则几个方面采取措施,提出了有针对性和实践性的建设路径,以稳定实验技术队伍的总规模,在此基础上促进实验技术队伍的发展。但这些努力是远远不够的,我们还需继续探索和完善实验技术队伍的建设路径与措施,为"双一流"建设高校提供更强有力的支撑和保障。

参考文献

[1] 曹辉辉,王厚成,何建华,等."双一流"建设中高校实验技术队伍建设[J].实验室研究与探索,2020,39(7):289-291,299.
[2] 徐云丽,张抒,陈彤."双一流"背景下高校实验技术队伍建设路径研究[J].实验科学与技术,2021,19(5):148-153.
[3] 教育部,财政部,国家发展改革委.关于印发《统筹推进世界一流大学和一流学科建设实施办法(暂行)》的通知(教研〔2017〕2号)[Z].2017-1-25.
[4] 严丽娟,姚志刚,舒婕."双一流"背景下高校测试中心实验技术队伍建设与实践[J].实验室研究与探索,2020,39(5):247-251.
[5] 贺花,韩嘉航.高校本科教学实验室管理工作中存在的问题及改革措施[J].高校实验室工作研究,2018(12):80-82.
[6] 杨宇科,罗文强,封玲,等.转变观念 多方保障 加强实验技术队伍建设[J].实验室研究与探索,2019,38(5):245-248.
[7] 李臣亮,刘艳,滕利荣,等.高校教学岗位实验技术人员绩效考核体系的构建与探索[J].实验室研究与探索,2021,40(1):135-138.
[8] 毕瑜林,邵雯,常国斌,等.地方高校实验技术人才队伍建设探索[J].实验室研究与探索,2021,40(8):248-251.
[9] 彭丹,周波.地方农林院校实验技术队伍的现状分析与建设[J].实验室研究与探索,2021,40(8):252-255.
[10] 霍颖异,黄爱军,孙益,等.创新聘岗考核与激励机制 提升实验技术队伍能力[J].实验室研究与探索,2022,41(2):142-145,269.
[11] 熊宏齐."双一流"建设中高校实验技术队伍持续发展之思考[J].实验技术与管理,2018,35(9):7-10.
[12] 人事部,教育部.关于高等学校岗位设置管理的指导意见(国人部发〔2007〕59号)[Z].2007-5-7.
[13] 冯建跃.高校大型仪器开放共享体系的建设与思考[J].实验室研究与探索,2014,33(10):133-136.

探索高校多能型实验技术管理人员轮岗巡查制度的必要性

侯 豹,蔡维维,邱丽颖*

(江南大学 无锡医学院,江苏 无锡 214122)

摘 要:高校科研平台实验技术管理人员是提升平台服务质量的关键。多能型实验技术管理人员的轮岗巡查是提升仪器设备使用效率的必要条件。多能型实验技术管理人员轮岗制度的建立有助于缓解科研平台实验技术管理人员队伍结构不合理、队伍不稳定、管理技术水平滞后、学科融合增加的技术难题和实验技术管理人员探索创新动力不足等问题。另外,多能型实验技术管理人员轮岗巡查制度的建立,也有助于减少学生操作过程产生的仪器损坏、实验操作不熟悉带来的实验焦虑和实验室安全事故的发生。也有利于充分发挥大型仪器的价值和作用,推动社会的发展。

关键词:多能型;轮岗巡查;科研平台;人才培养

中图分类号:G451.2

Exploring the Necessity of Rotation Inspection System of Multi-functional Lab Technician in Universities

Hou Bao, Cai Weiwei, Qiu Liying*

(Wuxi Medical College, Jiangnan University, Wuxi 214122, Jiangsu, China)

Abstract: Lab technician of university scientific research platform are the key to improve the service quality of the platform. Rotation inspection system of multi-functional lab technician is a necessary condition to improve the efficiency of instruments and equipment use. The establishment of a personnel rotation system of multi-functional lab technician helps to alleviate the technical problems of unreasonable team structure, unstable team, lagging management technology level, increased discipline integration, insufficient exploration, and innovation of lab technician in scientific research platform. In addition, the establishment of the personnel rotation inspection system also helps to reduce the occurrence of instrument damage caused by students' operation, experimental anxiety caused by unfamiliar experimental operation and laboratory accidents. It is also essential that the role of large instruments is applied, and social development promoted.

Keywords: multi-functional; rotation inspection; scientific research platform; personnel training

1 引言

在当下国家加速"双一流"高校建设的背景下,各高等院校承担着人才培养、科技创新和服务社会的国家

基金项目:中央高校基本科研业务费专项(JUSRP51412B)
作者简介:侯豹,男,硕士,实验师,研究方向为实验室建设与管理。
通信作者:邱丽颖,教授,主要从事实践教学。

重托以及时代使命[1]。而平台仪器设备是高校进行实验教学、促进科学发展、进行科研探索的重要工具,也是评价高校探索创新水平以及人才培养能力的重要指标[2]。自2014年开始,国家对高校科研平台建设提出了更高的要求,主要包括提高大型仪器使用率、加强平台安全工作建设、建立专业的仪器设备管理队伍等。以便更好地服务于社会需求、科技创新人才培养的目标以及国家战略需求[3]。

随着时代对科研要求的提高,各高校不断加强对科研平台的投入,导致高等院校科研平台仪器的数量和种类激增。大型仪器设备也越来越专业化和精确化,进一步导致对仪器管理人员的要求也越来越高,因此培养高层次、高水平和高素质的专业人才成为当务之急[4]。

建立高校多能型实验技术管理人员轮岗巡查制度,提高专业的仪器管理人员的实验技术水平,加大实验技术人才队伍建设,才能提高服务水平和质量,才能防患于未然,保证科研平台的安全,满足当前的科研要求,推动时代快速发展。

多能型实验技术管理人员,是指能独立熟练操作多种大型仪器设备,并对高校科研平台管理流程熟悉,实验操作和平台管理经验丰富,具有平台主人翁意识的平台实验技术管理人员。

2 科研平台基本概况

在当前阶段,各高校科研平台共性的问题主要有大型仪器数量大、种类繁多、功能齐全并且精密度高。在科研强国和创新强国的目标下,更多的科研工作者经常连夜奋战在科研一线,越来越多的大型仪器24小时不停歇地开机使用。高温高压特种设备逐渐增多,安全隐患也随之增高[5]。部分实验室电线老化、下水管道破损漏水情况严重、空调老旧不能很好地控制房间的温湿度影响大型仪器使用寿命[6-7]。另外由于水电或者空间等客观条件限制,各种功能类似的大型仪器设备不能集中布局,导致管理难度增大。并且我国高等教育正在向普遍化的趋势发展,高等院校的招生规模不断扩大[8],研究生报考人数也逐年递增,导致大型仪器使用频率大大增加,科研平台人流量增大,致使管理难度增加。但与之形成鲜明对比的是高校科研平台专业的实验技术管理人员缺口巨大,导致科研平台运作效率偏低,服务质量不能满足广大师生和区域科研工作者的期望[9]。探索高校多能型实验技术管理人员轮岗制度有望缓解以上难题。

3 高校平台实验技术队伍

3.1 缓解科研平台技术管理人员队伍结构不合理问题

近些年在国家大力提倡科教兴国的背景下,高校花费了大量的资金用于购买大型仪器设备,建设多功能科研共享平台,硬件设施基本满足广大科研工作者的科研需求。但是高校却忽视了科研平台技术管理人员队伍的建设。现各高校科研平台实验技术管理人员在年龄分布、学历程度、职称分布和专业知识等方面存在严重的不合理现象。与高校教师相比,实验技术管理人员高学历和高职称比例显著偏低,女性实验技术管理人员显著多于男性实验技术人员,并且多数实验技术管理人员所从事工作与其所学专业并不相关。

多能型实验技术管理人员轮岗制度的建立,可以选择"传帮带"措施缓解以上难题,在女性实验技术人员休产假期间,其他技术人员可以及时顶替其岗位空缺,完成相应的工作内容。专业人员在平台实验室巡查过程中可以言传身教非专业技术人员,当面进行经验交流和实验技能分享,实际解决遇到的问题,提升非专业人员的管理水平和解决问题的能力。

3.2 缓解科研平台技术管理人员队伍不稳定问题

高等院校购买的大型仪器设备一般都具有价格昂贵、技术指标先进、应用范围广泛、精准性强等特点。为了能使用好这些贵重的科研仪器,建设一支稳定的专业队伍是重中之重。但是非常遗憾的是,各高校科研平台技术管理队伍人心不稳，专业人才严重缺乏。主要有3点原因导致这种情况的发生，其一是科研平台技术管理人员的工作得不到认可，逐渐使他们缺乏成就感，产生转岗的想法。在科研平台技术管理人员参与的众多项目中，往往在成果中找不到其姓名，劳动成果被一些人随意抹杀掉。没有成果进而导致职称评定受阻，长此以往导致管理队伍人员心灰意冷，逐渐转入后勤或者企业系统[10]。其二由于管理人员队伍本就缺乏，往往一个技术人员要同时服务多台大型仪器。另外，为满足科研和教学需要，平台技术管理人员必须随时准备加班，导致超负荷运转，身心疲惫[11]。其三在高校扩招的时代大背景下，无论是高校教师、行政管理人员还是教学辅助人员都有大量的缺口。尤其是教育部呼吁高校应当以教学为主、科研为辅的情况下，部分领导干部缺乏远见与战略部署，随意调动科研平台技术管理人员转至教学辅助队伍，最终导致科研平台技术管理人员队伍不稳定，人心浮动。

多能型实验技术管理人员轮岗制度的建立，有助于稳定新入职的实验技术人员的工作信心，帮助新加入的实验技术人员解答工作中遇到的困惑，克服工作中的难题，传授工作经验。

3.3　缓解管理技术水平滞后问题

随着时代的快速发展，高校对平台建设的大力投入，仪器设备的数量和种类不断增加。大型仪器、精密并且贵重的设备迅速地进入科研平台，对平台技术管理人员的管理技能提出了全新的挑战，这要求平台实验技术管理人员必须不断学习，提升自我成为一个懂技术、懂管理、时刻进步的管理者[12]。但是，由于诸多客观原因，导致高等院校平台设备技术管理人员的学历层次普遍偏低，学习能力不足。另外由于政策导向，导致平台可活动经费短缺，专业技术人员紧缺，对新仪器接受度低，高校对大型仪器设备管理人员的学习、培训、提高重视度不够[13]，致使平台技术管理人员管理水平受到严重限制。最重要的是平台技术管理人员所管理仪器与其本身专业不对口，缺乏相应的实验背景知识，无法对实验数据和实验结果作出指导性判断和解释。

多能型实验技术管理人员对仪器管理和使用具有丰富的理论和实践经验，可以帮扶新入职的实验技术人员学习先进的实验技术，传授实用性强的实验技巧，拓宽新人的管理视野，提升新入职员工的管理技术水平。

3.4　缓解学科融合增加的技术难题

由于当前时代发展迅速，学科融合趋势不可阻挡，大型仪器共享得到提倡。产生更多的新兴产业和技术知识，更多的学科融合常常能够获得单一学科研究无法获得的创新成果。但是多学科融合，大型仪器平台共享的发展，也为科研平台技术管理者提出了更严峻的挑战。尤其在知识的广泛性和专业性方面具有更高的要求，实验技术难度也呈指数性增加。因此配备一支具备责任心和服务意识，业务精湛，综合能力强的多能型平台实验技术管理人员队伍，往往成为平台仪器能否良好运行，用好管好的关键[14]。多能型实验技术管理人员轮岗制度，有助于实验技术管理人员进行多学科背景知识沟通与交流，解决所遇到的难题。

3.5　缓解实验技术人员探索创新动力不足的问题

科研平台建设是推动一流大学和一流学科建设的重要引擎，过硬的实验平台管理技术是提高服务质量的根本。健全的平台管理激励机制是实验平台技术管理人员探索创新的动力。在科研平台人员的晋升渠道和职称评定规划等方面制定健全的激励政策，为平台实验技术队伍的建设和发展保驾护航是十分必要的。专业技术获取是探索创新的基石，平台实验技术人员获得知识的主要途径是向技术工程师学习。但技术工程师又分为厂家工程师和销售工程师，一般厂家工程师比较专业但人数少，能接触到的机会少。销售工程师技术水平有限，对很多专业问题一知半解，且调动频繁，通常是目的性强，以销售仪器和耗材为主，对平台技术人员的帮助有限。获取专业的知识，增强科研平台实验技术人员实验方法的探索和创新动力是平台培养多能型专业人才的关键环节。

多能型实验技术管理人员轮岗制度的建立,可以帮助新入职技术人员快速获取相关知识,多种激励措施并举有利于提高实验技术管理人员的工作激情。而新入职技术人员可以为实验技术管理队伍注入活力,融入年轻人的探索和拼搏精神,缓解实验技术人员探索创新动力不足的问题。

4 避免研究生操作失误导致的仪器损坏

随着高校研究生的扩招,如何培养提高研究生的质量已经成为高校研究生教育的难题[15]。研究生的培养教育质量已经成为我国高校教学改革的重要内容。科研平台服务研究生科研创新创业项目,但是研究生科研水平良莠不齐,接受能力的差距也为科研平台的管理带来了一定的难度。大多研究生科研素养有待提高,在刚接触实验之初激情高昂,自信满满急于获得实验成果,但实验结束后往往没有对仪器进行及时清理与维护,导致仪器损坏,给平台实验技术管理人员带来了一定的管理难度。也有一部分研究生对仪器操作一知半解,为获得满意的实验结果,在操作仪器过程中胡乱更改仪器参数,打乱了仪器的相应设定,给后续的实验同学操作仪器带来麻烦。另外也有一些研究生科研压力过大,通常通宵开展实验,身心疲惫,大意疏忽造成仪器损坏或者安全事故。因此建立健全的多能型实验技术管理人员轮岗巡查制度,可以避免学生操作过程产生的仪器损坏、实验操作不熟悉带来的焦虑。

5 避免实验室安全事故的发生

随着研究生的扩招,进入科研平台开展实验的研究生越来越多,科研平台人流量越来越大,导致实验室安全管理问题日益突出[16]。实验室安全事故的频繁发生,不仅导致高校产生重大的经济损失,还导致惨重的人员伤亡事故[17]。近年来实验室安全事故时有发生,经调查研究表明,安全事故的发生主要与实验安全管理制度不完善、学生的实验操作不规范以及科研人员安全意识薄弱密切相关[18]。多能实验技术管理人员在巡查过程中可以及时发现学生的操作错误,进行及时的纠正与指导,加强学生实验安全意识教育。也能及时发现科研平台存在的安全隐患,避免实验室安全事故的发生。

6 结语

在国家越来越重视高等院校科研平台仪器资源利用、仪器共享、仪器使用绩效、管理人员提升服务质量的背景下,平台实验技术管理人员应该提升自我服务意识和积极探寻提升服务质量的方法。高校科研平台管理人员是为教学、科研服务的一线人员,服务质量的提高不仅有助于提升仪器设备的使用效率,也直接决定了科研和教学能否顺利进行。多能型实验技术管理人员轮岗巡查制度,不仅能帮助实验技术人员获取关键的仪器使用技能,也是培养多能型高水平实验技术管理人员的有效途径,更有助于提高仪器使用效率,解决学生在仪器使用过程中的焦虑,为平台赢得声誉,扩大影响力,形成良性循环,推动学科的发展和社会的进步。

参考文献

[1] 黄宗辉,鹿海涛,栾长萍,等.高校大型仪器设备共享管理对策的思考[J].实验室研究与探索,2014,33(4):5.
[2] 周颖,田在宁,龙加福,等.融合多种管理模式完善仪器平台建设[J].实验技术与管理,2017,34(11):4.
[3] 钟冲,高红梅.新时期高校大型仪器设备开放共享管理体系探索与思考[J].实验技术与管理,2019,36(6):7.
[4] 郑学荣,毛晶,龙丽霞,等.高校实验技术队伍轮岗制度的探索[J].实验室科学,2016,19(3):3.

[5] 郑江荣.大型仪器的安全使用细节管理[J].广州化工,2017,45(1):3.
[6] 吴磊,郭苏平.仪器设备检定和校准的必要性及注意事项[J].中国新技术新产品,2019(9):2.
[7] 崔宏环.研究生扩招后培养质量的保障对策探索[J].产业与科技论坛,2021,20(13):3.
[8] 胡雪梅,孔滨.高校大型仪器设备管理队伍建设的思考[J].中国电力教育,2012(25):196-197.
[9] 李璟,徐芳.高校大型仪器公共平台实验技术队伍建设的几点思考[J].科技风,2017(7):2.
[10] 雷建兰,宣瑛,唐伟,等.大型仪器实验技术队伍建设的对策思考[J].实验技术与管理,2016,33(5):3.
[11] 许建峰.高校大型仪器设备管理体制探讨[J].实验科学与技术,2012,10(5):3.
[12] 吴爱群,朱伟伟,蒋丽娟.地方高校大型仪器设备管理问题探析[J].高教论坛,2020(5):3.
[13] 温青,杨乐敏,朱丽,等.高校院系实验中心大型仪器的管理与开放使用[J].实验室研究与探索,2012(4):3.
[14] 阳荣威,胡陆英,等.我国硕士研究生教育"本科化"倾向及其应对措施[J].研究生教育研究,2014(1):11-12.
[15] 武湘豫.高校实验室安全事故类型与安全管理对策研究[J].科技创新导报,2020,17(5):3.
[16] 赵珣,周勇军.高校实验室安全事件的原因与管理对策[J].科学大众:科技创新,2021(11):2.
[17] 李志红.100起实验室安全事故统计分析及对策研究[J].实验技术与管理,2014(4):5.

创新安全文化建设,提升高校实验室安全管理水平

滕巧巧,蒋卫华,孟 启

(常州大学 石油化工学院,江苏 常州 213164)

摘 要:高校实验室安全工作,直接关系到广大师生的生命财产安全、学校和社会的安全稳定。针对当前高校实验室安全事故时有发生的现象,指出了高校实验室安全文化建设的意义和目标,剖析了当前高校实验室安全管理的现状和存在的问题,提出了通过创新安全文化建设提升高校实验室安全管理水平的新理念。通过提高认识、优化体系、创新机制、倡导绿色实验等举措创新安全文化建设,不断提升广大师生的安全意识和安全行为,从而确保高校实验室的安全运行。

关键词:高校实验室;安全文化;安全管理

中图分类号:G482

Construction of Innovative Safety Culture and Improvement of University Lab Safety Management level

Teng Qiaoqiao, Jiang Weihua, Meng Qi

(School of Petrochemical Engineering, Changzhou University, Changzhou 213164, Jiangsu, China)

Abstract: A good safety management system of university laboratories not only protects the safety of students and staffs' lives and property, but also contributes to the safety and stability of school and society as well. An innovative safety culture needs to be constructed due to increasingly occurring laboratory accidents. Based on the current situation and existing problems, the idea of improving laboratory safety management via innovative safety culture construction through a series of measures such as deepening awareness, optimizing system, innovating mechanism, and advocating green experiments were proposed. By doing so, the safety awareness and behavior of students and teachers were constantly improved, hence the safe operation in laboratories were ensured.

Keywords: university laboratory; safety culture; safety management

1 引言

高校实验室是进行实验教学和科学研究的重要场所,承担着人才培养、科技创新和社会服务等重要职责[1]。高校实验室安全文化是高校实验室在长期教书育人、实验实践以及安全管理中形成的具有高校特色的安全意识和安全行为准则的总和,是以保障实验室安全运行和发展为目标的一种领域文化,也是校园文化不可分割的一部分[2]。完善的实验室安全文化体系不仅能帮助师生员工牢固树立安全理念、提高安全防范意识、严格遵守实验操作规程和安全制度、预防和减少安全事故发生、保障师生人身财产安全,还能进一步提高人才培养的质量,提升实验室的育人作用,对促进高校可持续发展等都具有重要的意义[3]。

基金项目:2020 年常州大学教育教学研究课题,项目号 GJY2020077。

作者简介:滕巧巧,女,副教授,主要研究方向为金属有机化学。

近年来,高校实验室安全事故时有发生,造成人员伤亡和财产损失,暴露出高校实验室安全管理存在诸多薄弱环节[4]。在"双一流"和"新工科"建设背景下,为深入贯彻落实党中央、国务院关于安全工作的系列重要指示和部署,深刻吸取实验室安全事故教训,常州大学充分发挥高校实验室文化的功能,通过一系列的创新举措将实验室安全文化贯穿于实验教学和科学研究的始终,促进了实验安全机制的常态化管理,提高了广大师生的安全意识与安全素养,为学科建设、实验教学和科学研究营造出一个平安的校园环境[5]。

2 安全文化建设的现状与问题

高校实验室涉及的危险源较多,且具有体量大、分布广、专业强、参与人数多等特点,导致高校实验室安全文化建设具有一定的复杂性和艰巨性。归纳起来主要表现在以下5个方面:

(1)体制问题。具体表现为安全责任与组织体系不明确,出了问题相互推诿;安全制度不健全或严重落后于时代发展;安全宣传教育单一枯燥,参与率和效率低下;安全督查体系存在走过场,敷衍了事;奖惩制度和评价体系缺失,做与不做或做好做坏一个样,导致师生参与的积极性不高。

(2)环境问题。部分实验室由于建立的时间比较久远,设计和布局已严重落后陈旧,且安全设施、安全防护用具和应急措施欠缺,这些无疑增大了高校实验室安全隐患。

(3)人的问题。思想认识不够,存在麻痹和侥幸的心理,安全意识淡薄;安全素质缺乏、安全知识和技能不足、操作不熟练、缺乏必要的指导与督查。其中,学生重点研究生是高校实验室安全事故产生的最主要人群。此外,安全管理人才的匮乏和流失,也是高校产生实验室安全事故的原因之一。

(4)器材问题。高校实验室里仪器设备繁多,有的陈旧老化,有的是高温、高压、真空、高速旋转和辐射类高风险的仪器设备,这些都是易产生安全事故但又不可避免使用的实验器材。

(5)资源问题。受社会和教育部门各种考核与评估的影响,一些高校把有限的资源投放在重点实验室和重要人才引进上,而一些专业实验室却因人、财、物等条件的制约只能维持基本的教学功能,且仪器设备和安全设施也得不到及时的补充更新,导致这些实验室的安全处于一种低水平、超期运转状态。

3 创新安全文化建设的策略与措施

3.1 强化认识、优化体制

(1)通过各种会议和活动,对实验人员反复强化"四个意识"与"两个维护"政治意识,深刻认识高校实验室安全工作的重要性。始终坚持"以人为本、安全第一、预防为主、综合治理"的思想方针,弘扬生命至上,坚决克服麻痹思想和侥幸心理,切实解决实验室安全薄弱环节和突出矛盾,掌握防范化解实验室安全风险的主动权[6]。

(2)构建以学校、二级单位和实验室三级联动的实验室安全管理责任体系,根据"谁使用谁负责、谁主管谁负责"的原则,逐层落实责任制。

3.2 创新宣传教育、严格准入制度

3.2.1 创新安全宣传教育

按照"全员、全面、全程"的要求,重点抓住新教工入职、新生入学、研究生进实验室等关键时机,积极开展安全教育培训,做到安全教育"入脑入心"。具体措施如下:

(1)创新安全宣教的形式。①发放安全手册、课堂教学和安全讲座进行安全宣传;②利用校园广播、电子展示屏、微信等新媒体宣讲实验室安全常识;③通过安全考试、安全知识竞赛、安全技能大赛、安全防护路演、实验安全月等活动,提高广大师生参与的积极性和兴趣。

(2)创新安全宣教的内容[7]。根据学生的不同专业和不同学习阶段建立层次化、模块化的安全教育内容。如大一安排所有学生学习实验室安全通识,对大二学生进行危化品的管理与废弃物的处理教育,对大三学生进行应急防护与救援演练宣教,对大四学生进行专业实验安全知识教育等。

(3)加强课程与网络建设。各学院挑选一批骨干编写实验安全教材,建设实验安全网络学习平台,实施线上线下协同教育。教务处将实验室安全教育纳入学校的教学体系,使实验室安全课程成为大学生的通识教育课程,实现实验安全技能成为大学生的必备技能。

3.2.2 严格安全准入制度

我校要求新生入学和研究生进实验室前必须登录学校的实验室安全培训与能力自测系统,在线学习实验安全方面的相关知识。所有学员需满足一定学时,且考试合格后方可获得实验准入资格,研究生还需与导师和学院签订安全责任协议。对有特殊防护和技能要求的实验室,须经负责人培训并予以授权方可准入。

3.3 健全规章制度、保障运行顺畅

3.3.1 健全规章制度

随着时代的发展,原有的一些实验室安全规章制度已明显落后于现代实验安全的实际要求。为此,2020年我校对原有的各项实验室安全管理制度进行了系统的升级更新,重点加强了安全风险评估制度、危险源管理制度、实验室安全应急制度和安全工作奖惩机制,逐步形成了系统、规范、科学的实验室安全管理机制[8]。

3.3.2 保障安全有效运行

①学校将实验室安全经费足额纳入学校年度预算并予以落实,从经费上保障实验室安全有效运行。②通过人才引进、选留优秀毕业生、外聘等方式扩大实验安全队伍。并通过进修、培训不断提升实验安全队伍的素养和能力。③通过调整规划、改造、开设紧急安全通道,张贴危险警示标志、安装监控和报警系统,改善危化品存放场所的环境等一系列的举措为实验室的安全文化建设提供物质保障,并形成常态化管理。

3.4 倡导绿色实验、创新安全督查

3.4.1 开设绿色实验

开设绿色实验,不仅能确保实验教学任务顺利完成,也能塑造实验人员的安全价值观[9]。学生通过主动探究实验安全问题,制定出绿色实验方案,从源头上减少或消除实验危害和安全隐患,逐步养成善于分析实验安全风险的良好安全意识行为。

3.4.2 创新安全督查

(1)创建立体安全督查制度[10]。采取督查与自查、普遍检查与专项检查、日常巡查与定期检查相结合等方式,实施"全过程、全要素、全覆盖"的安全检查制度。重点核查安全制度落实情况、规范使用和处置情况、应急处置设施、安全隐患整改的成效等。

(2)创新安全检查队伍。通过成立学校安全检查组、学院安全检查组和学生会安全小组,聘请专职安全督查员创新安全检查队伍,定期对各实验室进行安全检查和评比。此外,学校还在每层实验楼和每间科研实验室都选派了教师和学生作为安全负责人,让师生都参与实验室安全管理,充分发挥"以人为本"和"自我管理"的作用。

4 结语

高校实验室安全文化建设是一项长期、系统的工程,并随着时代的发展而变化。我们需与时俱进、不断创新举措,不断提升广大师生的安全意识和安全行为,并形成浓厚的实验室安全文化氛围,从而确保高校实验室的安全运行。

参考文献

[1] 王大刚,曾玉祥,潘成军,等.高校实验室安全管理和建设探索[J].实验室研究与探索,2020,39(7):296-299.
[2] 李兆阳,王羽,方东红.高校实验室安全文化建设研究与探索[J].实验技术与管理,2021,38(2):289-292.
[3] 侯德俊,张社荣,张磊.等.依托实验室安全文化建设提升实验室安全工作水平[J].实验技术与管理,2014,31(6):9-11,26.
[4] 李志红.100起实验室安全事故统计分析及对策研究[J].实验技术与管理,2014,31(4):210-213.
[5] 高昊宇,秦少勇,白慧.高校实验室安全精神文化建设与分析[J].中国现代教育装备,2021,355(2):34-35.
[6] 谭小平,师琳,李会芳.新形势下现代高校实验室安全文化体系构建[J].实验技术与管理,2021,38(2):269-272.
[7] 彭华松,谢亚萍,刘闯,等.基于安全文化建设的实验室安全管理探索[J].实验室研究与探索,2018,37(9):335-338.
[8] 聂立华,何御舟,王秋芳,等.高校医学实验室安全文化建设研究[J].实验技术与管理,2018,35(11):257-258,274.
[9] 廖冬梅,翟显,杨旭升.安全科学在高校实验室安全文化中的应用与研究[J].实验室研究与探索,2020,39(8):308-312.
[10] 李茂.高校实验室安全文化的认同体系研究[J].实验室研究与探索,2018,37(12):304-307.

高校化学类实验室建设和安全管理的具体实践

李贵飞

(上海大学 材料科学与工程学院,上海 200444)

摘 要:高校化学类实验室涵盖在化学、环境、生命、材料等各学科方向,是高等学校的一个重要组成部分,也是开展本科实践教学、科学研究和技术攻关的重要基地。但是,化学类实验室相比于其他实验室,除了包含仪器、设备等的危险隐患之外,各类危险化学品储藏、使用和后续处理是其标志性危险隐患,同时化学实验过程操作的烦琐性,加大了化学类实验室的危险系数。如何确保高校化学类实验室正常运行和安全管理,是教育工作者面临的一件刻不容缓的任务。本文论述了高校化学类实验室建设和安全管理的具体实践内容,从细节处把控实验室安全管理死角,将安全隐患逐项排除。

关键词:高校;化学类实验室;安全管理;细则实践

中图分类号:G642

The Specific Practice of the Construction and Safety Management of Chemical Laboratory in Universities

Li Guifei

(School of Materials Science and Engineering, Shanghai University, Shanghai 200444, China)

Abstract: College chemical laboratories cover the disciplines of chemistry, environment, life science, materials and etc. They are an important part of universities, as well as an important base for undergraduate practical teaching, scientific research, and technology breakthroughs. However, compared with other laboratory, chemical laboratory, except from the hidden dangers of instruments and equipment, the storage, use and follow-up treatment of various dangerous chemicals are the essential safety hazard. At the same time, the tedious operation of chemical experiments process increases the risk factor of chemical laboratory. How to ensure the normal operation and safety management of chemical laboratory in universities is an urgent task. This paper discusses specific practice of the construction and safety management of chemical laboratory in universities from the perspective of the detailed rules for the blind spot of safety management and the elimination of potential safety hazard.

Keywords: colleges and universities; chemical laboratory; safety management; detailed rules and practices

1 引言

高校化学类实验室是开展本科实践教学、科学研究和技术攻关的重要基地,涵盖在化学、环境、生命、材料等各学科方向,是高等学校的一个重要组成部分。承担着培育人才、提高同学实践能力和创新能力的重要任务,在同学的实践能力和创新精神培养过程中发挥着不可替代的作用[1]。

基金项目:教育部高等教育司 2021 年第一批产学合作协同育人项目(项目编号:202101003022)

作者简介:李贵飞,女,硕士,实验师,主要研究方向为化学类实验室安全管理。

但是，化学类实验室相比于其他实验室，除了包含仪器、设备等的危险源之外，各类危险化学品储藏、使用和后续处理是其标志性危险源。化学类实验室中放置的危险化学品种类繁多，包括大量有毒、具腐蚀性或易燃易爆药品，同时化学实验过程中有大量具有一定危险性的实验过程，如发生试剂泄露、遗失或实验操作失误等，均可能造成人员中毒、火灾和爆炸等事故的发生；危化品产生的"三废"，如排放或处置不当易引起环境污染和毒害发生，甚至引起安全事故的发生[2-3]。近年来，高校化学类实验室安全事故频出，使人触目惊心。因此，高校化学类实验室建设和安全管理面临很多挑战，同时又是教育工作者面临的一件刻不容缓的任务。

目前，关于高校化学类实验室的报道主要集中于实验室存在的问题探讨、管理模式探讨，但很少集中于如何通过具体实践避免问题的出现。本文针对高校化学类实验室在其药品、设备和操作工艺上的高危特殊性，结合自身在化学实验室多年工作经验，制定了化学类实验室建设和安全管理细则，并积极实践，获得成效，为高校化学类实验室精细化安全管理提供参考。

2 具体实践内容

2.1 定期开展实验室安全培训，强化安全意识

一年组织两次实验室安全培训，制定《实验室安全规章制度》，培训后考核，考核合格者进入实验室，并签署实验室安全协议。培训对象为本科生和研究生。培训内容包括：①以"案例"为镜，从思想上重视安全的重要性；②严苛的规章制度条例，违背者有章可依、有章可罚；③危险源识别及隐患排查；④具体实验操作培训。做到"我不伤害别人、我不被别人伤害。当别人受到伤害时能及时抢救，当他人违章时能及时制止"。

2.2 个人防护基本要求

进入化学类实验室前，最基本的个人防护要求必须达到，穿工作服进入实验室，操作化学品时戴护目镜和防护手套。禁止穿拖鞋、凉鞋、高跟鞋、裙子和短裤做实验，辫子、长发（过衣领）必须束起或盘入工作帽内。实验室内严禁饮食，实验完毕须及时洗手。

2.3 配备消防设施及其使用培训

教授同学常规消防基础知识，包括燃烧的主要类型：闪燃、着火、自燃和化学爆炸。燃烧的条件：可燃物、助燃物、引火源和链式反应。灭火剂的原理：有效破坏燃烧条件，使燃烧终止。实验室配备各类灭火装置，灭火器、灭火毯、灭火沙土等，并要求同学熟知灭火装置的准确使用、存放位置和有效选择。[4]培训同学正确使用台式洗眼器和紧急喷淋洗眼装置，模拟使用。

2.4 常规化学试剂管理

每学期对试剂进行全面统计和整理，以网络共享电子文档和存放位置张贴两种形式呈现。共享电子文档实时更新试剂动态；在三维图片中呈现各种试剂存放的具体位置，更加立体便捷，为药品管理和使用者查找样品提供方便。试剂摆放总体遵循了有机试剂与无机试剂分开，液体与固体试剂分开，酸性试剂与碱性试剂分开，氧化和还原试剂分开。

2.5 管制危险化学品管理

根据《危险化学品安全管理条例》的要求，明确了使用和储存危险化学品实验室的安全责任人，建立台账，严格实行"五双"制度，即双人管理、双人收发、双人运输、双人双锁、双人使用为核心的安全管理制度；如实记录教学、科研、生产过程中使用和储存的管制类危险化学品数量和流向[5]。管制危化品包含：剧毒化学品（2015版，148种）、易制毒化学品（2018年）、易制爆化学品（2017年版，公安部发布）、民用爆炸物品、麻醉药品（2013年版）、精神药品（2013年版）。管制危险化学品在采购前，要求师生须熟知其化学品安全技术说明书MSDS，明确实验室安全责任人，并由安全责任人签署和备案安全承诺书，经确认无误后，方可采购。采购及使用过程严格实行"五双"制度，建立台账，确保危险化学品全流程使用安全。

2.6 实验操作规范化,避免隐患

化学实验操作的正确性、规范性是科学探究成败的关键因素之一,同时也是保障实验室安全的重要因素,因此对本科生和研究生进行实验操作的规范性培训显得尤为重要。培训内容包括:常用玻璃仪器使用操作规范如双排管、分水器、冷凝管等;化学实验基本操作规范如无水无氧操作、减压蒸馏、萃取、柱色谱法等。

2.7 实验废弃物处置

高校化学类实验室在运行的过程中,不可避免地产生危险固体废物(包括液态废物)。根据《国家危险废物名录》的要求,具有腐蚀性、毒性、易燃性、反应性或者感染性等一种或者几种危险特性的;不排除具有危险特性,可能对环境或者人体健康造成有害影响,需要按照危险废物进行管理的;列入《危险化学品目录》的化学品的,其废弃后均属于危险废物。实验废弃物处置原则"全过程控制、分类管理"。首先,将实验室的固体废物和液体废物分类管理;其次,按照废弃物属性独立收集于密闭式容器内,且废弃物不与容器发生反应;第三,废弃化学品如含有高反应活性化合物、与水反应化合物以及强氧化还原性等,均独立收集于密闭式容器,且醒目标注"勿混合";第四,严防溢漏,按照密闭式容器容积的 70%~80% 盛装废弃物,容器底部配备防漏托盘,并做好废弃物成分记录。

2.8 气体钢瓶使用及管理

化学类实验室常涉及不同反应气氛下的化学实验,对气体要求多样性,需配备气体钢瓶。根据《中华人民共和国特种设备安全法》《气瓶安全监察规定》的要求,首先,对实验室钢瓶中的气体属性进行分类,包括易燃气体、助燃气体和惰性气体等,并分类、分处存放,放置于专业气瓶柜,配备气体报警装置和气瓶状态标识卡,存放地点通风、干燥,避免阳光直射,远离烟火和其他热源。其次,气体钢瓶放置整齐,配备瓶帽,用钢瓶架和铁链固定。第三,定期检查、检漏、清洗钢瓶和减压阀、止回阀等钢瓶附件,并做好相关记录。第四,培训和要求同学熟练掌握钢瓶使用过程:开启气体钢瓶时,先旋动总阀,后开减压器;用完后,先关闭总阀,放尽余气后,再关减压器;严禁只关减压器不关总阀。开关减压器、总阀和止流阀时,动作必须缓慢,防止产生静电。

2.9 实验室仪器设备管理

2.9.1 贵重仪器管理

贵重仪器设备是高等学校进行教学、科研、科技开发的重要物质基础。贵重仪器设备的使用与管理,严格按照《高等学校仪器设备管理办法》(教育部教高〔2000〕9 号)和《上海大学贵重仪器设备管理办法》执行。首先,在设备的日常使用和管理中,每台贵重仪器设备必须配备 4 项内容:操作规程、保养制度、使用说明和使用记录。

其次,建立精密贵重仪器的虚拟仿真操作实验,借助于多媒体、仿真和虚拟现实等技术,可在计算机上对仪器的各操作环节进行模拟和仿真。同学可反复练习贵重仪器的操作过程,待熟练掌握后,再进行仪器的使用。该方案即降低了贵重仪器使用培训的人员和时间成本,又极大降低了设备的损害率。确保贵重仪器设备的正常运行,充分发挥其在教学、科研和科技开发过程中的重要作用。

开放共享,服务师生、服务社会。根据《国务院关于国家重大科研基础设施和大型科研仪器向社会开放的意见》(国发〔2014〕70 号)、《上海市促进大型科学仪器设施共享规定》及《上海市大型科学仪器设施信息报送暂行办法》,积极通过上海市研发公共服务等平台向社会公布贵重仪器,及时开放共享,发挥其最大效益。

2.9.2 常规仪器管理

常规仪器设备管理,严格按照《高等学校仪器设备管理办法》(教育部教高〔2000〕9 号)和《上海大学仪器设备管理办法》执行,负责仪器设备的监管、检查、建账、建档,办理借用、调拨、报废等手续。在此基础上进一步细化:实验室内所有仪器落实到人;制定仪器运行时间,严格按照时间开关仪器;负责仪器的同学每周进行一次仪器的维护和清理。建立并严格执行值日生轮流值班。常规实验设备与贵重仪器设备一样,均建立操作规程,统一培训后使用,减少仪器故障和安全隐患。

2.10 风险实验项目评估

针对实验室从事的具有较高安全风险（易燃、易爆、高温、高压、强磁、高压电、化学灼伤、有毒等）的具体实验项目，要求每位同学梳理科研过程从事的实验项目，对较高风险实验项目进行风险点梳理，控制措施提出，安全预防预案制定。评估的内容包含：实验名称、实验原理、实验步骤和实验流程的简要描述；使用到的原料、设备、化学品、气体等的罗列；实验周期；实验过程质量风险分析；实验过程环境风险分析；实验过程安全风险分析；安全应急预案；个人防护；废弃物处置等，形成评估报告。评估报告要求如有任何实验（配方 & 工艺）变更、放大实验须再次进行实验过程风险评估（可在实验方案或实验记录本中着重对变化部分及其影响范围进行风险评估）。实验规范化培训，使同学养成良好的实验习惯和严谨的科学态度，也为实验室安全提供有力保障。

2.11 梳理实验室安全隐患，建立实验室安全规范

针对实验室的特点，梳理试剂、仪器设备的安全隐患，例如：二氯甲烷低沸点溶剂等溶剂，使用前先冷藏；碱缸确保二次盛托并位于实验台面正下方，不得放置于过道位置；因某某实验室没有通风柜，涉及挥发性化学试剂取用不得在该实验室进行等。建立实验室安全规范。

2.12 建立实验室值日生轮流值班制度

建立并严格执行值日生轮流值班制度。除了开展化学实验的同学值守实验过程，值日生同学一并监看，确保实验室至少 2 人存在。同时，值日生同学负责晚上离开实验室时，按照实验室日常安全检查表对实验室依次进行安全排查，并做记录。

2.13 安装移动观察设备，远程随时随地观察实验室运行状况

借助信息化和智能化的力量，使用智能摄像机，360°全景巡航，将实验室安全实时监看搬到云端，通过链接移动设备，随时掌握实验室运行情况。同时，智能摄像机配备回看功能，对不规范的安全隐患行为加以跟踪，并及时纠正。

2.14 化学类实验室卫生管理

实验室卫生整洁是实验室得以安全的有力保障，建立实验室卫生细则，包括实验台面、通风橱、称量台等的清洁整理。安排值日生，负责一周的实验室卫生情况。每周五下午要求全体师生进行大扫除，实验室的每个角落均覆盖，大扫除要求不可缺席，不能参加者找他人代替，保障大扫除彻底进行。

3 结论

纵观当前高校化学类实验室，虽然承担着繁重的教学和科研任务，但不乏存在以"乱"为特点的安全隐患。化学品种类多而杂乱；使用者多而乱；实验台上摆放的试剂多而乱；试剂的购买和领用流程不规范而乱；储存条件局限而存放杂而乱；"三废"收集处理规定执行乱；高精密的实验仪器设备使用不规范而乱；等等。虽然国家制定了多种有关危险化学品的法律法规，很多高校也制定了各项规章制度，但是仍存在安全管理难的问题，既然要管理，"管"要管在点子上，"理"要理出头绪。本文针对实验室安全管理的众多措施，高效明晰，为实验室安全管理提供价值参考。

参考文献

[1] 李丽容,姚华珍,胡建华,等.高职院校化学实验室管理的探索——以杭州万向职业技术学院为例[J].化工管理,2019,9:17-18.

[2] 李奕萱.高校化学实验室管理存在的问题及其改进意见[J].广州化工,2019,47(15):169-171.

[3] 张珊珊,莫梅,任萌,等.高校化学实验室安全管理问题探讨[J].实验室科学,2019,22(4):224-230.

[4] 冯建跃.高校实验室安全工作参考手册[M].北京:中国轻工业出版社,2020.

[5] 陈谨,顾家军,祝超凡,等.实验室管制类危险化学品安全管理策略探究[J].科技视界,2021,22(55):115-117.

前沿探索

"智能+"时代电子专业创新创业教育模式研究与探索

朱 娟

(湖北文理学院 物理与电子工程学院,湖北 襄阳 441053)

摘 要:针对电子专业知识更新快、实践操作强、应用范围广的特点,本文探索了"智能+"技术应用于电子专业创新创业教育的新模式,提出数字化布鲁姆进阶目标,构建信息化创新创业云课程资源,实施智能化创新创业教学手段,制定多元化创新创业人才考核评价体系。专创融合、能力进阶、品质提升,多维发力培养电子专业创新创业卓越人才。

关键词:智能+;电子;创新创业;信息化

中图分类号:G424.1

Research and Exploration on Innovation and Entrepreneurship Education Mode of Electronic Engineering Major in the "Intelligence+" Time

Zhu Juan

(School of Physics and Engineering, Hubei University of Arts and Science, Xiangyang 441053, Hubei, China)

Abstract: An "intelligent+" technique is applied to an innovation and entrepreneurship education mode of electronic engineering major considering the characteristics of fast updated knowledge, strong practical feature, and wide applicability. An advanced digital bloom objective was put forward, cloud curriculum resources were constructed, intelligent creative teaching methods were implemented, and a diversified innovative entrepreneurial talent assessment evaluation system was made in this paper. Teaching method such as innovation integration, quality improvement, advanced ability was used to cultivate electronic engineering major students.

Keywords: intelligent+; electronic; innovation and entrepreneurship; informatization

1 引言

随着5G、物联网、人工智能、大数据等前沿技术的蓬勃发展,"智能+"一词在2019年全国两会政府工作报告中首次提出,报告强调要坚持创新引领发展,推动传统产业改造提升,打造工业互联网平台,拓展"智能+",为制造业转型升级赋能。产业结构智能化,对高校人才培养提出了新的挑战,习近平总书记在2019年国际人工智能教育大会的致辞中强调,要高度重视人工智能对教育的深刻影响,积极推动人工智能和教育深度融合,促进教育变革创新,充分发挥人工智能优势,加快发展伴随每个人一生的教育,平等面向每个人的教育、适合每个人的教育、更加开放灵活的教育。大学生是最具创新、创业潜力的群体之一,在高等学校开展创

基金项目:2021年教育部产学合作协同育人项目"基于创客理念的创新创业教育与电子信息类专业教育的融合探索"(202101355072);2021年湖北文理学院"创新创业教育"教学研究项目"一核两翼、双轮驱动:新工科背景下双创教育与电子信息类专业深度融合的培养模式构建"(CX2021002)

作者简介:朱娟,女,硕士,讲师,研究方向为信号及信息处理。

新创业教育,积极鼓励高校学生自主创业,是教育系统深入学习实践科学发展观,服务于创新型国家建设的重大战略举措。将"智能+"技术融入电子专业创新创业教育是结合专业特点,深入推进大众创业万众创新,推动高等教育高质量发展,加快培养创新创业人才的重要举措,以教育现代化支撑国家现代化,努力实现《中国教育现代化2035》总体目标。

2 "智能+"融入电子专业创新创业教育的形势

2.1 新工科建设的迫切需要

新工科建设是主动应对新一轮科技革命与产业变革的战略行动,以新技术、新产业、新业态和新模式为特征的新经济呼唤"新工科",国家一系列重大战略深入实施呼唤"新工科",提升国家硬实力和国际竞争力呼唤"新工科"[1]。与此同时,"智能+"技术迅猛发展,与工业、农业、医疗、教育领域深度融合,基于"智能+"技术的新工科建设举措逐步展开。电子专业的通信、嵌入式、人工智能、光传输等技术是支持"智能+"发展的核心,将其融入电子专业创新创业教育是顺应新工科建设的迫切需要。

2.2 工程教育专业认证的必然选择

工程教育专业认证的核心是要确认工科毕业生达到行业认可的既定质量标准要求,是一种以培养目标和毕业出口要求为导向的合格性评价。我校电子专业以电子信息及其高端服务产品的研发、测试和制造为主要研究对象,集信息处理、电子与计算机技术于一体,培养在信号和信息获取、传输、处理、控制及计算机应用方面具有较强实践能力,能够从事电子产品设计与分析、研究与开发、制造与生产管理的应用型工程师。结合电子专业工程认证在工程知识、问题分析、设计/开发解决方案等12个标准中的毕业要求,"智能+"融入电子专业创新创业教育既满足了知识的高阶性,又实现了产出导向下个人综合素质提升。

3 "智能+"背景下电子专业创新创业教育的困境

"智能+"包含了AR、VR、AI、IW等诸多科技热点,是继"互联网"后的一个强大的变革力量,将其融入电子专业创新创业教育,从概念、关键技术、应用方案、商业模式、市场趋势等方面进行深入探索,专业知识与市场需求紧密结合,实现产出导向的个性化人才培养,然而在教育目标、课程体系、实施策略方面还面临诸多挑战。

3.1 创新创业教育目标体系尚未形成,创新创业意识不强

目前,创新创业教育的目标还停留在国家政策的宏观导向,从"以创业带动就业"到"大众创业,万众创新",再到"实现《中国教育现代化2035》总体目标",创新创业教育政策变迁经历了一个螺旋式递变过程,主要是外界行政力量干预的结果,是一种自上而下的政策安排[2-3]。然而,针对高校电子专业的创新创业教育来说,需要根据国家政策、学科前沿、专业人才培养方案等,制定可执行、可检测、可度量的教育目标体系,从理论到实践、课内到课外、能力到素质等多方面提升学生的创新创业意识。

3.2 创新创业课程体系与专业课程、科技前沿融合不深,进阶性不足

我校电子专业,创新创业课程借助通识教育平台、课外实践创新平台,针对大二以上班级开设了创业基础、大学生就业指导、SYB创业训练等课程,以上课程均由创新创业学院教师授课,教学内容与专业课程融合不深,致使学生空有创业理论,却无专业知识转化为实际产品的方法,同时教学内容偏向创业教育,忽略了创新思维训练,未将科技前沿融入课程内容,导致学生创新思维训练滞后于专业知识学习,阻碍了创新创业项目的开展。

3.3 创新创业教学实施方式单一,"智能+"技术渗透不够

目前项目式教学、探究式教学、情景式教学等方式已逐渐渗透至创新创业教学中,但由于电子专业学科知识更新快、交叉多、实践性强,以上教学方式未能结合专业自身特点及学生实际情况,因地制宜开展信息化、个性化、多元化教学,满足学科竞赛、创新创业项目训练、人才培养的需求,未能良好解决学生创新思维薄

弱、创业动力不足、价值目标缺失等难题。

4 "智能+"融入电子专业创新创业教育的策略

"智能+",是在大数据、云计算等互联网技术深入应用的基础上,深刻把握新一代人工智能的发展特点,促进人工智能与各个行业融合,推动社会发展从数字化、网络化,迈向智能化,构建数据驱动、人机协同、跨界融合、共创共享的社会新形态[4]。"智能+"融入创新创业教育可以从学情分析、目标塑造、内容构建、教学实施、考核评价等方面深入展开,实现知识迭代、能力进阶、价值提升。

4.1 数字画像,实现精准"教-学"匹配

数字画像的概念最早由交互设计之父 Alan Cooper 提出:"Personas are a concrete representation of target users."是指真实用户的虚拟代表,是建立在一系列属性数据之上的目标用户模型。随着互联网的发展,数字画像又包含了新的内容和意义,根据用户人口学特征、网络浏览内容、网络社交活动和消费行为等信息而抽象出的一个标签化的用户模型。数字画像的生产过程包括用户建模、数据收集、数据清理、模型训练、属性预测、数据合并等步骤[5]。

在教育领域,画像的主体一般指学习者,利用手机、电脑、穿戴电子产品等设备对其兴趣爱好、行为特征、社交属性、能力素质等方面进行数据收集,以多源、多维度、多时段数据为基础,通过大数据分析技术生成全方位的学生画像,将学习者标签化,对其展开个性化教学,是一种因材施教的有效手段。

在创新创业教育过程中,也可以对学习任务进行数字画像,将课程内容分解为不同的模块,模块体现进阶性,涉及理论、实验、创新、应用等方面,根据学习模块的原理、难易、学科、目标,区分为不同的模块类型,并为每个学习模块赋予关键词、适用特点、统计学要素等描述。

对学习者进行数字画像,可以精准分析学生学情,掌握每位学生的偏好、优势、素质;对学习目标进行数字画像,可以精准定位学习任务,让不同的学习任务精准匹配最优学习者,充分以学生为中心,进行个性化教育,获得教与学精准匹配。

4.2 分层进阶,塑造数字布鲁姆学习目标

学生的创新活动一般都具有目标导向,不同的学习目标会使得学生拥有不同的学习行为的动机过程,进而产生不同的创新行为,因此将创新创业教育、专业教育、思政教育的目标进行融合、渗透、重塑,有助于促进教育的高质量均衡发展,构筑智慧教育的新格局。

学习目标分层分类理论是 20 世纪 50 年代以布鲁姆为代表的美国心理专家提出的,在这个理论体系中,布鲁姆等人将教学活动所要实现的整体目标分为认知、行动、情感 3 大领域,并从实现各个领域的最终目标出发,确定了记忆、理解、应用、分析、评价、创造 5 个层次[6]。随着互联网技术的发展,学者们将信息技术与布鲁姆分层目标结合,构建了数字布鲁姆学习目标体系。在"智能+"时代,创新创业教育需结合云计算、人工智能、机器学习等前沿科技,塑造可督、可测、可评的数字目标体系,实现自主学习、进阶培养。

结合布鲁姆认知目标,创新创业教育要求学生熟记具体事实、方法、过程、理论,通过转换、解释、推断来表明对知识的领会。在认知阶段,可利用多种手机 App 软件帮助高效记忆,如记乎、Anki 记忆卡、印象笔记等。软件结合艾宾浩斯遗忘曲线规律,根据学生在学习时反馈的困难程度,在遗忘临界点再次出现前,智能推送知识点,加深记忆,最终达到"永久记住"的目的。

结合布鲁姆行动目标,创新创业教育要求学生整合知识,运用所学理论,联系实际创新创业项目,把复杂的项目分解为不同子模块,分析内在联系、因果关系,归纳总结现有知识,提出创新点,多方面测试验证创新点的正确性。在行动目标中,可使用虚拟仿真、数字孪生技术支持学生创新点提出、项目构建、结果验证;使用互联网多人协作、云空间技术,支持项目分解、小组研讨;利用扩展现实、全息投影技术实现成果产品化。

结合布鲁姆情感目标,创新创业教育要求学生学习知识、提升能力的同时,逐渐形成思辨创新的思维、勇于创新的品质和科技报国的情怀。在情感目标中,利用物联网、5G、区块链等技术,构建数字化校园。结合

学生数字画像标签,推送思政育人内容;利用调查问卷,监督学生思想动向;借助线上线下竞赛,提升创新品质。

4.3 课赛训研,构建多学科交叉创新创业"云课程"

电子专业创新创业教育课程体系,应与专业课程、学科前沿、课程思政深度融合,以学生为中心,以基础知识、专业能力、工程思维、职业态度为内容,以课程、竞赛、实训、科研为平台,构建基础理论+科技前沿+创新实践+课程思政的多学科交叉课程体系。

根据学院电子专业培养应用型创新创业人才的目标,调整专业课程设置,按照汽车电子、通信工程、电子信息工程3个方向,挖掘和充实专业课程的创新创业教育资源,在传授专业知识的过程中加强创新创业教育,夯实学生理论基础;将学科前沿与创新创业前沿并行引入课程资源,拓展学生创新思维;利用大学生创新创业教育基地、光电协同创新中心、校企合作联盟、ICT产业学院等优质教育平台开设创新实践课程,提升学生创新能力;围绕立德树人,将课程思政贯穿全程,构建课程思政案例库,培育学生创新品质。

如图1所示,在课程设置上,本着进阶培养的原则,优化教学内容,按照"一年级了解专业,二年级认知行业,三年级熟悉职业,四年级筹划创业"的思路,设立课内教学、实验室创新实践、虚拟环境实训、创业创业实践相融合的一体化创新创业课程体系。在专业教育的同时,分阶段增设创新创业课程,如大学生创业基础、创新研讨课、创新工程实践、电子信息创新设计、创新创业项目立项训练、大学生科技创新选题及务实、项目管理、企业管理等。将大学生电子竞赛、挑战杯、互联网+等学科竞赛的真实考题,创新创业实训、工程实训、实习实训的真实案例,学生科研、教师科研的真实项目,采用自顶向下的方式分解为不同模块,转化为能力进阶的课程教学内容。面向不同年级学生开设研究方法、学科前沿、创新方法、创业基础、就业指导等方面的必修课、选修课和通识教育课,利用大学生Mooc,超星等线上平台,建设阶梯递进、学科交叉、深度融合的创新创业"云课程"。

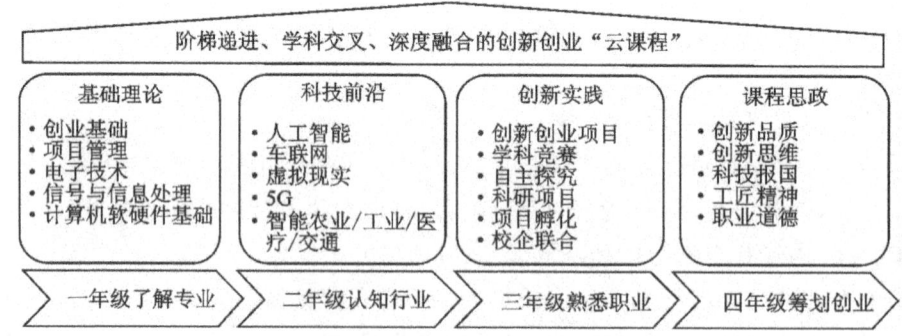

图1 多学科交叉创新创业"云课程"

4.4 技术赋能,助力信息化教学实施

现代社会进入信息化时代以后,学生的学习环境、学习工具、学习方法都发生了巨大变革,技术进步也为教育提供了更大的发展空间。对于多学科交叉的创新创业教育来说,基于"智能+"技术的信息化教学手段成为双创教育的"助推剂"。

4.4.1 智慧教室

智慧教室是在多媒体教室的基础上衍生出来的,它进一步拓展了大数据采集、学情分析、交互智能显示、小组分享互动、多元评价等功能,一般分为智慧交互教室和网络互动教室,前者配备了学习端、多屏共享、数据分析设备,主要支持现场教学,注重教学体验感,后者主要支持1+N远程教学,配备了录播、音视频采集设备,用于AB班教学、云课堂。电子专业的创新创业教育在课前、课中、课后展开基于智慧教室的探究式、小组协作式、项目式教学可有效激发学生的创新兴趣,驱动创新实践[7]。智慧教室助力信息化教学如图2所示,课前大数据采集学生学情,形成数字标签,并将云课程相应学习内容推送至学生,制定个性化学习方案,数字化分组;课中小组就所选课题与老师、同学互动,展开汇报、讨论、总结,得到最优方案;课后创新实践,将作品转化为产品,助力创业。

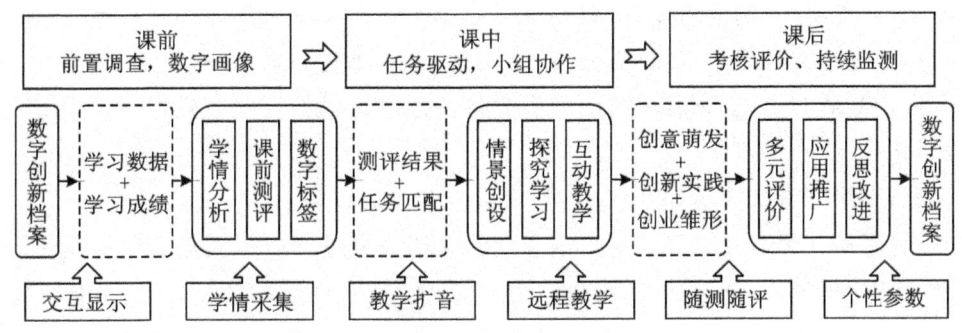

图2 智慧教室助力信息化教学

4.4.2 虚拟仿真实训平台

创新创业虚拟仿真实训平台，集创新、创业、虚拟仿真于一体，主要功能模块有平台主页及后台管理模块、创业学习模块、创业创新测评模块、创新思维训练模块、创业计划书模块、实战模拟模块、创业机会分析模块、创业路演模块、创业交流模块等。利用创业相关的知识、故事、政策及视频引导学生进行创业前的准备学习，通过创业计划书、报告书案例库帮助学生掌握各种创业文档的撰写，应用创业机会分析系统启发学生敏锐识别创业机会，采用创业路演模拟系统训练学生的路演综合能力。

电子专业的创新创业虚拟仿真实训项目，按能力进阶分为案例模仿、改进完善和自主创新，围绕物联网、电子制造、人工智能等科技前沿展开训练。案例模仿项目中，学生将经典创新创业案例系统再现，如"智能家居安防报警系统""智慧农业大棚监控系统"等。从项目需求分析、成员分工、计划书撰写、可行性报告分析、项目构建、宣传策划、运营管理等方面熟悉创新创业项目开发流程。平台根据成绩报告、产业报告、财务报告、利润表等因素进行评估，对项目进行评分。在改进完善项目阶段要求学生根据各种报告分析，进行技术、创意、规模改进，利用创业画布、Baty选择因素法、伯泰申米特法对经典案例中的创业机会深度挖掘，对项目进行重构，以获得最大收益。在自主创新虚拟仿真项目中，学生可以利用所学综合知识，构建全新的创新创业项目，基于真实的需求调查、产品评测、市场反馈感受电子制造企业发展的全过程。

4.4.3 3D全息投影、VR技术

情景式教学、沉浸式体验是近年来教学实施中的热门话题，二者依赖于生动真实的教学环境，让学习者在贴切的情景之下，进行一种情景交融的教学活动。3D全息投影、VR技术等可充分利用灯光影像等效果，不受限于时间、空间，创设与课程内容相关的典型场景，触发人体各种感官，激起学生的学习兴趣，把认知活动和情感活动结合起来。学生在进行创新创业教育和项目开发时，可根据项目内容、项目实施阶段、项目应用场景，利用3D全息投影和VR技术创设情景、提升兴趣、激发创意。如在讲解汽车构造时，利用3D全息投影技术将完整汽车模型展现在学生眼前，进行逼真、细致、透彻的讲解；而在进行汽车电子创新创业项目开发时，利用VR技术让学生置身于汽车驾驶情景中，根据驾驶的体验感，提出汽车仪表显示报警设计、行驶轨迹语音控制设计、辅助停车设计等。

4.4.4 创客空间

"创客"(maker)是指出于兴趣与爱好，努力把各种创意转变为现实的人。在互联网的背景下，创客又有了新的定义，他们可以利用开源硬件和互联网，把更多的创意转变为产品甚至商品。创客空间是创客文化与教育的结合，基于学生兴趣，以项目学习的方式，使用数字化工具，倡导造物，鼓励分享，培养跨学科解决问题能力、团队协作能力和创新能力的一种素质教育[8]。

近年来，各大高校积极探索构建专业化、集成化、网络化的"众创空间"，实现创新与创业、线上与线下、孵化与投资相结合。清华大学的清华创客空间秉承"动手创造、思想碰撞、跨界协作、创业实践"的社团宗旨，为同学搭建创意分享空间，开发了智能募捐箱、Healthy Butt智能坐垫、方听音乐盒子等作品。深圳的柴火创客空间为创新制作者提供基本的原型开发设备、电子开发设备、机械加工设备等，空间内拥有开源硬件、Linux及嵌入式开发、物联网、绿色能源等多个主题，鼓励创客跨界交流，促进创意实现及产品孵化[9]。依托

地方政府"我选湖北、智汇襄阳"的政策支持,我院电子专业学生在大学生创业园区构建了"唯物创客",面向全校学生招募会员,定期举办技能培训、嘉宾分享、头脑风暴、竞赛挑战等活动,从策划、发布、实施、管理、维护多方面发力,积极倡导敢为人先、宽容失败的创新文化,树立崇尚创新、创业致富的价值导向,大力培育企业家精神和创客文化。

4.5 四位一体,完善数字化考核评价体系

教育部高等教育司司长吴岩在全国大学生创新创业大赛中说道:"以创新创业教育为契机,我国高等教育将形成新的'教学质量观'。对学生的评价标准,会从'我能行、我会干'向'我敢闯、我会创'方向转变"。评价"行、干、闯、创"的实施效果,应遵从多维度、广覆盖、长时期、全过程的原则,制定多元化、精准化、数字化的创新创业考核评价体系。

评价体系应结合电子专业创新创业教育的培养目标,从过程、成果、能力、素质等方面进行多维考核。过程考核应从学生创新创业的理论学习、创新实战、创业探索等方面记录数据,考查学生创新创业的参与度,形成个性化的创新训练模型,利用深度学习技术对每位学生的创新能力进行预测;成果考核需从创新创业成果的数量、质量、经济效益、推广度、受欢迎度等进行评价,评价权重根据学校层次、学生专业、综合素质进行差异化设置;能力考核不仅要考查学生的创新能力,更要考查学生的团队协作能力、技能应用能力、解决复杂问题工程能力和商业洞察能力等;素质考核需从创新品质、创新思维、科技报国、职业素养等方面进行综合评定,培养具有使命担当的创新创业人才。

如图3所示,在过程、成果、能力、素质的考核机制中,融入"智能+"技术,以学生为中心,以信息化手段为推手,通过大数据记录云课程学习效果,包括学习时长、课程数量、理论测试等;利用线上线下平台,展示学生创意、方案、产品,邀请企业专家、教师团队、小组同伴进行成果评价;引入第三方质量监测机构,如麦可思教学质量监测平台,对毕业后学生的创新能力、创新品质进行长期监测。依托课程团队、实训平台、创新创业基地、产业园区等平台,将学生创想、创意、创新、创造、创业全过程的表现纳入考核,形成四位一体的数字化考核评价体系。

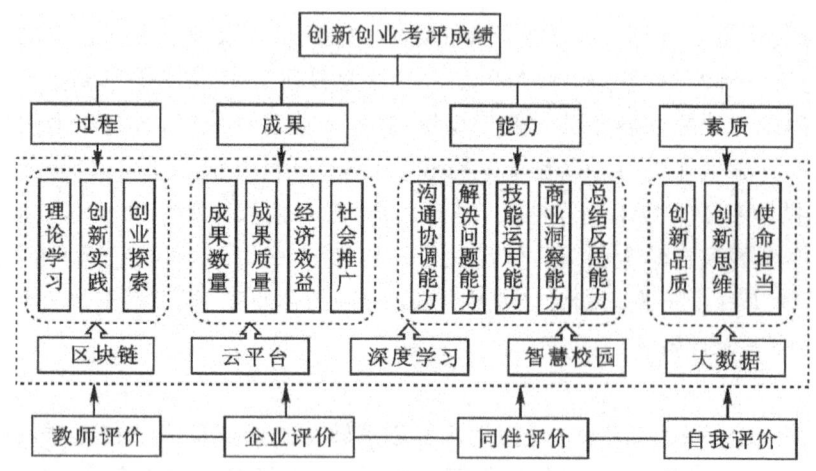

图3 四位一体的数字化考核评价体系

5 "智能+"融入电子专业创新创业教育的挑战

"智能+教育"模式加快推动了人才培养模式、教学方法改革,全面构建了包含智能学习、交互式学习的新型教育体系,有效解决了精准化、个性化、智能化的学习需求,已成为当今的时代要求和未来的发展趋势。然而,由于我国东西部经济发展的差异、不同学校的办学定位、地区政府对创新创业的扶持力度等因素限制,要想更好地推进"智能+"技术与电子专业创新创业教育深度融合,还要面临以下挑战:

5.1 "智能+"技术渗透的深度

"智能+"技术在创新创业教育中的渗透要遵循全员、全程、全方位的原则。

5.1.1 师生共创、全员参与

"智能+"时代的创新创业教育不仅要求学生了解科技前沿、产生创意火花、实现产品孵化,更要求教师关注科技动态、掌握智能技术、精通专业技能,因此教育者应先受教育,在思想素质方面坚定科学思想,提升创新素质,坚持学习国家创新创业政策,研究前沿科技的发展形势,引导学生创业方向;在教学技能方面与时俱进、守正创新,深挖大数据、人工智能、深度学习等前沿技术与电子专业创新创业教育的结合点,更新教学内容、创新教学方法、革新教学评价、刷新教学成果,推进学生创业实践;在专业水平方面刻苦钻研、积极申报,努力将科研项目转化为教学案例,以研促教,增强学生创业意愿。

5.1.2 专创共融、全程助力

专业教育是创新创业教育的支撑,创新创业教育是专业教育的有力补充,基于"智能+"的专业教育、创新创业教育应全程深度融合,才能切实有效地推动高校创新创业人才培养质量的长足发展。创想阶段,智能技术赋能教学,用声、光、电等设备聚焦学生兴趣、引导学生思考、产生创想火苗;创意阶段,科技前沿融入专创教育、夯实理论基础、拓展思维训练、迸发创意灵感;创新阶段,科研项目促进专创共长、深化实践实训、提升专业技能、形成创新雏形;创造阶段,虚拟仿真验证创新结果,校企联合催生产品孵化;创业阶段,大数据资源共享,区块链决策保障,推动双创纵深拓展。

5.1.3 校企共育、全方位推进

创新创业教育中,学校、企业应利用"智能+"技术,构建五个"一体化"育人机制,共同促进双创人才培养。校企共同打造既符合企业生产经营需要,又满足实践教学需求的"一体化"实训基地,实现教学与生产一体化;将企业的工作任务转化为优质教学案例,借助 VR、云平台等技术共享设备、分享资源,实现专业课程与工作任务一体化;把专业教师送进车间,把企业工程师请进课堂,实现教师与工程师一体化;把课堂推向企业,把学生送上岗位,实现学生与员工一体化;采用线上创业培训、大数据跟踪指导、点对点创业扶持,实现学生就业创业一体化。

5.2 "智能+"技术覆盖的广度

"智能+"技术在创新创业教育中的覆盖要遵循全年级、全专业、全课程的原则。一年级进行兴趣引导,举办"科技前沿、创新创业平台操作及使用、校企合作"等主题的线上线下讲座,用信息化手段激发学生的创新热情;二年级开展创新训练,解析学科竞赛历年真题,剖析企业项目发展动态,用前沿技术拓展学生创新意识;三年级实施创新实践,参与"互联网+""挑战杯"等学科竞赛提升能力,参与企业项目将理论知识转化为工程实践;四年级组织创业演练,校企联合构建创新创业团队、开发创新创业项目云平台、成立创业园区,实现产品孵化。电子专业目前有 3 个专业方向,分别是通信工程、电子信息工程、电子信息科学与技术,涉及移动通信、光传输、互联网通信、汽车电子、嵌入式系统开发等多个领域,创新创业的成果是多个领域交叉融合的产物,因此,创新创业的教育要从多维度向不同领域延伸,既要引导学生钻研各个领域的前沿技术,又要使用前沿技术辅助"智能+教学"。"智能+"技术不仅要在专业课中发挥作用,在学科基础课、创新创业教育课程、校企联合课程中也应深度覆盖。从兴趣引导、思维塑造、实训巩固、实践提升、产品孵化等方面循序渐进,逐级覆盖。

5.3 "智能+"技术实施的温度

"智能+"技术在创新创业教育中的实施要注意差异化、个性化。差异化体现在地区经济结构、学校办学定位、学生综合实力等方面,我国东南沿海地区比中西部的经济发展迅速,校企合作的范围、规模和深度为创新创业教育提供了丰富的资源和有利的平台,而工业欠发达地区,校企合作范围有限,高校有些专业与地方企业融合不深,阻碍了创新创业的产品孵化,因此,"智能+"技术在创新创业教育中,应加强信息流通、资源共享、成果转化,以满足地区差异化下创新创业教育需要。个性化体现在学生的思维方式、生活习惯、学习方

法等因人而异,在"智能+"时代,需要分析学习者的兴趣爱好、学习倾向、学习动机、学习潜力等,因材施教,从知识到能力、从能力到素养、从素养到品质完成个性化的精细教育。同时在考核评价创新创业教学效果时,不能只以成果为导向,更应注重在创新创业过程中提升学生创新思辨的意识、团队协作的精神和科技报国的担当。

6 总结

教育信息化2.0时代,以大数据、人工智能、物联网等为核心的"智能+"技术有力支撑了教学的精准化、个性化、智能化发展。本文将"智能+"技术引入创新创业教育,在"课前—课中—课后"3个阶段,从"目标—内容—实施"3个维度,构建了电子专业创新创业教育模式。课前精准分析学情,因材施教,促使创新萌芽产生;课中融合多学科交叉,小组协作,助力创新产品成形;课后监督考评反馈,持续改进,推进创新成果孵化。制定了数字化的创新创业布鲁姆学习目标,阶梯递进,实现"知识—能力—素质"的创新型人才培养;构建了多学科交叉创新创业"云课程",线上线下,实现"理论—实践—前沿—思政"的创新创业课程全方位覆盖;形成了"智能+"技术的"学—教—评"教学实施方案,多方联动,实现创新创业教育智能升级。

参考文献

[1] 吴青,王文庆.新工科背景下智能人才培养体系的探究与实践[J].计算机教育,2021(11):46-50.

[2] 关成华.智能时代的教育创新趋势与未来教育启示[J].中国电化教育,2021(7):13-21.

[3] 杨冬.我国高校创新创业教育政策变迁的轨迹、机制与省思[J].高校教育管理,2021(9):90-104.

[4] 李亚员.我国高校创新创业教育生态系统建设研究的成效与展望[J].高校教育管理,2021(7):115-124.

[5] 陈丹."数字布鲁姆"中国版的建构[J].中国电化教育,2021(1):71-77.

[6] 张治.基于数字画像的综合素质评价:框架、指标、模型与应用[J].中国电化教育,2021(8):25-33.

[7] 杨俊峰.5G+智慧教育:基于智能技术的教育变革[J].中国电化教育,2021(4):1-7.

[8] 门志国,刘盼盼,王兴梅.困境与路径:基于协同论的人工智能领域创新创业教育研究[J].黑龙江高教研究,2022,40(1):139-144.

[9] 熊峰,周增逵.数智时代高职创新创业育人生态系统建构[J].中国高等教育,2021(22):59-61.

[10] 王建新,段桂华,刘锦."人工智能+X"研究生创新人才培养模式探索与实践[J].工业和信息化教育,2021(10):6-9,30.

基于 OBE 理念的 3D 打印实验课程设计与实践

刘双科,李宇杰,郑春满,王丹琴,郭青鹏,谢 威

(国防科技大学 空天科学学院,湖南 长沙 410073)

摘 要:为有效增强本科学员在材料科学与工程领域的实践和创新能力,培养德才兼备的高素质、专业化新型军事人才,基于"能力产出导向"教育理念,采用反向设计、正向实施的方法,对《高分子材料 3D 打印综合实验》的课程目标、教学计划、教学测评等方面进行了设计和实践。通过理论学习、实践教学、分组研究、调研汇报、实地参观等多种方式的学习实践活动,培养和提高了学员的综合能力与素质,实现了预期学习目标,有力支撑了学校材料专业本科人才培养方案的毕业要求,为学员未来职业发展奠定了良好的专业基础。

关键词:能力产出导向;综合实验;课程设计;3D 打印

中图分类号:G424.1

Design and Exploration of Polymer 3D Printing Comprehensive Experiment Course Based on Outcome Based Education

Liu Shuangke, Li Yujie, Zheng Chunman, Wang Danqin, Guo Qingpeng, Xie Wei

(College of Aerospace Science and Engineering, National University of Defense Technology, Changsha 410073, Hunan, China)

Abstract: In order to effectively enhance the practical and innovation ability of undergraduates in the field of material science and engineering and cultivate high-quality professional new military talents with both ability and political integrity, based on the concept of Outcome Based Education, the teaching objectives, plan, and evaluation of the polymer 3D printing comprehensive experiment course adapting the method of reverse design and forward implementation were designed and explored. The expected learning objectives have been achieved through theoretical and practical teaching, group research, research report, field visit and other activities, which strongly supported the graduation requirements of the undergraduate talent training program of the materials science and engineering major, and laid a good professional foundation for the students' future career development.

Keywords: outcome based education; comprehensive experiment; course design; 3D printing

1 引言

2019 年 11 月,习近平主席在全军院校长集训开班式上鲜明提出了新时代军事教育方针,明确了军队院校"培养德才兼备的高素质、专业化新型军事人才"的根本任务。培养专业基础坚实、工程实践和创新能力突出的工科专业人才是"高素质、专业化新型军事人才培养"的必然要求。综合实践教学是专业理论向实践应

基金项目:2020 年国防科技大学教育教学研究课题—"基础理论-课程实践-创新实践"一体化教学改革与实践-以材料学科化学课程为例(U2020021);2019 年国防科技大学教育教学研究课题—基于工程教育认证核心理念的《无机与分析化学》教学改革与实践研究(U2019028);2020 年湖南省新工科研究与实践项目—精准施策、分类培养,以产出为导向的军校材料专业新工科人才培养模式构建与实践;2021 年高等学校能源动力类教学研究与实践项目"校企联合、虚实结合"的新能源材料与器件实践教学"贯通式"建设探索(NDJZW2021Z-34)

作者简介:刘双科,男,博士,研究方向为能源材料与器件。

用转化的重要教学过程,也是培养和提高学员综合能力与素质的重要环节[2]。随着国防科技大学由以学历教育为主转变为学历教育与首次任职培训并重,需要更加突出强调能力培养(如岗位任职能力、工程实践能力、主动学习能力、团队协作能力等),即由"学习知识"转向"培养能力",综合实践教学在我校人才培养中的地位和作用愈加重要。

"能力产出导向"又称成果导向教育(Outcome Based Education,简称 OBE),1981 年由 Spady 等人[3]提出后,由于理念先进逐渐得到了世界各国高等工程教育机构的认可。美国工程教育认证协会全面接受了 OBE 理念[4],我国新工科建设也积极采纳和践行了该教育理念[5]。对于课程而言,能力产出导向是指课程教学活动应围绕以"学生能力素质培养"为导向进行教学设计、教学实施和教学评价,要充分关注培养目标、核心能力以及实现核心能力培养的手段[6]。基于能力产出导向进行综合实践教学设计与实施将更有利于实现课程教学目标和人才培养目标二者的有机统一,对于"高素质、专业化新型军事人才培养"具有十分重要的促进作用。

为了加强本科学员在材料设计、成型加工、试验研究等方面的工程实践和创新能力,确立实践教学在学员能力培养中的重要地位,学校在材料科学与工程专业新的本科人才培养方案中构建了以能力培养为主线的实践教学体系,将材料科学与工程专业实践教学分为 3 个级别:一级项目、二级项目和三级项目。其中,二级项目以培养学生对理论知识综合应用的能力为主要目标,基于课程群的系统构思与设计过程,把关联课程的相关知识有机结合起来,形成知识结构网络,相当于综合性较强的实验课程。结合学院的教学科研特色,开设了《金属材料制备与性能测试综合实验》《功能陶瓷制备与表征综合实验》和《高分子材料 3D 打印综合实验》3 个二级项目,涵盖金属、陶瓷、高分子材料的制备与测试。

《高分子材料 3D 打印综合实验》为人才培养方案中新建的课程,如何科学合理地设置课程目标,并围绕课程目标选择合适的教学内容、设置合适的实践教学环节,是教学团队在课程设计和实施过程中需要重点思考的问题。本文主要介绍教学团队在《高分子材料 3D 打印综合实验》课程建设中基于能力产出导向进行课程设计与实践的具体思路与实施过程以及取得的教学效果。

2 基于能力产出导向的课程设计原则

能力产出导向的核心要义是指教学设计和教学实施的目标是学生通过教育过程最后所取得的成果产出,是以预期学习产出为中心来组织、实施与评价教学的结构模式[3]。能力产出导向必须符合一致性建构原则,即课程目标、学习活动和学习评价必须能够相互支撑,构成一个完整的逻辑闭环[6]。

基于能力产出导向的课程设计必须满足以下几点:①首先需要结合课程性质、学生特点、人才培养要求等制定预期课程目标,学习目标应涵盖知识、能力、素质等不同层级的目标。②所有的学习目标均应有适当的教学内容或教学环节支撑,教学方法和教学组织形式的选择应该有利于该目标的实现。③课程目标必须可衡量,并能以适当可行的方式进行考核与评价。

在该理念下,课程目标先于教学内容存在并居于主导地位,课程资源开发、教学环节设置、教学组织实施等学习活动都需围绕预期目标展开。因此,在能力产出导向的课程设计中需要进行反向设计、正向实施:首先制定预期课程目标,然后反推实现该课程目标需要讲授的教学内容、采用的教学方法以及实施的教学环节等,加以协同考虑,逐层细化、控制到教学的各个环节,最后与评价标准实现接轨。

3 基于能力产出导向的《高分子材料 3D 打印综合实验》课程设计

3D 打印(3D Printing)作为颠覆传统制造业的新兴技术,在许多方面得到了很好的发展和应用,如制造业、医疗、航空航天和军事等领域[8],被誉为 21 世纪具颠覆意义的科技之一。随着 3D 打印系统向快速成型、小型化方向发展,使得其越来越适应武器装备快速研制、野外战场快速精确保障等需求,在航空航天装备、轻武器装备、无人机装备、战场医疗用具等研制和维修方面具有广阔的发展前景[9]。因此,在军校材料科学与工程专业开设一门3D打印的综合实践课程,帮助学生了解3D打印前沿技术,从而适应未来信息化、智能化战场发展对岗位任职的需求,具有十分重要的意义。

高分子材料3D打印是最早发明、也是目前应用最广泛的3D打印技术。《高分子材料3D打印综合实验》作为本科教育专业二级实践项目,是材料科学与工程专业本科生的专业选修课,总学时为20学时,面向大四学生开设,开课时间为秋季学期。

3.1 课程目标的制定

根据能力产出教育理念,需要首先结合课程性质、人才培养要求等制定预期课程目标,而且学习目标应涵盖知识、能力、素质等不同层级的目标。

根据二级项目性质和特点,一个重要目标是把关联课程的知识有机结合起来,形成知识结构网络,因此,希望通过该课程学习,将学生学过的《高分子化学物理》《材料加工原理》《材料力学行为》《材料分析与测试》和《计算机辅助设计》等课程相关的理论知识有机结合起来,形成较为系统的知识体系,进一步使学员理解高分子3D打印的相关概念和原理,熟悉高分子材料的重要成型工艺和性能测试方法,掌握软件三维建模、高分子材料光固化成型原理及工艺、高分子构件性能测试方法,加深学员对"组分—工艺—结构—性能"材料四面体的认识。

根据材料专业人才培养要求,课程必须对人才培养目标形成有力支撑。因此,希望通过该实践项目对材料专业人才培养目标中"解决工程问题能力,使用现代工程、信息和实验技术的能力"等方面形成有力的支撑作用。具体来说,培养学员在材料工程实践中选择和应用适当的实验技术、现代工程工具和信息技术工具的能力,包括依据产品构型特点和使用性能要求来设计高分子材料构件、选择制备工艺,合理选择光敏树脂,能够通过正确设计和放置三维模型、加支撑材料、改变工艺参数等提高3D成功率和打印效率,理解光敏树脂组成及光固化成型工艺对3D打印产品性能的影响,能够对高分子材料3D打印产品进行力学性能的分析和评价。

最后,根据人才培养要求,对于军人学员需要考虑将来的岗位任职能力、团队精神、自主学习、沟通交流能力、创新意识等能力素质。因此,希望项目的实施还可以开拓视野、激发兴趣,培养学员的动手实践能力和创新意识,通过分组协作提高团队意识,提高学员综合运用理论知识分析和解决实际问题的能力,了解3D打印技术在未来军事领域的重要应用前景,为未来军事职业发展奠定良好的专业和实践基础。

基于能力产出导向,按照"知识/技术、能力、价值"3个层次,可将上述目标归纳成如表1所示的学习目标,并对学习目标进行编号,便于后续将学习环节与预期实现的学习目标进行对应。

表1 《高分子材料3D打印综合实验》的学习目标

学习目标	具体描述	编号
知识/技术目标	理解高分子增材制造的相关概念和原理	1
	掌握光固化3D打印技术的基本原理与成型工艺	2
	掌握光固化3D打印机基本结构及操作方法	3
	掌握高分子材料结构和性能表征的典型测试方法	4
能力目标	培养动手实践能力和创新能力	5
	能够选择适当的材料、工艺、实验技术和信息技术工具	6
	具有良好的团队协作意识,在团队中发挥积极作用	7
价值目标	理解高分子材料和新型技术对行业发展的支撑引领作用	8

3.2 教学计划的安排

《高分子材料3D打印综合实验项目》课程的主要内容是高分子材料3D打印原理、光固化3D打印成型工艺及高分子性能测试,涉及《高分子化学与物理》《材料加工原理》《材料力学行为》《材料分析测试》和《计算机辅助设计》等相关专业课程的教学内容。经过仔细梳理,具体涉及的知识领域、知识单元和教学内容对应关系如表2所示。

表 2　实践课程涉及知识及对应教学内容

涉及课程	涉及知识领域	涉及知识单元/点	对应教学内容
《高分子化学与物理》	高分子聚合反应	⊕自由基聚合	·光敏树脂组成
		⊕阳离子聚合	·光敏树脂光固化原理
	高分子物理性质	⊕高分子黏度	·光敏树脂黏度测试
		⊕高分子密度	·高分子密度测试
《材料加工原理》	高分子材料加工与成型	⊕3D打印技术	·熔融沉积成型
		⊕光固化成型	·光固化成形
			·激光光选择烧结
			·激光选择熔融
《材料力学行为》	高分子力学性质	⊕拉伸性能测试	·3D打印构件拉伸测试
		⊕弯曲性能测试	·3D打印构件弯曲测试
《材料分析与测试》	红外光谱分析	⊕高分子红外光谱	·液体树脂红外光谱测试
			·固态树脂红外光谱测试
《计算机辅助设计》	软件建模	⊕工程图与画法几何	·123D Design 三维建模
		⊕软件三维建模	

基于上述课程目标及教学内容,按照能力产出导向的第二个原则"所有的学习目标均应有适当的教学内容或教学环节支撑,教学方法和教学组织形式的选择应该有利于该目标的实现",我们针对上述8个课程目标设置了"理论学习、3D建模、3D打印、性能测试、实地参观、调研汇报"6个环节,课程的教学环节、实践内容、课时安排与课程目标对应关系如表3所示。

表 3　实践课程的教学环节、实验内容与课程目标

环节	实验内容	课时	对应目标
理论学习	⊕3D打印技术概念、类型及原理简介 ⊕光固化3D打印材料及工艺讲授	2学时	1,2
3D建模	⊕123D Design软件建模实操	2学时	1,6
3D打印	⊕3D打印工艺演示 ⊕分组3D打印:固化时间、树脂种类/组分 ⊕自由3D打印:自选模型、加支撑	8学时	2,3,5,6
性能测试	⊕树脂黏度及密度测试 ⊕3D打印构件力学性能测试 ⊕高分子3D打印红外光谱测试	4学时	4,6
参观学习	⊕学科交叉中心参观及讲座	2学时	8
调研汇报	⊕分组调研不同材料3D打印技术 ⊕调研结果汇报交流	2学时	7,8

在上述教学计划中,理论学习为课堂讲授环节,用于串联各门课程中涉及的与本项目相关的知识领域/知识单元/知识点,主要介绍3D打印技术及其军事应用、高分子光固化原理、高分子光固化3D打印工艺、3D建模软件等,计划安排2学时。

3D建模、3D打印、性能测试为实践教学环节,是本项目的主体,目的是将理论与实践结合培养学生动手实践能力和创新能力,激发学习兴趣,为未来职业发展奠定良好的专业和实践基础。本环节主要进行3D建模软件实操、高分子3D打印分组练习和分组探究、材料力学性能和红外光谱测试等方面的基本操作训练,计划安排14学时。

实地参观为见习环节,用于开拓视野、拓展知识面,主要参观学习其他3D打印技术和设备,通过学术报告提升学生对于3D打印技术的学术研究兴趣,计划安排2学时。

调研汇报为自主学习和交流环节,用于提高自主学习能力、文献查阅和总结能力,促进沟通交流,增加对学术报告的理解,计划安排 4 学时。

该项目设置的教学环节紧紧围绕课程学习目标,相应的理论讲授、实践教学、实地参观、研讨汇报等教学方式也以更有利于学习目标实现的方式进行,充分体现出能力产出导向的一致性建构原则。

3.3 教学效果的评测

根据能力产出导向理念的一致性建构原则,课程目标必须可衡量并能以适当可行的方式进行考核与评价,且考核形式应该是多样化的,需要兼顾过程性和终结性评价,这为教学效果测评提供了科学的方法。

在课程设计中,我们以支撑学习目标为导向,制定了"自学能力、实验环节 1(3D 建模)、实验环节 2(3D 打印)、团队协作、课堂汇报、项目总结报告"6 个观测点(如表 4 所示),并为 6 个观测点提供了相应的打分原则,6 个观测点包括过程性和终结性评价,其总分作为课程最终成绩。

表 4 《高分子材料 3D 打印综合实验》考核评价标准

观测点		评价内容	评分标准	分值
1	自学能力	能否按照要求完成课前学习内容并进行相应实践	优 9~10 分	10 分
		能否根据课堂讲授理论知识正确完成课后习题	良 7~8 分	
			中 5~6 分	
			差 0~4 分	
2	实验环节 1 (3D 建模)	是否掌握 123D Design 软件的 3D 建模方法	优 9~10 分	15 分
		能否采用较为复杂的 3D 软件如 3Dmax、Maya 等进行 3D 建模	良 7~8 分	
		能否根据任务构建充满个性和想象力的 3D 模型	中 5~6 分	
			差 0~4 分	
3	实验环节 2 (3D 打印)	是否掌握高分子 3D 打印的基本原理	优 9~10 分	15 分
		能否熟练操作 3D 打印设备,能否选择合适的实验参数	良 7~8 分	
		能否分析实验数据	中 5~6 分	
			差 0~4 分	
4	团队协作	能否按照实验方案安排时间节点	优 17~20 分	10 分
		是否具有良好的大局意识和协作精神	良 13~16 分	
		是否在团队中发挥积极作用	中 9~12 分	
			差 0~8 分	
5	课堂汇报	是否根据任务要求进行资料查阅	优 17~20 分	20 分
		能否对文献进行总结分析,体现出逻辑性、科学性	良 13~16 分	
		能否就相关知识提出问题并参与讨论	中 9~12 分	
			差 0~8 分	
6	实训报告	能否将实践项目的各环节进行系统、有条理的归纳总结	优 25~30 分	30 分
		能否应用所学知识解释实验现象	良 20~24 分	
		能否根据目标产物选择合适的材料和工艺	中 15~19 分	
		能否初步理解材料成分、结构、工艺和性能之间的关系	差 0~14 分	
		能否理解高分子材料及技术在生产和军事的重要应用		

4 基于能力产出导向的《高分子材料 3D 打印综合实验》课程实施及效果

4.1 课程实施过程

根据选课人数和 3D 打印设备数量,将 12 位选课学生分为 3 组,每组 4 人,各组的任务各不相同:第 1 组主要研究光固化时间对 3D 打印工件的相关性能影响、调研金属材料 3D 打印技术及其应用;第 2 组主要研究光固化树脂种类对 3D 打印工件的相关性能影响、调研高分子材料 3D 打印技术及其应用;第 3 组主要研究碳纳米管(CNTs)添加剂对 3D 打印工件的相关性能影响、调研陶瓷材料 3D 打印技术及其应用。通过合理分组和分组探究,让每个学生都参与进来,充分发挥各自在团队中的作用。

根据上述教学环节及课时安排,20学时分为5次课完成,每次课4个学时,开课之初首先介绍课程目的和任务,让学生带着问题和目标进行思考和学习,充分调动学生的积极性和挖掘学生的潜力,然后按照图1所示进行具体课程实施。

第1次课进行理论讲授和3D建模操作,首先介绍3D打印技术概述,重点讲授3D打印技术在军事领域的应用;然后讲授光固化3D打印成型原理及工艺,最后进行123D Design软件建模演示和训练[如图2(A)所示]。

第2、3次课进行3D打印和性能测试,主要包括:3D打印机结构讲解、工艺流程及演示(打印流程如图1所示),3D打印机分组打印出力学样件[如图2(B)所示];分别研究光固化时间、树脂种类、CNTs添加剂等对3D打印工件成型的影响,树脂黏度、收缩率测定,力学性能测试等内容。上述内容可以根据时间情况进行顺序调节。

第4次课进行参观见习和光谱性能测试,主要包括光固化前后树脂红外光谱测试,学校学科交叉中心其他3D打印设备参观学习、学术报告。

第5次课主要是自主探究和调研汇报,根据自己建立的个性化3D模型选择合适的树脂和参数进行打印[如图2(C)、图2(D)所示],然后进行分组调研汇报[如图2(E)所示],介绍心得体会[如图2(F)所示]。

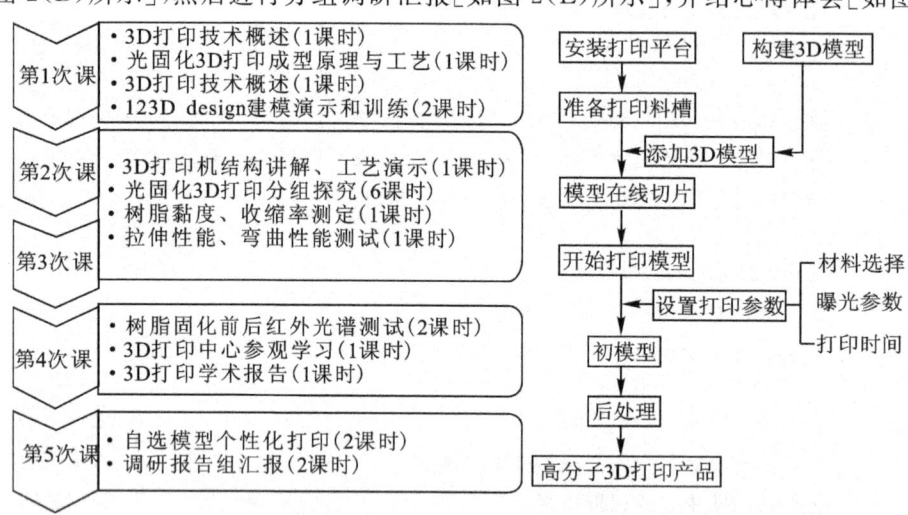

图 1　课程教学实施过程及 3D 打印基本流程

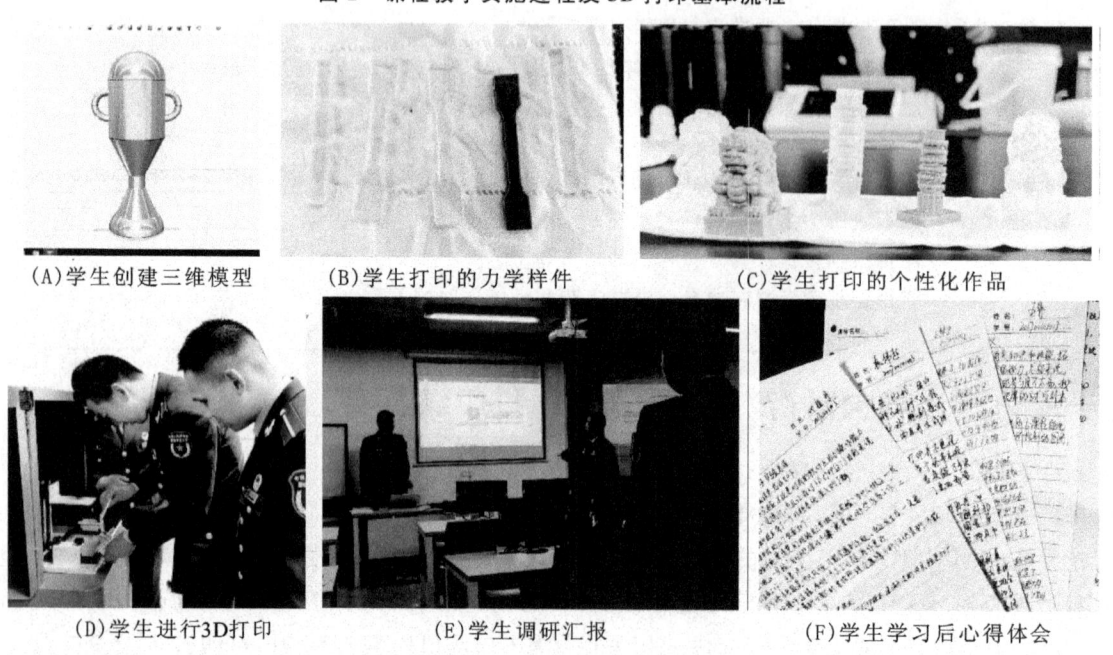

图 2　《高分子材料 3D 打印综合实验》教学实施取得的结果

4.2 课程实施效果及思考

从学员们完成的调研报告和实验报告来看,通过《高分子材料 3D 打印综合实验》二级项目的学习和实践,学员们在知识、能力和素质方面均有了明显提升。通过理论学习,加深了学员对 3D 打印技术的理解和其在军事领域应用前景的了解,为未来职业发展奠定良好的专业和实践基础;通过实践教学,使学员掌握了软件三维建模、高分子材料光固化成型原理及工艺、高分子构件性能测试方法,尤其是通过分组打印探究不同固化时间、不同树脂种类、是否添加 CNTs 等工艺条件,加深学员对"组分—工艺—结构—性能"材料四面体的认识,提高了学员综合运用理论知识分析和解决实际问题的能力;通过分组研究、调研汇报,提高了学员的自主学习、团队意识,强化了学员的研究和创新意识,加强了学员间的沟通和交流;通过多样化教学测评,促使学生全程认真积极参与实践,有助于提高教学效果;通过 OBE 教学模式,培养了学生自主学习的精神,创新能力得到普遍提升,人际沟通与团队合作能力显著增强。

学员完成课程后反映效果良好,尤其在课后心得体会中觉得新鲜、有趣,普遍反映对高分子材料和 3D 打印技术有了更直观、全面的认识,在实验过程中也加深了对"失败—改进—成功"实验规律的认识,进一步理解了"组分—工艺—结构—性能"材料四面体涵义,拓展了视野、锻炼了思维,取得了预期的教学效果。

学员也对实践项目教学提出了一些建议和意见:由于学生关于 3D 建模软件了解不多,且 3D 建模学时较少,导致在个性化建模环节限制了学生的发挥,建议后续增加 3D 建模学习课时。此外,有部分同学建议进一步增加探究性环节,让学生自主设计和制备光固化树脂,进行 3D 打印研究。还有学员表示希望到 3D 打印生产厂家进行参观学习。这些建议为教学团队后续课程的进一步改进优化提供了参考。

5 结束语

为加强学员的材料工程实践和创新能力,基于能力产出导向教育理念,教学团队采用反向设计、正向实施,对《高分子材料 3D 打印综合实验》的课程目标、教学计划、教学测评进行了课程设计和实践。在《高分子材料 3D 打印综合实验》二级项目课程的实践中,通过能力产出导向的课程设计、丰富立体的教学方法、全面系统的考核评价标准,充分调动了学生参与综合实践的积极性,锻炼了学生的动手实践和创新能力、自学能力与团队合作意识,提升了学生的综合素质,有效实现了预期学习目标,有力支撑了人才培养方案中的毕业要求,为本科学员未来职业发展奠定了良好的专业和实践基础。

参考文献

[1] 吴雪艳,陈秋龙,周伟敏,等.材料综合实验课程创新性实验项目的设计与实施.实验室研究与探索[J].2020,39(8):228-231.

[2] 李志义.成果导向的教学设计[J].中国大学教学,2015,3:32-38.

[3] 尤园.基于工程教育专业认证的本科人才培养模式研究——以某高校计算机科学与技术专业为例[D].绵阳:西南科技大学,2018.

[4] 钟登华.新工科建设的内涵与行动[J].高等工程教育研究,2017(3):1-6.

[5] 王永泉,胡改玲,段玉岗,等.产出导向的课程教学:设计、实施与评价[J].高等工程教育研究,2019,3:62-68.

[6] 段戴平.课程一致性建构与评价[M].北京:科学出版社,2020.

[7] 雷黎,王焕磊,陈守刚,等.基于"新工科"人才培养的 3D 打印综合实验设计[J].实验室科学,2021,24(1):66-70.

[8] 杨纯艳,封会娟,李慧梅,等.3D 打印技术在装备维修保障的应用及展望[J].机床与液压,2020,48(14):187-189.

"三融合"育人模式在管式炉轻烃裂解探究型实验中的具体实践

李庶峰，李 传

(中国石油大学(华东) 化学工程学院，山东 青岛 266580)

摘 要：开展探究型实验项目建设过程中，教师发挥引领作用，将校内外优质资源转换为本科人才培养的资源，推动产教融合、科教融合、学科融合既"三融合"协同育人模式在实验课程中的具体实践。以学生为主体，以科研为导向，以问题为驱动，通过多种教学方式"具体而微"的教学创新应用，提高了课程的高阶性、创新性和挑战性，推动了独具石油化工特色卓越工程师培养模式的改革实践。

关键词：探究型实验；育人模式；具体实践；轻烃裂解

中图分类号：G642.0

Specific Practice of "Three Fusion" Education Mode in the Exploratory Experiment of Tubular Furnace Light Hydrocarbon Cracking

Li Shufeng, Li Chuan

(College of Chemical Engineering, China University of Petroleum, Qingdao 266580, Shandong, China)

Abstract: In the process of carrying out exploration-oriented experimental projects, teachers play a leading role in transforming high-quality resources inside and outside the school into resources to cultivate undergraduate talents, and promoting the integration of industry and education, science and education, and disciplines in the "three fusion" collaborative education mode in the experimental courses. With students as the main part, scientific research as the oriented, problem-driven, through the "specific and tiny" teaching innovation application of various teaching methods, we improve the high-order, innovative and challenging of the curriculum. It has promoted the reform practice of the training mode of excellent engineers with unique petrochemical characteristics.

Keywords: exploratory experiment; mode of cultivation; specific practice; light hydrocarbon cracking

1 引言

"轻烃管式炉裂解实验"是国家级一流专业——化学工程与工艺所属核心课程的实验教学项目。课程以培养知识、能力和素质三位一体的高素质化学工程技术人才为目标。实验项目以产出石油化工中的基本原料"三烯三苯"为目的，关联产品的生产原理、工艺流程及关键设备、生产过程影响因素的选择、产品控制指标及过程的物料衡算和热量衡算方法等，为学生从事化工过程的开发、装置设计以及科学管理打下牢固基础。

作者简介：李庶峰，男，高级实验师，主要研究方向为石油化学。

专业课程实验要求学生有较强的化学工程与工艺专业背景,具备化学和化工原理等基础理论知识以及物理、电工和仪表等相关的基本实验技能。与基础课程实验相比,其流程长、过程复杂、变量多、规模大,学生需要系统规划设计实验的过程和步骤,来培养实操能力、分析问题和解决问题的能力、创新思维能力以及参与科学研究的能力。

促进教育链、人才链与产业链、创新链的有机衔接,是当前推动人力资源供给侧结构性改革的迫切要求。为适应本科教育教学改革,创新育人机制,在教学过程开展产教融合、科教融合、学科融合(以下简称"三融合")协同育人的具体实践。为了探索特色工程文化育人模式的新方式,打造高端化工人才育人平台,赋能化工精英人才成长。项目将提升学生自主设计和探索创新能力、建设成为探究型教学实验为目标。项目的规划和实施中充分考虑通识技能和多学科知识关联的要求,将反应工程、工艺学、动力学、分离工程等课程有机融合,进行理论讲授和实践训练,使学生从方向和不同层面上得到锻炼[1]。

2 "三融合"双创型人才培养模式的探索与实践

为提高实验项目的挑战度,强化培养学生探索创新能力,打造实验"金课",开展了探究型实验项目的建设工作。专业教师以本为本、潜心育人,在项目实践过程中发挥引领作用,将校内外优质资源转换为本科人才培养资源和优势,推动"三融合"协同育人往深里走、往实里走、往可持续发展走,促进独具石油化工特色的文化建设。

2.1 产教融合方面

坚持产业需求与教育的目标导向相统一,推动教学内容与行业企业全方位、全过程的深度合作,改进人才培养供给侧与需求侧的"两张皮"现象,着力提高教师教书育人水平和学生适应行业发展、开拓创新引领未来发展的能力[2]。

如何在具体项目实践中细化实施,这就要求教师发挥个人主动性,将自己在油田、炼厂和设计院等单位的研学经历,获得的第一手信息在课堂上展示传授给学生。化工技术日新月异,教材落后于工业技术实属正常,在讲清原理的基础上,教师讲解新技术、新工艺的进展,将最新技术和工艺介绍给同学。

化工专业学生在进行"炼化工厂生产实习"、化工设计院交流过程中,了解了企业发展的技术、管理和人员素质等方面的切实需求。比如在胜利炼油厂乙烯车间的访学过程中,掌握了生产工艺实际应用和改进,设备单元的功能开发、生产能耗平衡与再利用、废水废气废油的净化循环使用的绿色工艺概念,认知了实际应用场景以及由此建立起科研方向概念。在具体的实践教学中,具有生产实践经验的教师为学生讲解工艺流程、装置运行、设备选型以及绿色环保、低碳经济等方面的知识,有针对性、可具体化,便于学生切入工业生产或工艺设计的场景中,增强了代入感。学生带着问题和思考,与实验过程相结合,要么自行解决问题,要么向教师咨询并研讨,最终解决问题。教学过程让学生印象深刻,理论指导实践,实践印证理论,丰富了课堂内容,提高了学习兴趣,同时提高了教师的教学水平,使得"产教融合"得以在具体工作中细化完成。

2.2 科教融合方面

如何强化科研育人功能,把"科学研究的密度"转化为"教学创新的浓度",把科研平台变为人才培养平台,按照学院教学要求引导学生早进课题、早进实验室、早进团队,激发学生的学术志趣,培养学生的批判性思维和创新实践能力。

实验装置示意图见图1、图2。

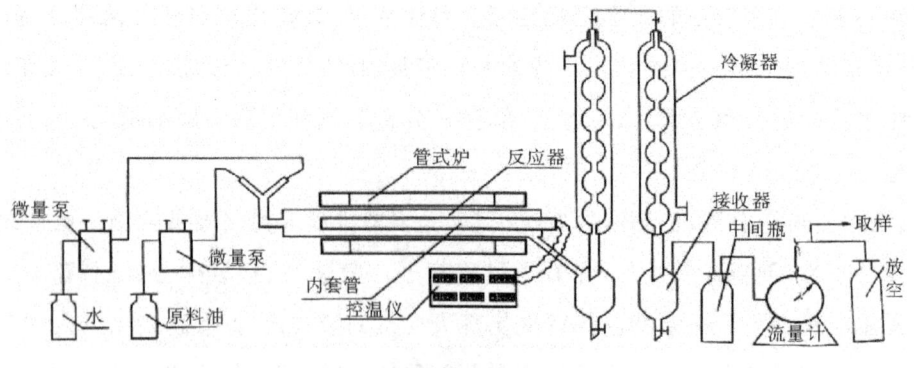

图 1 轻烃裂解装置示意图

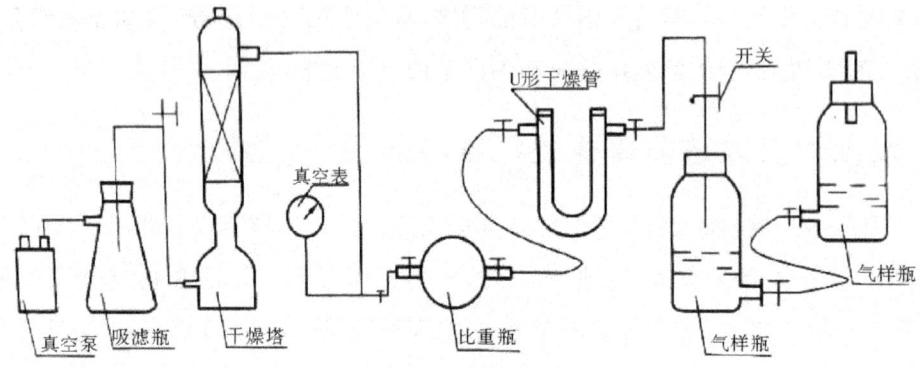

图 2 气体收集装置示意图

许多科研课题采用与本实验项目相近似的原理工艺、仪器设备、实验方法。例如：重质油基碳材料的制备及其功能化应用、电极新型炭材料的研制、重质油裂解轻质化制备燃料油、绿色环保废油废液处理、生物质的高温裂解、炉膛内挂片研究表面结焦及高温水热反应的清焦问题等。

相关课题组会接收优秀大学生进行创新实验。在课堂教学过程中，让参与"大创实验"的同学介绍和分享研究领域的国内外技术进展，讲解涉及的技术背景、实验方法和仪器设备。在完成本课程后增加了相关理论知识和实践经验的必要积累和储备，进行了相关科研领域的知识拓展，有利于学生们科研素质的提高。可以激发更多学生的研学兴趣，有利于下一阶段去申报创新实验项目，有利于毕业论文阶段提前进入科研状态。

2.3 学科融合方面

如何打破学科专业壁垒，推进多学科的交叉、渗透和融合，把学科融合优势转换为复合型人才培养优势，通过多门学科资源的介入，更好地达成教学目标，并在问题探究过程中全面培养和训练学生的跨学科思维能力和综合素养[4-5]。

本实验项目涉及的学科多、流程长、过程复杂、可控变量多、操作难度大，设备装置多，工艺单元多。实验学时长达 5 学时，实验装置操作耗时长，比如升温、反应、烧焦、降温阶段的时间分别为 0.5 h、1.0 h、0.5 h、0.5 h。充分利用实验操作间隔时间长的特点，在工艺设计原理、高温裂解自由基反应机理、管式炉反应特性、反应动力学计算、装置气密性检验、装置开停工技术要点、双柱塞流量泵使用、AI 自动化仪表程序升温和 PID 调节参数设定、热电偶分度选择、气相色谱仪分析方法等方面，进行知识的阐发和讲解。

实验过程涉及动力学数据采集方法、装置材料的选用、仪表与自动化的专业知识、最优化数学方法的运用等多学科知识，这些需要多方面地积累及应用。教学环节需要做的工作包括：一是学生的课前调研，知识的准备；二是教师在合适的时间节点，进行启发、讲解或回应学生的提问；三是利用课后习题布置任务的形式，在实验报告中设置问题，作为学生成绩评定的依据。

这样学生将相关知识联系起来,融会贯通,课堂气氛活跃,学生参与度高。整个实验过程中学生感觉比较充实,感受到一定的学科知识的压力,激发了学习动力,培养了工程运行思维,训练了工程实践经验。由此依托"跨界课堂"、采用多维讲授的形式,实现助推"学科融合"在实验课堂中得以具体实践。

3 "三融合"在实验教学方面的典型化应用

3.1 创新规范实验报告的撰写形式

实验最终提交的报告分为文献综述、预习报告和正式报告。预习报告右侧纵列部位的三分之一处,预留实验过程现象记录、分析、解决的页面。预习版面记录预习过程疑点、难点和相关扩展知识。包括正常情况及可能出现的非常态情况比如:控温不稳、气密性不足导致的漏气和滴液、采样操作不当等。在实验过程中记录下自己小组发现的现象、遇到的情况、分析问题的过程、处置问题的方法、实验相关的思考或建议等;也可以记录其他小组的相关情况,作为自己以后相关工作的参考和借鉴。

实验必须提前进行预习,提前考察实验室。在课余时间进入实验室考察现有装置、试剂等条件。通过查阅资料、参考炼厂实习的内容、课程设计阶段的要求和规范,了解管式炉裂解制烯烃的工艺路线、进行设计所需要的参数等,结合专业发展的国内外进展情况,撰写相关文献综述。实验过程中教师以提问的形式让学生陈述文献综述的内容,作为考核的参考。

3.2 与"化工工艺课程设计"教学环节相衔接

管式炉裂解装置可用于研究不同原料的最佳工艺条件,为管式炉放大实验的参考依据。同时用于取得反应动力学等科学数据,从中发现新的规律。所以管式炉裂解实验是教学科研及工业设计的重要环节。与"化工工艺课程设计"阶段相衔接、相结合,参照其目标设定和试验现场数据的取得,作为实验教学现场的目标。利用采集的数据作为设计基础数据,并进行相关反应动力学的各项数据计算。不同教学阶段相联系,作为扩展联系理论教学不同环节的关键节点。

3.3 与工业装置的工艺和设备相对照

学生参加了炼厂生产实习,能够对工业生产过程和装置有较为清晰的认识。引导学生将工业装置的工艺流程、设备单元、操作条件等与实验室规模相对照,对物料平衡、设备操作、开停工的操作、安全规范等相对照,进行学习。比较实验室规模与大工业生产运行的区别和联系,加强印象并互相印证结合。

同时可以引导学生扩展实验方向,比如原料可以选择生物质、重质油、轻质原油等,生产各类烯烃和苯系产品,丰富工艺应用场合、加大炼化单位生产加工方案的灵活性。这为相同工艺操作用于制备不同的裂解后轻质产物,提供了可以参考的技术开发途径。

3.4 项目驱动式教学法的应用

由认知取向的知识验证,转向实践探索取向的知识运用。以知识的实践运用为目标的课程设计,打破了知识条块化分离的局面,实现了学生专业知识的内化和创新[3]。按照基于问题的、具有典型意义的案例引导式的教学模式,去组织学生安排实验方案。

比如可以根据往届学生的实验数据,提出一定的实验目标,比如针对焦油收率、裂解气产率数据区间、原料油的损失等提出具体的目标数据,学生根据所学理论知识调整操作条件,如改变反应温度、改变油气分压、改变反应的当量空速等方案,以期达到教师规定的目标。如未达到要求,可以进一步调整实验条件,继续相关实验。

这样的实验安排,改变以往验证性实验采用全部相同的参数条件的情况。探究分析实验现象、工艺操作影响,提出解决方案,比如产物损失量、温控波动影响因素、进水进油泵送的精度等情况。

整个实验过程在学习小组的控制掌握之下进行,同学们的学习获得感和成就感满满,启发解决问题的创新思维。有效激发同学之间的知识一次次地碰撞链接,构建有效的知识维度,实验课程内容的多维度扩展,倒逼学生进行知识的整合。

3.5 采用最优化的实验方案

优化实验设计思路,引入科研工作中实验方案制定所必需的"正交试验最优化方法"等,作为实验方案和评价的手段。以学生为主体,进行细致的研讨,进行目标达成手段的分析、方案的设定,探究拓展实验相关理论知识的应用,进行探究式学习。

小组协作的形式,集体合作设计实验方案,考察实验参数对于反应的影响。指导教师审核方案再优化,确定最终的实验方案。

学生自主地选定方案,将温度、时间、油水比、进样量、不同原料等作为考察目标。例如反应温度分别选择700 ℃和680 ℃、原料石油醚馏程分别为60～90 ℃和90～120 ℃、进水量及冷凝量等,比如按照"四因素、三水平"进行商讨,自行分组,去选择确定实施方案。达到了选择不同实验路线方法、探究化工反应规律的学习目的。

3.6 丰富目标产物的检测手段

产物检测手段,改变仅采用湿式气体流量计进行体积定量、排水收集裂解气、容量瓶测密度的单一方法。增加气相色谱仪分析气液相产物,作为产物检测手段。加入对裂解气和焦油烃族组成的气相色谱分析法,进行定性和定量的检测,让学生有较多机会掌握大型分析仪器在科研工作中的应用。实现裂解反应过程的"实验方法的多元性"和反应产物"实验分析手段的多样性"。

通过色谱仪定量分析气液相产物分析,确定其化学组成。进行产物收率的定量计算,得到"三烯"和"三苯"的具体数据。结合"化工工艺课程设计"教学阶段的各项要求,用于具体设计参数的收集和使用。

4 "三融合"育人模式中课程思政实践

指导教师在知识传授的同时,注重以工程案例的分析和学科发展前沿的介绍为载体,具体生动地启发学生认识行业发展对人才能力的要求,能够理解和评价复杂化学工程问题及解决方案,以及专业工程实践对环境、社会可持续发展的影响。

(1)增强学生对自身使命的认识,助力其树立正确的价值观,实现德育与智育的互相渗透。通过案例的教与学,了解技术的发展过程和发展的方向,激发学生学习的热情,为同学热爱自己专业,积极投身石化行业的建设起到很好的作用。

(2)绿色环保观念,需要在学生求学阶段尤其是实验室工作中进行针对性"场景教育"。具体地针对实验装置产生的如废水、废气、废油等"三废"的处理,在实验中采用了合适的技术手段。如油气吸附剂进行吸收净化、碱洗脱臭脱味等操作。另外,加热炉的能耗问题涉及低碳排放概念的具体化,对学生讲解工业生产需要平衡社会效益和经济效益的必要性。

(3)安全意识的强化,安全责任大于天。在具体实验过程中,细化安全教育、培养安全意识,加强安全问题处置能力的培养,锻炼强大的心理素质。所有的一切,都源于防微杜渐的细致工作、防患于未然的技术要求,规章制度一丝不苟地执行。教学工作中对学生的训练,是培养保障工业装置安全运行人员素质的必要过程。

(4)团队成员的交互合作,激发个人发挥自身的学习特点和协调能力,培养集体主义精神和团结协作的现代大工业、科研大项目必需的团队精神,践行大工程观和高层次的工程文化素养的教育理念。

综上所述,实验项目教学贯彻课程思政的理念,教学过程和课程思政有双向促进作用,有利于形成全员、全程、全方位的育人大格局。

5 结论

本项目以制备石油化工中的基本原料"三烯三苯"为纲,与"生产实习"阶段和"化工工艺课程设计"教学环节紧密结合。以学生为主体,以科研为导向,以问题为抓手,以实验验证理论,利用多种教学手段将产品的生产原理、生产工艺流程及关键设备、生产过程的影响因素选择、产品控制指标及过程的物料衡算方法等融会贯通,为学生从事化工过程开发、装置设计、建设和科学管理打下牢固的化工工艺基础。项目的实施是新工科背景下"三融合"的具体实践,是石油化工特色型卓越工程师培养模式的改革与实践。通过"具体而微"的教学过程,贯彻OBE教学理念,提高了课程的高阶性、创新性和挑战性。

参考文献

[1] 孙昱东.化学工程与工艺专业实验[M].北京:石油工业出版社,2013.

[2] 胡燕,孔凡哲,陈心浩.实验项目驱动式教学促进四大关键能力的实证研究[J].实验室研究与探索,2021,40(2):191-196.

[3] 白艳茹,赵志毅.产教融合背景下的卓越工程师培养研究与实践[J].实验室研究与探索,2021,40(2):197-200.

[4] 周静,刘全菊,张青.新工科背景下实践教学模式的改革与构建[J].实验技术与管理,2018,35(3):165-168.

[5] 卢晓南,邵文祥,路千里,等.探究型实验教学中常见问题情境的有效策略[J].实验室科学,2017,20(1):238-240.

新时期高校实验室管理信息化探索与实践

曹莹方

(西安交通大学 实验室与资产管理处,陕西 西安 710049)

摘 要:本文分析了高校实验室管理信息化的现状,对新时期高校实验室管理信息化路径进行了探索,包括:开展流程再造,推进系统深度对接;实施数据共享,提供管理决策支撑;推广智慧服务,提升综合治理效能。以西安交通大学实验室综合管理服务信息平台建设为例,总结了实验室管理信息化的实践经验,展示了平台在加强实验室安全风险防控、提升资源使用效益、优化用户服务体验方面的建设成效,为兄弟高校提升实验室管理信息化水平提供借鉴。

关键词:实验室管理信息化;路径探索;建设实践

中图分类号:G47

Exploration and Practice of Laboratory Management Informatization in Universities in the New Era

Cao Yingfang

(Department of Laboratory and Asset Management, Xi'an Jiaotong University,
Xi'an 710049, Shaanxi, China)

Abstract: The current situation of university laboratory development and management informatization was analyzed in this paper as well as the approach of management informatization in the new era which include carrying out process reengineering and promoting the in-depth docking of the system, implement data sharing and providing management decision support, promoting intelligent services and improving the efficiency of comprehensive management. Taking the construction of Xi'an Jiaotong University laboratory integrated management service information platform as an example, this paper summarizes the practical experience of laboratory management informatization, and shows the construction effectiveness of the platform in strengthening laboratory safety risk prevention and control, improving resource use efficiency and optimizing user service experience, providing reference for brother universities to improve the level of laboratory management informatization.

Keywords: informatization of laboratory management; construction concept; construction practice

1 背景

实验室是高校进行实验教学、科学研究、生产试验、技术研发的重要基地,是落实创新驱动发展战略的物质基础[1]。随着高校"双一流"建设事业的快速发展,实验室的数量不断增多,水平层次不断提升,带来人员

基金项目:中国高等教育学会高等教育科学研究"十三五"规划一般课题(2019SYSYB10);陕西省高等教育学会2021年度高等教育科学研究项目重点课题(XGH21023)

作者简介:曹莹方,男,硕士,主要从事高校实验室管理信息化建设、大型仪器设备开放共享管理研究。

流动性加大,资产规模快速增长,安全隐患居高不下,各级部门管理要求繁多等诸多问题。提高实验室管理效率和水平已成实验室管理内涵式发展的重要内容[2]。

信息化建设是提升实验室管理效能的重要手段,但长期分散建设的模式导致高校实验室管理系统建设碎片化,数据孤岛问题久拖不决,实际运行过程中,既增加基层的负担,也导致落实政策流于形式。在信息技术迅猛发展的新时期,高校按照"放管服"的要求,持续开展实验室管理信息化探索与实践,对实现实验室精细化、规范化、协同化管理,保障实验室安全运行,支撑学校事业高质量发展具有重要意义。

2 新时期高校实验室管理信息化的实现路径

2.1 开展流程再造,推进系统深度对接

信息化是流程化的技术实现,其基础是政策标准化和标准流程化。围绕以用户为中心、全流程一体化服务和集约化支撑3个重点[3],多部门协同梳理政策制度流程的衔接要点,针对实验室管理的具体内容,建立模块化的管理架构,对流程审批类的业务采用垂直管理架构,明晰校、院、系(所)和人的权责边界,对综合治理类的业务采用网格化管理架构,建立信息互通与业务联动渠道。在优化业务流程的基础上,对现有的分散建设的系统进行整合,对相关系统的功能模块和数据库进行统筹设计,预留接口,推进系统深度对接,逐步建成集成化的综合信息服务平台。

2.2 实施数据共享,提供管理决策支撑

信息化时代是数字赋能的时代,通过数据驱动优化管理效能,提升服务质量是职能部门"放管服"的核心理念,也是高校实验室管理信息化应实现的价值目标。实验室综合服务信息平台是汇聚实验室数据资源的"洼地",重视数据共享应用,应研究、挖掘乃至创造用户需求,以需求为导向提供个性化服务[3],针对不同用户角色需求分类进行数据切片,防止"贪大求全",导致数据只有展示效果,缺乏对实验室资源配置、风险预警处置、运行效益提升等关键环节的决策支撑。

2.3 推广智慧服务,提升综合治理效能

信息化时代是智慧服务的时代,也是用户体验跃迁式提升的时代。相较于传统实验室,智慧实验室具备环境安全、资源共享、活动协同、管理智能的特点[4]。随着5G技术的快速发展,智慧服务体验已逐步深入用户的工作生活。智能摄像头、开关、门禁、门牌、柜体、报警器等实验室物联网设备普及,使用一部智能手机就能对多校区实验室各类活动场景实现远程控制已不再遥不可及。通过建设实验室物联网,为关键部位和关键环节加装智能设备是实验室信息化内涵式发展的重要路径,也是提升综合治理效能,发挥实验室教学科研核心功能的重要支撑。

3 新时期高校实验室管理信息化实践——以西安交通大学为例

随着中国西部科技创新港校区的建成启用,西安交通大学开启了西安—咸阳"两地四校区"的运行模式。学校人员流动性增加、仪器设备放置分散、空间跨度增大,实验室日常管理难度增加。学校以多校区实验室"一体化"管理和"一站式"服务为理念,统筹建设实验室综合管理服务信息平台,通过流程再造,数据治理,推进系统深度对接,提供数据决策支持,为实验室营造出智慧化、信息化的管理服务环境[5],提升实验室管理水平。

3.1 平台总体架构

平台基于"智慧校园"建设,以物联网技术为依托,规划了智能感知、网络通信、数据处理和上层应用四层架构(见图1),满足设备物联接入、移动通信、大数据存储分析和业务管理的需求。作为"智慧校园"内涵建设的重要组成部分,平台由学校统筹规划,保障信息安全,开展运行维护。

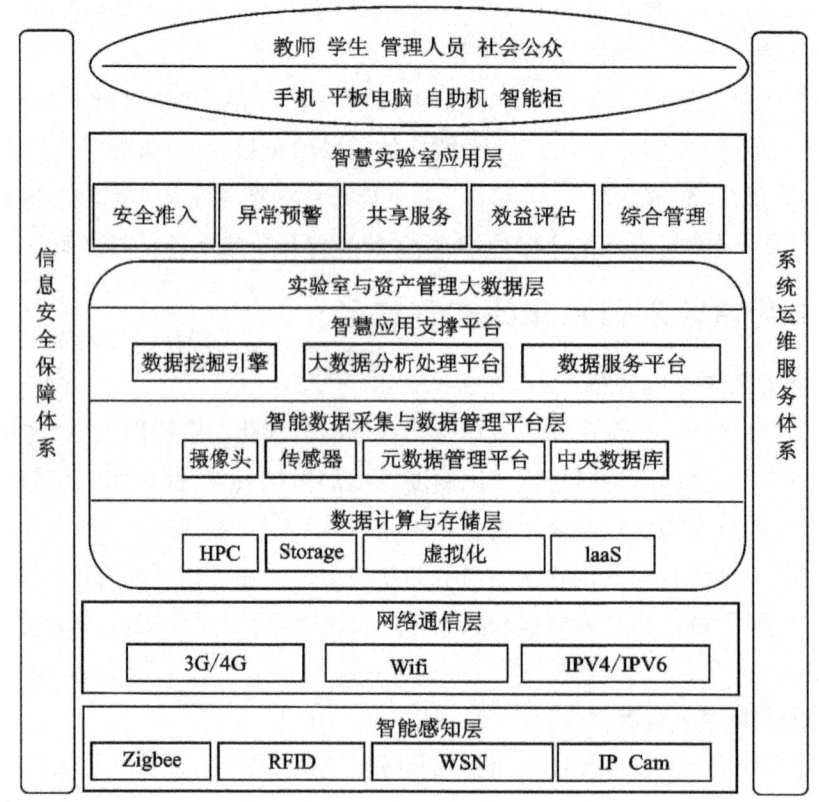

图1 实验室综合管理服务信息平台总体架构

3.2 平台功能模块

平台分为安全风险管控、资源使用效益提升和信息统一发布3个模块建设。支撑学校实验室"校、院、系（所）、人"四级责任管理架构的运转，满足各级负责人对实验室相关业务节点的查看、审批与决策的需求。

3.2.1 安全风险管控模块

安全风险管控模块由化学品生物试剂管理、在线商城管理、安全巡检和安全考试4个子模块组成。主要功能是：①对实验室化学品生物试剂从采购、入库、使用消耗到危废回收处置进行全流程线上、线下联动管理；②对实验室人员进行培训、考试和门禁准入授权管理；③对实验室日常运行进行安全巡检和动态管理。

3.2.2 资源使用效益提升模块

资源使用效益提升模块由仪器设备管理、耗材管理、仪器共享管理、公房管理4个子模块组成。主要功能是：①实现仪器设备、家具、耗材资产的账务、日常盘点、报废回收和处置管理；②面向校内外用户提供仪器设备开放共享与有偿使用服务；③完成多校区实验室公房配置、使用和回收管理，对实验室房屋使用状态实时监控。

3.2.3 信息统一发布模块

信息统一发布模块针对师生获取信息服务的需求设置7个专栏，包括浏览政策法规、办事流程，查询大型仪器设备资产信息，获取资产调剂公示信息、下载文档资料等。模块设置了可配置的信息发布审核功能，既方便用户访问，也便于管理部门集中规范管理公开的信息数据，确保信息的一致性和安全性。

3.3 平台建设成效

3.3.1 支撑实验室安全分类分级动态管理

学校自2019年起建立了实验室安全分类分级管理机制，根据实验室危险源的不同类型和风险等级，以"房间"为单位将实验室分成"6类4级"（见表1、表2），强化动态管理[6]，平台对这一管理机制高效运转提供了支撑。

表1 实验室安全6类管理

类别	主要特征
化学类	毒害、易燃易爆、腐蚀等
生物类	微生物(病原体)、动物等
辐射类	放射源、X射线装置等
机电类	机械、电气、高温高压设备等
特种设备类	起重机械、锅炉、压力容器等
其他类	不涉及上述危险源

表2 实验室风险4级管理

级别	主要特征
一级(高危险等级)	易燃易爆、剧毒、易制毒化学品,麻醉品和精神药品,高致病性病原微生物,放射源等
二级(较高危险等级)	其他危险化学品,低致病性病原微生物、实验动物,压力容器,激光设备,强磁设备等
三级(中危险等级)	起重机械、高速设备、回转机械、冷热设备,大功能率充放电装置,高电压设备等
四级(低危险等级)	未列入以上3类的

平台实现了"化学品准入"和"人员准入"双闭环管理。根据平台的风险监控数据,管理人员可针对性开展例行巡查和飞行检查,督促隐患整改。安全检查与整改数据在线保存与流转,作为事故责任认定、安全管理考核评价和分级分类信息动态调整的依据。目前,学校已建立了1936个实验室的分级分类信息库和2000余道题目的安全知识与技能培训学习库;设置了22种考试类型,覆盖了理、工、医、经、管、文、法、哲等多个学科门类和专业方向[6]。

3.3.2 提供仪器共享预约和使用缴费"一站式"服务

学校在多校区建立了实验室物联网,实现1280台通用型仪器入网面向全社会开放。面对校内、外不同类型的用户需求,平台建立了3种服务模式:①信用制模式。面向校内用户,设置信用额度和授权期限,在额度范围内先使用后结算。根据用户测试费结算情况建立需求模型,动态调整信用额度。②保证金模式。面向校外企业、高校、院所的长期用户。用户缴纳保证金后,在额度范围内先使用后结算。③即时付费模式。面向校外个人临时用户。用户使用设备后根据测试清单即时计算[7-8]。

平台自2018年以来,订单数量总体快速增加(见表3)。2021年同比增加18%,相比2018年增加37%。校外临时用户订单数逐步减少,相应长期用户订单数逐步增加,表明用户对"一站式"服务质量的认可。

表3 平台仪器设备服务订单数量表　　　　单位:张

类型	2018年	2019年	2020年	2021年
订单总数	22 523	34 912	26 160	30 860
信用制	21 044	32 794	24 976	29 758
保证金制	149	371	139	187
即时结算制	1 330	1 747	1 045	915

3.3.3 完成固定资产实物与账务全周期规范管理

按照新政府会计制度要求,平台在资产建账、价值变动、调剂、报废、清查、账务和统计报表管理等功能的基础上,重点推进与财务系统和教育部国有资产系统实现对接,支持资产价值按月折旧和数据上报。

系统对接后,资产与财务系统通过中间数据库和Web Service接口实时进行数据交互。平台通过数据交换完成自动对账,做到实时对账、账账相符,改变了人工对账模式,实现实验室固定资产实物与账务全周期规范管理。

3.3.4 实现多校区房屋使用效益实时动态监管

学校在新校区全面推动实验室准入智能化管理,智能门锁通过实验室专网接入平台。平台与校园一卡通系统对接,持卡人可根据教学科研工作的需要,参加实验室安全准入考试后自动获得刷卡授权出入实验室。平台对被授权人进出记录进行实时统计跟踪(如图2所示),满足管理部门动态监管的需要,也为后续房屋资源配置提供数据支撑。

目前,学校已在中国西部科技创新港校区完成700余间实验室智能门锁装配,实现校内所有师生、临时人员安全准入的有效管控。

图 2　实验室综合管理服务信息平台资源使用监控页面

4　结束语

信息化建设是高校实验室管理现代化的重要支撑。新时期,人工智能、大数据、物联网技术的迅猛发展为高校创新实验室管理模式,落实"放管服"要求,提升管理服务效能提供了契机。西安交通大学实验室综合管理服务信息平台建设是提升多校区实验室管理水平的有益探索,平台推动各类系统深度融合的实践为兄弟高校提供了经验借鉴。

参考文献

[1] 徐美勇,夏海兰,何雨,等."智能+"时代高校实验室信息化建设的实践探索[J].实验技术与管理,2019(8):41-44.

[2] 姜丽,宋建华.高校实验室信息化体系的建设研究[J].实验技术与管理,2018(1):25-27.

[3] 陈绍林.推进数字政府建设应抓住三个重点[J].中国管理信息化,2020(15):187-189.

[4] 胡国强,杨彦荣.智慧教育背景下高校智慧实验室的构建与研究[J].实验技术与管理,2021(3):283-287.

[5] 邓永强.基于智慧校园的实验室构建与研究[J].科技创新导报,2020(2):197-198.

[6] 朱臻,窦小刚.基于信息化平台建设的高校实验室安全管理体系研究[J].实验技术与管理,2020(4):1-3.

[7] 曹莹方,朱臻,谷文媛.加强高校大型仪器设备公共平台建设建立"共建共管共享"新体系[J].实验技术与管理,2020(12):6-8.

[8] 谷文媛,朱臻,曹莹方.大型仪器设备共享管理与服务信息化建设的思考与实践[J].实验室研究与探索,2021(6):272-275.